省级精品课程教材

"十二五"辽宁省重点图书出版规划项目

21世纪新概念教材：多元整合型一体化系列

高职高专教育会计专业精品课程教材新系

财务管理

——原理、实务、案例、实训

（第二版）

马元兴　孙作林　编著

东北财经大学出版社　|　大连

Dongbei University of Finance & Economics Press

图书在版编目(CIP)数据

财务管理：原理、实务、案例、实训／马元兴，孙作林编著．—2版．—大连：东北财经大学出版社，2016.2

（高职高专教育会计专业精品课程教材新系）

ISBN 978-7-5654-2223-2

Ⅰ．财… Ⅱ．①马… ②孙… Ⅲ．财务管理-高等学校-教材 Ⅳ．F275

中国版本图书馆CIP数据核字(2016)第018120号

东北财经大学出版社出版

（大连市黑石礁尖山街217号　邮政编码　116025）

教学支持：（0411）84710309

营 销 部：（0411）84710711

总 编 室：（0411）84710523

网　　址：http∶//www.dufep.cn

读者信箱：dufep@dufe.edu.cn

大连图腾彩色印刷有限公司印刷　　东北财经大学出版社发行

幅面尺寸：185mm×260mm　　字数：355千字　　印张：16

2016年2月第2版　　　　　　　2016年2月第2次印刷

责任编辑：许景行　杨紫旋　王　玲　　　责任校对：贺　荔
　　　　　吉　扬　刘东威　刘慧美

封面设计：冀贵收　　　　　　　　　　　版式设计：钟福建

定价：29.00元

总序："多元整合型"课程与教材建设的新探索

"多元整合型"课程是反映当代世界职业教育课程观发展的综合化趋势，通过"博采当代多种课程观之长"而"避其所短"产生的一种新型职业教育课程模式。在我国，职教界近年推广的"宽基础、活模块"课程，是将基础课的"学科结构"与专业课的"模块结构"整合起来的一种尝试。专业课程自身领域的"多元整合"及其教材建设，则是继此之后的进一步探索，这种探索有着深刻的历史与逻辑反思背景。

一、职业课程改革历史回眸

1.职教界对"工作导向课程"的诉求

近半个世纪以来，国外职业课程改革浪潮此起彼伏，"关注职业活动，培养企业急需人才"，是这些浪潮发出的一致呼声。世界劳工组织的MES课程要求"从职业工作需要出发"；加拿大等北美国家的CBE课程要求"从包括知识、技能和态度的职业分析出发"；澳大利亚的TAFE课程要求"以作为'职业资格标准'的'培训包'为依据"；英国的BTEC课程将"职业核心能力"与"专业能力"一并置于"教学目标"中；德国的"学习领域"课程提出"以工作过程为导向"；如此等等。

世纪之交的我国，职教界通过借鉴国外职业课程的改革经验，也相继提出了有中国特色的"模块课程"、"项目课程"和"工作过程系统课程"。

此等课程改革以曲折的方式展现了职业课程理论与实践的提升。称之为"提升"，是因为这些课程模式的推出，在克服传统"学科导向课程"的片面性上有所建树；称之为"曲折"，是因为它们都以"学科导向课程"的"反题"自居，都认定"学科导向课程"在自己的领域不适用，都想极力摆脱"学科导向课程"的束缚，都以"工作过程导向课程"的"横向串行结构"与"学科导向课程"的"纵向并行结构"相对峙。

两种课程改革浪潮之间也存在显著差别，即：发达国家职业课程开发的立足点是"职业培训"；我国职业课程开发的立足点是"职业教育"，包括中等职业教育和高等职业教育。

2.高等教育和学位新类型的推出

近年来，在国家教育部"就业导向"口号的感召下，国内外职业教育课程改革的这股浪潮也波及到我国普通高等教育本科以上层次，冲击了"研究型课程"或"学术型课程"及其教学资源建设。我国本科和研究生教育正在部分地融入"高等职业教育"范畴。更受职场欢迎的区别于"研究型本科"的"应用型本科"的推出，区别于"学术型研究生"的面向应用的"专业型研究生"的出台等，便是此种融入的证明。在这里，如何摆正"学科导向课程"与"工作导向课程"的关系，是继续搞"学科导向"的一统天下，还是应当借鉴"工作导向"的某些要素，或者在更高的框架中整合这两种课程模式，既是广大高校教育工作者不得不面对的理论热点问题，也是其亟待解决的重大课改实践难题。

二、"工作过程导向课程"模式的所长与所短

"工作过程导向课程"系借鉴德国"学习领域课程"而来，代表我国职业教育课程改革此前试点的主流。职业教育课程改革的一切再探索，都应以对它的逻辑反思为前提。

1."工作过程导向课程"模式的可取之处

进行以"学科导向课程"为"正题"的"反题"探索，深入、系统地发掘那些被"学科导向课程"所忽视的"职业工作要素"，据以建构完全不同于"学科体系"的"基于工作过程"的职教课程体系，是数十年来世界职业课程改革的战略取向。要求人们关注"职业活动领域"，以实现专业课程设计与企业岗位群工作对接为己任，将"工作过程系统"作为职业教育课程的"参照系"，关注职业教育课程中的"横向组织结构要素"，提出不同于"知识本位"的"能力本位"教育——这一切作为对"学科导向课程"的"矫枉"都功不可没，是我们在高等职业教育课程与教材建设的新探索中应当借鉴的。

2."工作过程导向课程"模式的局限性

任何课程模式都有它的局限性。从"问题思维"的视角看，"工作过程导向课程"模式的主要局限性何在呢？

1）"工作过程导向课程"对"学科导向课程"矫枉过正

一方面，"工作导向课程"模式的局限性根源于其对"学科导向课程"的矫枉过正。一方面，"工作导向课程"拒斥"知识本位"，独尊"能力本位"，从而将"知识本位"与"能力本位"对立起来；另一方面，它还将"学科导向课程"诉诸的"纵向组织结构"这个"婴儿"当做无用的东西，连同"洗澡水"一同泼了出去。这种做法忽略了两个基本事实：其一，高等应用型职场不仅需要基于"职业能力"的"技能操作"，也需要基于"职业知识"的"职业认知"；其二，一切"发生学"意义上的事物，其主导性的组织结构，都是纵向组织结构。

2）"工作过程导向课程"是"非发生学"意义上的课程

一方面，"工作过程导向课程"以"职业成体"的 "工作过程系统"为参照系，以"横向串行组织结构"为主框架，属于"非发生学"课程体系。然而，高等职业技术教育的对象不是"高等职业成体"，而是"发生中的高等职业个体"；为"发生中的高等职业个体"开设"非发生学"意义上的高等职业教育课程，总体上是一种自相矛盾。

直面"工作的现实具体性"（即工作过程）的课程也许适用于两种学员：一种是作为"继续教育对象"的在职"高等职业成体"，其任务是顺应新的"工作过程"以调整自我的原格局，无需重新经历"发生学"意义上的"高等职业教育课程"铺垫；另一种是面向最基层、从事简单技能操作的未来从业者，他们作为"职业培训"的对象，其未来岗位是企业急需的经验层面的简单操作，没有必要进行"发生学"意义上的"高等职业教育课程"铺垫，授之以直面简单"工作过程"的课程就可以了。

3）"工作过程系统"不宜作为课程的"过程模式"

"工作过程系统"不宜作为高等职业教育课程的"过程模式"。高职院校学生"认知结构"的建构程序与高等职业"工作过程"的展开程序是不同的。要求"将每门课程都设计成一个完整的工作过程"，要求"每门课程的内容序化都以工作过程为参照"，亦即要求将"工作过程系统"作为课程的"过程模式"，其做法不仅违背认知规律和学习过程规律，而

且有"预成论"课程观之嫌。

4）"工作过程系统"不宜作为课程的"目标模式"

在"工作过程系统课程"中，学生只扮演"工具理性"的角色，重"功利"而轻"人本"。不仅如此，将"工作过程系统"作为"目标模式"，让学生围绕"工作过程"旋转，还会导致主体的缺失。高等职业技术教育的"课程目标"应当与其"人才培养目标"相一致，亦即应依据专业的"人才培养目标"来确立"课程目标"。相对于"人才培养目标"，"工作过程"只能作为活动中介、桥梁和手段，而建构更为充实、更具稳定性、兼顾"功利"与"人本"的"职业学力"才是根本。

5）"工作过程系统"只有短期时效性

"工作流程"具有较强的个别性、相对性与可变性。在校期间以之为参照的专业"工作过程系统"，到了学生毕业走向工作岗位的时候，可能已经面目全非。届时，经历过该"工作过程系统"的"主体自我"中除了"结构相对固定"的"具有普适性的思维过程"，即"资讯、决策、计划、实施、检查、评价" 六步骤外再没有别的，即便加上"社会能力"和"方法能力"，其"职业学力结构"也还是单薄了点。由于没有"纵向结构知识的系统铺垫"，学生的"职业认知"缺乏渐进性和系统性，可迁移性差；由于知识面过窄，学生的发展后劲不足；由于作为参照系的"工作过程系统"只有短期时效性，学生无法应对今后的职场变化。

6）关于"工作过程导向课程"的研发团队

"工作过程导向课程"和作为其源头的"学习领域课程"，其研发团队仅限于教育界和企业界专家，该模式的"所长和所短"莫不与此相关。今天看来，如果此种研发能同时邀请其他领域的成员，特别是发生认识论、认知心理学和教育心理学等领域的专家介入，或者充分借鉴其优秀代表的相关理论，情况会大不相同。

三、高等职业教育课程改革的未来取向

高等职业学历教育既不同于"高等职业成体"的"继续教育"，也不同于培养"简单技能操作者"的"职业培训"，影响其课程改革取向的因素要复杂得多。

1.区别两类"职业个体"

在高等职业教育课程改革的探索中，有必要区分两类"职业个体"，即"发生中的职业个体"与"职业成体"。前者指高等职业学历教育的在校学生；后者指企业现实工作岗位的高等从业人员。高等职业学历教育的对象不是"高等职业成体"，而是"发生中的高等职业个体"。

2.三种"本位"相互补充，缺一不可

高等应用型职场既需要"职业技能"，也需要"职业认知"和"行为自律"，三者分别基于高等职业成体的"职业能力""职业知识"与"职业道德"。因此，在高等职业教育中，"职业知识"和"职业道德"同"职业能力"一样具有"本位"意义；三种"本位"相互补充、缺一不可，需要一个更具包容性的框架来整合"职业学力"的这三个基本内涵。

3.不是"预成的"，而是"渐成的"

"发生中的高等职业个体"在高等职业教育中不是"预成的"，而是"渐成的"。如皮亚杰所说：人的认知结构既不是在客体中预先形成了的，也不是在主体中预先形成了

的，每一个结构都是"'文化—心理'发生"的结果[①]。人的"技能结构"和"道德行为结构"也是如此。应当将"渐成论"的课程观，作为高等职业教育课程研发的一个指导性理念。

4.关注"高等职业个体发生"机制

高等职业教育课程改革应关注"高等职业个体发生"的机制。高等职业教育课程（包括职业公共课程、职业大类核心课程和专业课程）设计为之服务的"高等职业个体发生"，是一个以高中阶段的"基础学力结构"为原格局，通过"职业知识"、"职业能力"和"职业道德"等"职业学力"的全面建构，向"职业胜任力"目标发展的完整过程。在这个过程中，"发生中的高等职业个体"通过"高等职业课程"的"教学"、"训练"与"考核"，借助于"同化"、"调节"、"适应"等发生机制，以循环渐进的方式不断从较低水平的"职业学力"平衡状态过渡到较高水平的"职业学力"平衡状态，直至达到"职业胜任力"水平的平衡状态。

5.在"学科体系"与"工作体系"之间做"亦此亦彼"的选择

高等职业教育课程的组织结构既不应等同于单纯"学科导向课程"的"纵向并行结构"，因为它的"目标模式"不适合于"应用性职业需求"；也不应等同于单纯"工作过程导向课程"的"横向串行结构"，因为它的"过程模式"不适用于"发生中的高等职业个体"。另一方面，高等职业教育的课程结构既不能缺少"纵向结构"，因为无论是"渐成论"课程观的"发生学原则"，还是布鲁纳"学科结构"的"过程模式"[②]，都一致地指向它；也不能缺少"横向结构"，因为没有它，就无法融入"职业工作要素"。既然如此，高等职业教育课程改革的未来取向就不应当在"学科体系"与"工作体系"之间作"非此即彼"的选择。沿着"'学科—工作'体系"的方向，围绕以"健全职业人格"为整合框架的"'职业胜任力'建构"这个中心，将"多元整合型课程"作为"你中有我、我中有你"的课程来探索，将是更明智的选择。

6.课程组织应"以纵向为主、横向为辅"，收官课程可以例外

在高等职业教育专业课程体系中，前期和中期课程的组织结构应"以纵向为主、横向为辅"。之所以应"以纵向为主"，是因为以"发生中的"职业个体为对象的课程组织，其"主导结构"应符合"发生学"原则，而符合"发生学"原则的课程结构即是"纵向结构"；之所以应"以横向为辅"，是因为需要将上文提及的"职业工作要素"同步穿插到"主导结构"中。至于"收官课程可以例外"，是因为要将先前课程建构的诸多"职业学力"整合为"职业成体"的"职业胜任力"，需要以"工作过程系统"为"主导结构"的课程中介。

四、高等职业教育专业课程教材建设的新探索

1.将"健全职业人格导向课程"作为"合题"

在我国迈入"十二五"之际，一批对上述"历史回眸"、"逻辑反思"和"课程改革未来取向"持有同感的高等职业院校省级以上精品课程负责人，用他们最新奉献的教学用书，在专业课程教材建设上进行了新探索。在这种探索中，传统的"学科导向课程"被当做"正题"，目前流行的"工作过程导向课程"被当做"反题"加以扬弃；"健全职业人格

① 皮亚杰.发生认识论原理 [M].王宪钿，等，译.北京：商务印书馆，1981：16.
② 布鲁纳.教育过程 [M].邵瑞珍，译.上海：上海人民出版社，1973.

导向课程"被当做"合题"推到前台,与之相应的课程设计理念或模式被冠以"多元整合型一体化"。

2."'合题'探索"依据的基本共识

高等职业教育专业课程教材建设的这种"合题"探索,是基于以下共识:

1)扬弃两种各有侧重的"导向"

"学科导向课程"所指向的"职业知识体系",偏重人类职业行动历史结晶中的"知识结构",而轻其"业务结构";"工作过程导向课程"所指向的"职业行动体系",偏重人类职业行动历史结晶中的"业务结构",而轻其"知识结构"。"健全职业人格导向课程"应以某种方式扬弃并整合两者,借以传递可表达为人类职业行动最佳现实状态的全方位"职业胜任力'结构—建构'"信息。

2)"教育过程"不同于"工作过程"

高等职业"教育过程" 是以高中阶段的"基础学力结构"为"原格局"的"发生中的高等职业个体"到"高等职业成体"的一系列有序的变化发展过程。就像生物个体的"发育过程"不同于其成体组织的"活动过程"一样,"发生中的高等职业个体"的"教育过程"也不同于高等职业成体的"工作过程"。将"高等职业成体"的"工作过程"作为高等职业教育课程的"过程模式",让"发生中的高等职业个体"直接去做"高等职业成体"的事[①],无异于将生物个体的"发育过程"混同于其成体组织的"活动过程"。

3)"学习迁移"有赖于"纵向组织"

在变动不居的职场中,"高等职业成体"赖以应变的一个有效机制是"学习迁移"。"学习迁移"包括"认知结构的迁移"(陈述性知识的迁移)和"技能结构的迁移"(程序性知识的迁移)。"认知结构的迁移"依赖两方面的基础:一是E.L.桑代克和C.H.贾德的研究所指向的"共同要素"和"经验类化";二是J.S.布鲁纳和D.P.奥苏贝尔的研究所指向的"学科基本结构"和"个体的认知结构"。"技能结构的迁移"也依赖两方面的基础:一是J.安德森的行动理论研究所指向的 "产生式规则";二是弗拉威尔的"认知策略迁移"研究所指向的"反省认知"[②]。

鉴于"产生式规则"的获得必须先经历一个"陈述性阶段",而"反省认知过程"是在新的情境下使用"认知过程"的前提,可以说无论是"共同要素"和"经验类化"、"学科的基本结构"和"个体的认知结构",还是"产生式规则"和"反省认知",都指向"过程模式"所诉诸的"纵向组织"。这个"纵向组织"的建构,是"合题探索"中应予借鉴的"学科导向课程"的"强项"。

4)"渐成论"课程观更为可取

高等职业教育课程理论中的"渐成论"课程观要比"预成论"课程观更可取。"渐成论"的课程观将职业教育课程教材视为类似于"生物基因链"(DNA) 的 人类职业行动的"文化觅母链"——一种用人类职业行动历史结晶中的"知识结构"、"业务结构"和"职

[①] 　值得一提的是,当J.S.布鲁纳要求学生在"教学过程"中独立探索科学家"知识发现过程"的时候,也不自觉地犯了同样的错误。他的"发现法"同他的著名假设—— "任何学科的知识都可以某种形式有效地教给任何年龄的任何儿童"——一样,都有些走过了头。

[②] 　E.L.Thomdike, 1903;C.H.Judd, 1908;J.S.Bruner, 1960;D.P.Ausubrl, 1968;J.Anderson, 1990;Flavell, 1976.

业道德与企业伦理结构"等信息（类似于波普尔的"世界3"）编织起来的东西①，认为"教育过程"就是在必要的教学环境中，在教师的"诱导"下，借助于种种教育技术与手段，通过教学活动，将设计在教材中的人类职业行动的"知识结构"、"业务结构"和"职业道德与企业伦理结构"等信息（其中包括可引起"突变"或"创新"的"文化觅母"）"转录"到学生的头脑（相当于"文化RNA"）中，并通过全方位的训练（特别是实训）与考核环节（相当于"中心法则"中的"翻译"机制），促成学生"职业胜任力"结构的发生。在这里，"文化觅母"是借用R.道金斯的表述②；"基因"、"转录"、"翻译"与"中心法则"等，是借用分子生物学的术语；"职业胜任力"是指在真实的职业工作环境中，按照最新行业准则、规范、标准和要求，承担并胜任专业岗位群各种工作角色，并在跨行业的职业流动中具有可持续发展后劲的职业成体的"职业知识"、"职业能力"和"职业道德"的统一③。

5）作为课程模式的"健全职业人格"

"健全职业人格导向"是整合"学科导向"和"工作导向"的课程模式，也是整合"职业学力"三种基本内涵——即"职业知识"、"职业能力"和"职业道德"——的更具包容性的框架。

在高等职业教育的课程体系中，"健全职业人格"既可作为"目标模式"，又可作为"过程模式"：作为"目标模式"，它指向既作为"职业分析"的出发点，又作为系列课程建构目标的"高等职业成体"的广义"职业胜任力"；作为"过程模式"，它着眼于高等职业教育对象的"职业胜任力结构发生"，要求课程内容（既包括R.M.加涅称之为"智慧技能"、"认知策略"和"言语信息"的学习内容，也包括其称之为"态度"和"动作技能"的学习内容④）的序化要遵循"从抽象到具体"的发生学原则（马克思称之为"科学上正确的方法"⑤，将其运用于《资本论》的建构；J.皮亚杰称之为"由一个比较初级的结构过渡到不那么初级（或较复杂的）结构"的原则，将其运用于发生认识论的建构⑥），要求在"发生过程"中随时关注"职业工作要素"的"同步渗透"或"横向穿插"。

6）"职业胜任力"的建构

在"多元整合型一体化"的高等职业教育专业课程体系中，学生"职业胜任力"的建构要分三步走：第一，从该专业"高等职业成体"的职业分析入手，将相同的"职业胜任力要素"归类划分为不同的"职业学力领域"，以此为基础确定相互区别并成梯度衔接的各门课程的"职业学力"建构任务；第二，在各门课程内，以各领域高等职业"专业理论知识"的纵向铺垫为经线，以其相应的"实务知识"、"同步案例"和"职业道德与企业伦理"的横向链接或穿插为纬线，以"单元训练"和"综合训练"为枢纽，依照"从抽象到具体的方法"，建构各阶段和侧面的"职业学力结构"；第三，将各门课程建构起来的各侧面"职业学力结构"，通过带有"岗位业务"和"综合业务"性质的

---

① 波普尔.客观知识：一个进化论的研究［M］.舒炜光，等，译.上海：上海译文出版社，2005.
② 道金斯.自私的基因［M］.卢允中，等，译.长春：吉林人民出版社，1998.
③ McClelland，1973；Richard Boyatzis，1982；Nordhaug & Gronhaug，1994；Lewis，2002；Bueno & Tubbs，2004；Ricciardi，2005；Morrison，2007.
④ 加涅.学习的条件和教学论［M］.皮连生，等，译.上海：华东师范大学出版社，1999;加涅.教学设计原理［M］.皮连生，等，译.上海：华东师范大学出版社，1999.
⑤ 马克思.马克思恩格斯选集：第二卷［M］.北京：人民出版社，1972.
⑥ 皮亚杰.发生认识论原理［M］.王宪钿，等，译.北京：商务印书馆，1981：15.

收官课程，整合为可与企业岗位群现实"工作过程系统"相对接的最具体的"职业胜任力结构"。

为有效应对全球新技术革命导致的行业内乃至跨行业的职业流动性，"职业学力"各基本内涵——无论是"职业知识"、"职业能力"还是"职业道德"——的建构，都要坚持"整合论"原则，即兼顾"特殊的"（或专业的）、"通用的"（或行业大类的）和"核心的"（或跨行业的）三个层面，借以超越先前时代适应职业岗位相对稳定的"还原论"原则。

7）"人才目标"的转型

高等职业教育的人才目标不应局限于"培养能够与'工作过程系统'对接的职业人"，而应定位于"培养具有'健全职业人格'①，既能适应又能扬弃'既定工作过程系统'的富有创造力和人文精神的'职业人'"。后者就业后，能够通过"继续教育"及其与"职业环境"的交互作用，使其现有水平的"职业胜任力结构"不断转化为更高水平的"职业胜任力结构"，从而永远不会陷于"主体缺失"的境地。

3.体现"基本共识"的教材特色

依据上述"基本共识"，全部由省级以上精品课程负责人主持编写，由东北财经大学出版社出版，从2010年起陆续推出，涵盖高职高专教育财经类各主要专业的"21世纪新概念教材：'多元整合型一体化'系列"具有如下特色：

（1）倡导先进的高等职业教育课程理念，依照"多元整合型一体化"的代型模式设计专业教材。

（2）关注"工学结合型"教育所要求的"双证沟通"与"互补"。在把职业资格融入课程标准的同时，着眼于高等职业学历教育与职业培训的重要区别，强化了对学生"职业学力"特别是"学习迁移能力"和"可持续发展能力"的全方位训练，提出了建构以"职业知识"、"职业能力"和"职业道德"为基本内涵，以多维"整合论"的"健全职业人格"为最高整合框架的教材赋型机制的更高要求。

（3）兼顾专业课程教材的"纵"与"横"两个组织结构维度，依照"原理先行、实务跟进、案例同步、实训到位"和"从抽象到具体"的原则，循序渐进地展开教材内容。

（4）将兼顾特殊的、通用的与核心的"职业知识"、"职业能力"和"职业道德"规范与标准导入学生"职业胜任力"的实践操练，克服了传统实训架构中的"还原论"倾向和非标准化的主观随意性。

（5）教学、训练与考核环环相扣，并围绕"职业学力"三大基本内涵全面展开，超越了"知识本位"和"能力本位"的传统教材设计。

（6）突出贯穿全书的"问题思维"与"创新意识"，探索"创新型"高等职业教育的课程教材建设。

4.内容结构的统一布局

在内容结构上，"'多元整合型一体化'系列"的主教材实施了如下统一设计布局：

各章"学习目标"列示出"单元教学"与"单元训练"的目标体系，包括"理论目

---

① 欧美等国的学者较早地关注了"人格本位"（S.Freud, 1895; E.Hemingway, 1932; V.Satir, 1964; J.Banmen, 1981—1988）。日本于1986年将"人格的形成"作为"教育目的"（见日本临时教育审议会：《审议经过概要（之三）》）。在我国，1995年国家教委下发的《在大学生中加强人文质素教育的决定》和1999年《中共中央国务院关于深化教育改革全面推进素质教育的决定》，均着眼于人的全面发展，强调塑造健全人格的必要性。

标"、"实务目标"、"案例目标"和"实训目标"这四个子目标。

作为每章正文部分的"单元教学",为章后"单元训练"提供了较为系统的知识铺垫和业务示范。其中：篇首"引例"提供了"学习情境"；"理论"、"实务"与"案例"等教学环节系统展开"专业陈述性知识"、"专业程序性知识"和"专业策略性知识"；"同步案例""职业道德与企业伦理""业务链接"等栏目,提供了"职业工作要素"的同步穿插,并带有示范与引导性质。

"本章概要"包括"内容提要与结构""主要概念和观念""重点实务和操作"。其中："内容提要与结构"是对"单元教学"内容的简短回顾；"主要概念和观念""重点实务和操作"列示了"单元教学"和"单元训练"中要求学生重点把握的专业知识与业务操作内容。

"单元训练"通过各类题型——包括"理论题""实务题""案例题""实训题"——的操练,复习与巩固"单元教学"的各种习得,并促进其"学习迁移",借以强化学生"职业知识"、"职业能力"和"职业道德"等"学力结构"的阶段性建构。

"单元考核"是对"单元教学"和"单元训练"成果的全面验收,旨在评估学生在"职业知识"、"职业能力"和"职业道德"的建构中达到的阶段性水平,并通过反馈进一步强化其阶段性建构。

"综合训练"与"综合考核"带有教材"收官"性质,是各门课程中最接近"职业胜任力"的训练与考核。

结构决定功能。了解教材内容结构设计的所述布局,有助于发挥其相应的功能和作用,为内在地理解和使用教材创造条件。

5.丰富多样的教学资源

"'多元整合型一体化'会计专业系列"教材由侧重教学环节的主教材(即本书)、供学生课后操练和为考核提供方便的《训练手册》(内含助学光盘)和《网络教学资源包》三者组成,涉及各门课程之"原理、实务、案例、实训"诸环节,其整体构成课程"教学、训练与考核"的"多元整合型一体化"教材系统。具体包括：

1)主教材

主教材由"总序"、"前言"、目录章名页和各章教学内容组成,其中："总序"是本系列教材的设计理念；"前言"对教材主要特色作了必要说明；"章名页"列示了本章的节目录和"学习目标"。

2)《训练手册》

《训练手册》由正文部分、书后"附录"和助学光盘脚本三者组成,其中：

正文部分以章序为主线,各章内容由"预习要览""客观题""主观题""实训资料""课业范例""参考答案与提示"组成。

《训练手册》书后提供了两个"附录"和助学光盘,其中：

《职业核心能力强化训练'知识准备'参照范围》是参照中华人民共和国劳动和社会保障部职业技能鉴定中心的《职业核心能力标准》提炼与编制的,其范围是为构成学生职业能力发展后劲的那些能力操练圈定的,任课教师和学生均可按图索骥。

《案例分析、职业核心能力和职业道德训练与考核参照规范》参照行业标准编制,为本课程的学生的学生训练与考核提供必要的规范标准。

助学光盘提供的"'自测/考核'系统"通过随机组题、自动评分、显示答案和输出成线单等功能，使"客观题"的学生课后训练、自我测试和课程考核完全自主化，同时免去了教师出题阅卷之辛苦。

3）《网络教学资源包》

其提供的PPT电子教学课件和《学生考核手册》，为教师的课堂教学演示和学生课程考核提供了极大方便。

6.题全量足、功能多样的课后训练[①]

1）关于"题全量足"

同传统教材相比，"多元整合型一体化"教材的"课后训练"范围更广、题型更全、数量更足。

所谓"范围更广"，是指"课后训练"涉及 "职业学力"建构的全部基本内涵（即"职业知识"、"职业能力"和"职业道德"）；所谓"题型更全"，是指"课后训练"的基本题型与四大教学环节（即"理论""实务""案例""实训"）一一对应；所谓"数量更足"，是指"课后训练"的"客观题"通过《学生手册》提供了各题型的"自测题库"，"主观题"各题型的设计配套成龙。

2）关于"功能多样"

艾宾浩斯和乔治·米勒的实验（（德）H.Ebbinghaus，1885；（美）G.A.Miller，1960）表明：学习要勤于复习，重复是记忆之母，理解有助于记忆。特瑞赤拉的实验（（美）Treychler，1967）表明：人们一般能记住阅读内容的10%，听到内容的20%，看到内容的30%，听到和看到内容的50%，交流中自己所说内容的70%，交流和操作内容的90%。这些结论对于一切记忆的内容——教学训练中经历过的事物、思考过的问题、体验过的情感、操练过的动作等——都是适用的。

为了使学生通过课堂教学初步建构的"职业学力"之"瞬时记忆"转化为"长期记忆"，"课后训练"的"客观题"通过助学光盘"自测系统"的"随机组题"，对学生提出了"适度重复"的训练要求；"主观题"通过功能各异的题型对学生提出了简述、理解、交流、体验和实训操作等"多样性"训练要求。此外，贯穿于各章"实训操练题"的"职业核心能力"强化训练与"职业道德"相关训练，助推了学生"健全职业人格"的塑造。

五、结束语

1.关注课程与教材建设模式转型，服务新时期高等职业教育人才培养

高等职业教育课程和教材建设的全部新探索，都是为新时期迫在眉睫的高等职业教育人才培养目标模式转型服务的。

改革开放三十多年来，我国高等职业教育人才培养目标模式经历了由计划经济时期"培养国家经济各部门需要的，具有通用型高等专业知识人才"，向"培养以制造业为主体

---

① 关于高等职业教育教材的"课后训练"，有两种较为普遍的成见：一种成见认为，"课后训练"越是简便易学，就越受师生欢迎；另一种成见认为，"课后训练"的题型应参照职业资格考试要求。受这两种成见的影响，传统教材的非应试性"课后训练"过于贫乏单调，应试性"课后训练"仅将职业资格考试作为标准。然而，"书到用时方恨少"。教学训练过于省力，将导致学生应对职场时过于费力。"职场需要"（特别是"十二五"起的高等职业的竞争性"职场需要"）比起"应试需要"，也是更有分量的着眼点。定位于"职场需要"的"课后训练"，即便其内容包含而又多于"应试需要"，难度与要求更高，也将受到有远虑的广大师生们的欢迎。有必要说明："职场需要"的"学习迁移"以学生对相关学习内容的"长期记忆"为前提，而数量足够、重复适度的"课后训练"，是促使其"瞬时记忆"转化为"长期记忆"的必要条件；当学习内容涉及"职业学力"的诸多内涵时，其"课后训练"的类型也要比"应试需要"更加多样化。

的企业生产和经营管理需要的，具有高等专业知识与专业技能的应用型人才"的转型；高等职业教育课程和教学资源建设模式经历了由计划经济时期的"学科导向"向"工作导向"的转型。如今，我国高等职业教育人才培养目标、课程和教学资源建设模式正处于一种新的、更具全球化时代竞争意义的转型过程中。

在"后金融危机时期"，中国在应对世界范围重新抬头的贸易保护主义的同时，又面临"刘易斯转折点"（即人口红利逐渐消失），其经济转型要求比以往任何时候都更加迫切。与此相应，中国高职院校的人才培养目标需要从"培养能够与'世界工厂'既定工作岗位对接的高等应用型人才"，向"培养既能与'世界工厂'既定工作岗位对接，又能适应产业结构升级和工作岗位变换，并具有与'世界实验室'和'世界创新中心'工作岗位对接潜力的高等应用型人才"转型。

高等职业教育课程与教学资源建设的转型应当与其人才培养目标模式的转型同步。

2.避免两种逆反倾向

在"转型"问题上，要避免两种逆反倾向，即回避"复杂性"和满足"既定模式"。

1）关于回避"复杂性"

说到"复杂性"，人们很容易与相反的选择，即奥卡姆称之为"经济性剃刀原则"的"简单性原则"相对比。"简单性原则"是一种"还原论"思想方法，它有一个众所周知的说教，就是"不要把简单的事情搞复杂了"。说教者往往因为"把本来复杂的事情搞简单了"而事后汗颜。如果相关情境下"简单性原则"确实管用，谁会舍易求难呢?! 有个例子很说明问题：2010年足球世界杯比赛期间，一位电视台名嘴在导视西班牙队的头几场比赛时，面对西班牙队高超的整体战术配合，即兴说出了一句符合"简单性原则"的名言，即"他们把本来简单的足球踢得复杂了"。这位名嘴所讲的"复杂"，是指西班牙球队的整体战术配合。后来的事实表明，本次世界杯西班牙队夺了冠，他们赢就赢在了这个"复杂性"上。因为有这个"复杂性"，他们才会有出色的整体控球能力，即便是德国队威力强大的冲锋，也因为抵挡不了这个"复杂性"而败北。这个例子值得对"简单性原则"情有独钟的人们深思。

从"十二五"开始的本世纪第二个十年，中国要"着力提高人才培养水平"，实现《国家中长期教育改革和发展规划纲要（2010—2020年）》中提出的"由教育大国向教育强国、由人力资源大国向人力资源强国迈进"的战略目标，首先要面对的，便是人才培养的前所未有的"复杂性"。"坚持育人为本、德育为先"，"坚持文化知识学习和思想品德修养的统一、理论学习和社会实践的统一、全面发展和个性发展的统一"，"强化能力培养，创新人才培养模式"，"注重培育学生的主动精神和创造性思维"等等，都是对这种"复杂性"的具体要求。落实这些要求，是新时期中国教育（包括高等职业教育）教学改革与发展探索的重要任务。在国家需要面前，教育领域中那些迄今仍持"简单性原则"不放的人们难道不该做些让步吗?

2）关于满足"既定模式"

至于"既定模式"，如果指的是在"学科导向"和"工作导向"之间做"非此即彼"的选择，那就是一种片面性。倾心于此等"既定模式"的人通常只看到事情的积极方面，而忽视其消极方面。一位伟人说过："谁要是把抽象的思想生硬地应用于现实，就是破坏了现实。"在高等职业教育课程和教学资源建设上，现实事物是具有一定"复杂性"的整体。如果你在"理论的态度"中只看到其中某一侧面，发表了某些抽象看法，这也许无关紧要;可是当你在"实践的态度"中将片面的认识"生硬地"应用于现实,致力于改造现实事物的全面性和具体性的时候,问题就严重了,在这种情况下,你在建构现存的同时"生硬地"破坏了现实。

　　3)历史教训

　　世界高等职业教育的历史表明:人们先是在"理论的态度"中认识到"人类职业行动"的"知识结晶",在"实践的态度"中"生硬地"实施了"知识本位"教育;随后又在"理论的态度"中认识到"人类职业行动"的"业务结晶",在"实践的态度"中"生硬地"实施了"能力本位"教育。两者都是在建构职业教育现存的同时破坏了职业教育现实:建构的是片面性,破坏的是全面性。这两种片面认识与做法都是在不自觉的情况下出现的,尚属情有可原。如果意识到两种片面性之后仍然执意而为,去重蹈历史覆辙,就说不过去了。

　　在全球化遍及一切领域的今天,各国都面临愈演愈烈的产品竞争、技术竞争、管理竞争、商业模式竞争、教育竞争和人才竞争,产品创新、技术创新、管理创新、商业模式创新、教育创新和人才培养模式创新势在必行,为之服务的高等职业教育课程和教学资源建设的模式转型大势所趋。在这种情况下,有多少教育工作者还会心甘情愿地把"回避'复杂性'"和"满足'既定模式'"作为选项呢!

　　3.本项目参与者们的尝试

　　"前事不忘,后事之师。"参与"多元整合型一体化系列"项目的众多省级以上精品课程团队所尝试的,是面对高等职业教育现实的"复杂性"知难而进:在"理论的态度"中致力于克服片面性认识,在"实践的态度"中尽可能避免破坏现实的"生硬"做法。

　　列入本系列高职高专精品课程教材的作者们,出于"后精品课程时期"专业课程持续发展的内在需要,纷纷探索课程模式转型之路,将培养中国产业结构升级所需要的"'职业知识、职业能力和职业道德'兼备","'问题思维'和'革新创新'能力突出"的新型高等职业经济管理人才视为己任,其高度责任感和锐意进取精神令我们钦佩!

　　早在上个世纪末,东北财经大学出版社就在国内高校众多知名专业带头人的参与下,率先推出了涵盖财经类各专业的"21世纪新概念教材"。如果说在本世纪的头十年,"21世纪新概念教材"的"'换代型'系列"曾通过"用'反题'弥补'正题'之不足",为培养适应"中国制造"之经济管理人才的高校课程建设服务,那么在本世纪的第二个十年,"21世纪新概念教材"的"'多元整合型'系列"将通过"用'合题'扬弃'正题'与'反题'",为培养适应"中国创造"之经济管理人才的高校课程建设服务。

　　就未来十年的战略取向而言,一套好的高等职业教育专业教材应当既体现国内外先进的专业技术水平和教育教学理念,又适应中国经济转型所需要的"创新型高等职业人才培养",从而将《国家中长期教育改革和发展规划纲要(2010—2020年)》提出的相关要求落到实处。本系列教材的作者们是否在此方面开了个好头,应留给专家、学者和广大师生去评判。

　　在高等职业教育课程教材建设的道路上,向前探索的开端总是不尽完善的,期待专家、学者和使用本系列教材的师生不吝赐教,以便通过修订不断改进,使之与我国的产业需求和课程改革发展始终保持同步。

许景行

于东北财经大学烛光园

第二版前言

《财务管理——原理、实务、案例、实训》和《〈财务管理——原理、实务、案例、实训〉训练手册》出版以来，其新颖丰富的教材内容、多样翔实的训练手册、师生共享的助学光盘，得到了全国高职高专院校财务会计类专业师生的广泛好评，满足了高等职业教育以工作过程为导向，教、学、做、评合一，"以学生为主体，以教师为引导"的教育教学改革新思路。

为了进一步提高"十三五"高等职业教育财务会计专业人才培养水平，实现"着力提高人才培养水平""坚持育人为本、德育为先""强化能力培养、创新人才培养模式""着重培育学生的主动精神和创造性思维""把提高学生职业技能和培养职业精神高度融合"等新时期目标，我们对《财务管理——原理、实务、案例、实训》教材和《〈财务管理——原理、实务、案例、实训〉训练手册》进行了修订。

修订后的教材，通过教学目标、教学引例、同步案例、同步思考、业务链接、教学互动、职业道德与会计伦理等，实现了"原理先行、实务跟进、案例同步、实训到位"的原则，进一步体现了新时期国内外先进的专业技术水平和高等职业教育教学理念。

修订后的《〈财务管理——原理、实务、案例、实训〉训练手册》，通过内容提要与结构、重点与难点分析、主要公式、理论题、实务题、案例题、实训题、主观题、善恶研判、课业范例、参考答案与提示等，突出了"问题思维"与"创新意识"，基本实现了"职业知识"、"职业技能"和"职业精神"的"三重培养"目标。

本教材的教学资源可登录东北财经大学出版社网站(www.dufep.cn)下载。学生的课程考核可依照《学生考核手册》所提供的"多元整合型"框架进行，也可依照符合本校教学实际的其他框架进行。

本书修订主要由无锡商业职业技术学院马元兴和孙作林负责。具体修订分工如下：许景行撰写"总序"，马元兴负责修订《财务管理——原理、实务、案例、实训》教材，孙作林负责修订《〈财务管理——原理、实务、案例、实训〉训练手册》和"助学光盘"。

本书在修订过程中参阅了有关中外书籍，得到了有关领导、专家的支持，在此一并表示衷心感谢！

马元兴

2016年1月

第一版前言

《财务管理——原理、实务、案例、实训》作为"高职高专教育会计专业精品课程教材新系"之一，是为满足新时期我国高职高专教育教学改革对新型专业教材的需求而编写的。它由侧重财务管理教学环节的主教材（即本书）、供学生课后操练和为考核提供方便的《〈财务管理——原理、实务、案例、实训〉训练手册》（内含助学光盘）及网络教学资源包三者组成，涉及本课程之"原理、实务、案例、实训"诸环节，其整体构成财务管理课程"教学、训练与考核"的"多元整合型一体化"教材系统。

本教材"以就业为导向"，紧紧围绕21世纪高职高专教育新型人才培养目标，依照"原理先行、实务跟进、案例同步、实训到位"的原则，全面阐明企业资金的筹集、投放、运用和分配的管理以及财务预算、财务分析和财务控制等内容，同时，注意吸收2006年颁布的《企业会计准则》和《企业会计准则讲解2011》的最新成果，使财务管理相关内容与会计确认、计量和列报的变化保持一致。

关注"工学结合型"教育所要求的"双证沟通"与"互补"，是本教材的一大特色。在把会计职业资格标准融入本课程的同时，我们着眼于高等职业学历教育与职业培训的重要区别，强化了对学生"职业学力"特别是"学习迁移能力"和"可持续发展能力"的全方位训练，提出了建构"多维整合论"的"健全职业人格导向"教材赋型机制这一更高要求。

本教材内容简明，设计新颖，案例丰富，训练多样，考核全面，功能齐全，融通俗性、可读性、应用性于一体，力求体现"'教、学、做、评'合一"和"以学生为主体，以教师为引导"的高职高专教育教学改革新思路。

本教材编写以"总序"中阐明的"共识"为基础，内容结构设计遵循了"多元整合型一体化系列（Ⅱ型）"所要求的统一布局。阅读"总序"，借以了解所述"共识"与内容结构布局，有助于更好地把握与使用这部教材。

为方便教学，主教材配有如下教学资源：

（1）《〈财务管理——原理、实务、案例、实训〉训练手册》：是主教材的配套教材，其正文收入"预习要览"、"客观题"、"实训资料"、"课业范例"和"参考答案与提示"；书后附有两个"附录"和"助学光盘"。

（2）助学光盘：内含"'自测/考核'系统"，其内容范围与《〈财务管理——原理、实务、案例、实训〉训练手册》的"客观题"完全相同。

（3）网络教学资源包：内含PPT电子教学课件和《学生考核手册》。

登录东北财经大学出版社网站（www.dufep.cn）即可下载这些资源。学生的课程考核可依照《学生考核手册》所提供的"多元整合型"框架进行，也可依照符合本校教学实际的其他框架进行。

本书由无锡商业职业技术学院马元兴和孙作林任主编，丽水职业技术学院钭志斌和淄博职业学院刘景忠任副主编。具体分工如下：许景行撰写"总序"，马元兴编写第1章，孙作林编写第2章并负责对第3、4、7章的初稿进行修改，钭志斌编写第5、6章，刘景忠编写第3、4章初稿，山东淄博职业学院于艳编写第7章初稿。全书由马元兴总体设计和总纂定稿。

本书在编写过程中参阅了有关中外书籍，得到了有关领导、专家的支持，在此一并表示衷心感谢！

在编写过程中，尽管我们付出了不懈的努力，但由于水平有限，书中问题与不足之处在所难免，恳请广大读者批评指正。

马元兴

2012年2月

目　录

第1章
财务管理基础

学习目标

通过本章学习，应该达到以下目标：

理论目标：学习和掌握财务活动的相关概念、组成部分，财务关系的内容，财务管理的概念、特征、内容、目标与环境，财务管理的体制，货币时间价值的概念与作用，风险与报酬的概念等陈述性知识；能用其指导"财务管理基础"的相关认知活动。

实务目标：学习和掌握财务管理的方法与流程、货币时间价值的计算方法、风险与报酬的衡量与计算、风险控制对策、"业务链接"等程序性知识；能用所学实务知识规范"财务管理基础"的相关技能活动。

案例目标：运用"财务管理基础"的理论与实务知识研究相关案例，培养和提高在特定业务情境中分析问题与决策设计的能力；能结合本章教学内容，依照"职业道德与会计伦理"的行业规范或标准，分析会计行为的善恶，强化职业道德素质。

实训目标：参加"财务管理观念运用"业务胜任力的实践训练。在了解和掌握本实训所及"能力与道德领域"相关技能点的"规范与标准"的基础上，通过切实体验和"财务管理观念运用"各实训任务的完成，系列技能操作的实施，各项目实训报告编制的准备、撰写、讨论与交流等有质量、有效率的活动，培养"财务管理观念运用"的专业能力，强化"自我学习"、"解决问题"和"革新创新"等职业核心能力（中级），并通过"中级"践行"职业观念"、"职业理想"、"职业态度"和"职业守则"（认同级）等行为规范，促进健全职业人格的塑造。

引例　关键要素

背景与情境：如果我无意于成为一名财务经理，那么我为什么还要学习财务管理知识呢？一个很好的理由是，"为未来的工作环境而准备"。越来越多的企业正在削减经理职位，把公司金字塔的各个层次糅合在一起，目的是降低成本和提高劳动生产率。结果，留下来的经理的职责范围就变得很宽。在未来，一名成功的经理应该是一名团队首领，他的知识和能力保证他既能在组织内纵向流动，又能横向流动，即从事复合型的工作。所以，在不久的将来，掌握基本的财务管理知识将是你工作环境中不可缺少的关键要素。

资料来源　范霍恩，瓦霍维奇.现代企业财务管理［M］.郭浩，译.11版.北京：经济科学出版社，2002.

无论你有意还是无意成为一名财务经理，无论你做什么工作，在市场经济时代，掌握财务管理的知识和技能，都是十分必要的。在现代公司的管理中，财务经理扮演着一个活跃的角色，财务经理每天都必须应付众多外部环境的变化和内部事务的处理，诸如公司之间竞争的加剧、技术的突变、通货膨胀和利息率的变化、全球经济的不确定性、汇率的波动、税法的变更、投资决策、融资决策、资产管理决策等。

如果你是一名财务经理，那么你在应变、筹集资金、资产投资和管理等方面的能力将影响公司的成败。要当好一名财务经理，首先应学习财务管理的基本理论，熟悉财务管理的基本内容，掌握财务管理的各种方法与技能；其次应学习财务管理的相关知识与技能；最后在企业经济工作中不断实践、总结。只有这样，你才能成为一名出色的财务经理。

学习财务管理，首先应从了解财务管理的概念和特征开始。

财务管理是企业管理的一部分，是企业组织财务活动、处理财务关系的一项综合性管理工作。企业财务活动在相当程度上受理财环境制约，只有在理财环境的各种因素作用下实现财务活动协调平衡，企业才能生存和发展。企业在财务管理过程中，必须遵循资金的时间价值和风险收益两大基本观念。

1.1　财务管理综述

企业的财务管理组织和财务人员需要在一定的财务环境下，实施财务管理活动，并和利益相关方协调好关系，完成财务管理的内容，进而实现企业财务管理目标。

1.1.1　财务活动

企业**财务活动**是以现金收支为主的企业资金收支活动的总称。财务活动包括：资金的筹集、运用、耗费、收回及分配等一系列行为，其中资金的运用、耗费和收回可统称为投资。财务活动具体由筹资活动、投资活动、资金营运活动和分配活动四部分组成。

1）筹资活动

筹资是指企业为了满足投资和资金营运的需要，筹集所需资金的行为。在筹资过程中，一方面，企业需要根据战略发展的目标和投资计划来确定各个时期企业总体的筹资规模，以保证投资所需的资金；另一方面，要通过筹资渠道、筹资方式或工具的选择，合理确定筹资结构，降低筹资成本和风险，提高企业价值。

2）投资活动

投资是指企业根据项目资金需要投入资金的行为。企业在投资过程中，必须考虑投资规模（即为确保获取最佳投资效益，企业应投入的资金数额）；同时还必须通过投资方向和投资方式的选择，来确定合适的投资结构，提高投资效益，降低投资风险。

3）资金营运活动

资金的**营运活动**通常是指因企业经营而引起的财务活动。在一定时期内，营运资金周转速度越快，资金的利用效率就越高，企业就可能生产出更多的产品，取得更多的收入，获取更多的利润。企业需要确定营运资金的持有政策、合理的营运资金融资政策，以及合理的营运资金管理策略。

4）分配活动

广义地说，**分配**是指对企业各种收入进行分割和分派的行为；而狭义的分配仅指对企业净利润的分配。企业实现的净利润可作为投资者的收益，分配给投资者或暂时留存企业（作为投资者的追加投资）。企业需要依据法律的有关规定，合理确定分配规模和分配方式，确保企业取得最大的长期利益。

同步案例1-1

苏杭公司财务目标确定

背景与情境： 2016年年初，苏杭公司召开年度经济工作会议，总经理伏天总结了苏杭公司2015年的各项经济指标完成情况，并对业绩显著的部门和个人进行了表彰。同时，根据各部门上报的经济指标，经财务部编制、预算委员会批准，伏天总经理下达了公司2016年的财务预算。伏天总经理在公司年度经济工作会议上说：

同志们，经过公司全体员工的共同努力，在2015年，公司全面完成了各项预定目标，并取得了骄人的业绩。

公司全年实现销售22亿元，比计划的20亿元增长了10%；全年实现利润1.2亿元，比计划的1亿元增长了20%；全年实现净利润9 000万元，比计划的7 500万元增长了20%；全年上缴国家税收6 500万元，比计划的5 800万元增长了12.07%；2015年追加投资5 000万元，年末资产总额达5.5亿元，比年初4.8亿元增长了14.58%；2015年年末净资产达3.85亿元，比年初3亿元增长了28.33%；2015年年末每股净收益达3.85元，比年初每股净收益3.1元增长了24.19%。

我代表苏杭公司向在一年中付出辛勤劳动的全体员工表示衷心感谢！

同志们，成绩只能代表过去，2016年我们将继续拼搏。经过大家的讨论，财务部已经编制出了2016年的财务预算，经过公司董事会的审议，我受董事会的委托，向大家下达公司2016年的各项财务预算指标。

全年销售目标25亿元；全年利润目标1.35亿元；全年净利润目标1亿元；全年上缴国家税收目标7 000万元；年末资产目标6亿元；年末净资产目标4亿元；年末每股净收益目标4元。

为实现这些目标，公司决定筹集资金3 000万元投资建设两条生产线，以进一步扩大企业的生产经营规模。会后请财务部将2016年的财务预算下发给各部门。

问题： 苏杭公司的年度经济工作会议是否主要是安排财务活动？如果是，那么在这些财务活动中，是否包括了筹资活动、投资活动和分配活动？

分析提示：第一，公司的年度经济工作会议总结了2015年的各项财务指标完成情况，下达了2016年财务预算的各项指标，因此，该会议主要是安排财务活动。

第二，不论是预算总结还是预算安排，首先是明确目标，然后是实现目标的筹资、投资、分配活动，因此，财务活动中始终包括筹资活动、投资活动和分配活动。

1.1.2　财务关系

财务关系是指企业在财务活动中与有关各方所发生的经济利益关系。财务关系的核心是经济利益。在财务活动中，企业与各方所发生的财务关系表现为以下几个方面：

1）筹资活动的财务关系

企业的筹资活动与投资者发生关系，企业的投资者分为主权投资者和债权投资者。主权投资者对企业承担较多的责任，也享有较多的权益；而债权投资者承担的责任和享有的权益则较少。投资者与企业发生的财务关系有：对企业有何种程度的控制权；对企业获取的利润有多大份额的分配权；对企业的净资产有多大份额的占有权；对企业的破产承担多大的责任等。

2）投资活动的财务关系

企业的投资活动分为对内投资和对外投资。对内投资是指将资金用于生产经营过程。在这一过程中发生的财务关系有：与往来客户或其他企业按照市场原则发生商品交易和劳务供求关系；企业内部各独立部门之间的分工协作关系。

企业在对外投资过程中发生的财务关系有：企业能对被投资企业进行何种程度的控制；企业对被投资企业获得的利润能在多大程度上参与分配；企业对被投资企业的净资产享有多大份额的占有权；企业对被投资企业的破产承担怎样的经济责任等。

3）分配活动的财务关系

参与企业分配活动的主体有国家、投资者、债权人、职工等，在分配活动中发生的财务关系有：企业和国家的关系。企业必须按照国家税法的规定缴纳各种税款，企业与国家的关系是一种强制和无偿的分配关系。企业和投资者的关系。企业与投资者的关系不仅表现在企业净资产都归投资者，而且也表现在每期剩余收益在资本报酬和企业留存之间的分配，从而体现企业对投资者目前利益和长远利益的制约。企业和债权人的关系。企业与债权人的财务关系表现为企业必须偿付债权人本金、支付利息的分配关系。企业和职工的关系。企业根据劳动者的劳动情况，向职工支付工资、津贴和奖金，并提取用于职工福利事业的任意盈余公积等，体现了按劳分配劳动成果的关系。

同步思考1-1

苏杭公司2015年度实现利润12 000万元，按照25%的所得税税率，应上缴国家所得税3 000万元，获得净利润9 000万元；按照10%提取法定盈余公积，年初未分配利润5 000万元，年末可供分配利润13 100万元，按照公司章程，分配给投资者的利润为可供分配利润的30%~50%。

请问：在该利润分配中涉及哪些财务关系？你在处理这些财务关系时是否有主次之分？假定从公司发展出发，你选择分配给投资者的利润比例会是多少？

理解要点：*利润分配涉及国家、企业、投资者和职工四者之间的关系。在这些财务关系中，存在主次之分，国家利益高于一切。从公司发展出发，应选择最低的投资者利润分配比例。*

1.1.3 财务管理概念

财务管理是基于企业在经营中客观存在的财务活动和财务关系而产生的，它主要利用价值形式对企业所从事的生产经营活动进行管理，是组织资金运动、处理财务关系的一项综合性管理工作。

财务管理是企业管理的一个重要组成部分，财务管理的对象是企业资金的循环与周转。财务管理的实质是处理好企业与各方面的财务关系；其主要内容是筹资、投资和收益分配；其主要职能是预测、决策、预算、控制与分析评价。

1.1.4 财务管理特征

管理是公司运作的手段，公司的管理包括：生产管理、技术管理、劳动人事管理、设备管理、销售管理、财务管理等。各种管理都有各自的特征，财务管理的特征是：

（1）财务管理的基本特征是价值管理。财务管理主要运用价值形式对经营活动实施管理，通过价值形式，把企业的一切物质条件、经营过程和经营结果都合理地加以规划和控制，以达到企业效益不断提高、财富不断增加的目的。

（2）财务管理与企业各方面具有广泛的联系。企业的一切经营活动都涉及资金的收支，财务管理的触角常常伸向企业经营的各个角落。每个部门都会通过资金的使用与财务部门发生关系，而财务部门也要对各部门合理使用资金、节约资金支出、提高经济效益进行管理，并与各部门密切合作。

（3）财务管理是一项综合性管理。财务管理所运用的指标统称财务指标，它是以价值形式综合反映企业经营的能力、成果和状态。公司的决策是否得当、经营是否合理、技术是否先进、产销是否顺畅，都可迅速地在财务指标中得到反映。

同步思考1-2

企业财务管理工作过程如图1-1所示。

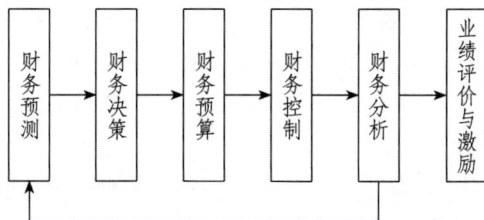

图1-1 企业财务管理工作过程

请问：从图1-1中，你能否感悟出财务管理的基本含义？企业财务管理的工作过程形成了一个系统，该系统的纽带是什么？

理解要点：在这一财务管理工作中，要组织好资金运动，处理好各方面的财务关系，实现企业财务管理目标。该工作系统的纽带是资金，也就是价值。

1.1.5　财务管理内容

企业的财务活动具体包括资金的筹集、运用、回收及分配等一系列行为。这些财务活动将财务管理的内容确定为以下四个方面：筹资活动、投资活动、资金营运活动和分配活动。

筹资活动、投资活动、资金营运活动和分配活动共同构成了财务活动的主要内容。同时，这些财务活动之间也是紧密相关的。例如，筹资活动是投资活动的前提与基础；资金营运活动是投资活动取得成功的保证；分配活动是其他财务活动的必然结果和归宿，同时也为其他财务活动的正常开展提供动力。总之，以上财务活动伴随着企业生产经营活动反复进行，按既有的轨迹不断地运动，共同构成了企业财务管理的主要内容。

同步案例1-2

财务规划

背景与情境：张鑫同学学习了财务管理的内容后有一个设想，他想毕业后自主创办一家广告设计公司，拟通过5年努力获得100万元利润。带着这个想法，张鑫同学请教了老师，老师说："很好，你先做个规划给我看看。"于是，张鑫同学查阅资料，到广告公司实地考察，得到如下信息：广告设计公司需要租用30平方米房屋，每年租金预计5万元；购买一套设计、打印、喷绘设备（预计使用5年，无残值），预计投资5万元；聘请每位工作人员每年需要支付报酬4万元；开业运行后每年需要支付水电、物业等管理费用1万元；承接广告设计需要支付的材料等费用预计占收入的30%；增值税占收入的5%，所得税税率25%；工商注册资金需要5万元。根据这些信息，张鑫同学编制的财务规划如下：

（1）筹资活动：筹集资本金5万元和借款10万元，共计15万元，开办广告设计公司；

（2）投资活动：用于工商注册、租赁房屋和购买设备；

（3）资金营运活动：聘请2位工作人员每年工资8万元，每年水电、物业等管理费用1万元，材料费用占收入的30%，增值税费用占收入的5%；

（4）收益分配活动：每年利润的25%上缴所得税，剩余全部归自己，5年得到100万元。

问题：张鑫同学在5年时间里每年要承接多少业务才能实现目标呢？

分析提示：第一步，计算广告公司每年的固定成本。

每年的房屋租金5万元、设备折旧1万元、人员工资8万元、水电及物业等管理费用1万元。

固定成本=5+1+8+1=15（万元）

第二步，计算广告公司的变动成本率。

材料费用30%、增值税5%，二者合计35%。

第三步，计算每年应得净利润。

每年应得净利润=100÷5=20（万元）

第四步，计算每年应实现的业务量。

假设每年应实现的业务量为x，则：

[（1-35%）x-15]×（1-25%）=20

x=64.10（万元）

可见，在没有考虑资金成本和资金时间价值的情况下，每年要承接64.10万元的业务量才能实现规划目标。

1.1.6 财务管理目标

财务管理目标是指企业财务活动所要达到的结果，也是评价企业理财活动是否合理的基本标准。只有明确了财务目标，才能明确财务管理到底是干什么的，它能干什么，它该怎么干。明确了财务目标，有利于充分发挥财务职能，有利于实施目标管理，有利于调动员工的积极性，从而创造出最佳成绩。目标具有客观性、可验证性，因此，也具有业绩考核的作用。

1）财务管理总目标

财务管理的总目标是企业全部财务活动需要实现的最终目标，它是企业开展一切财务活动的出发点和归宿。关于财务管理的总目标，有以下三种提法：

（1）利润最大化

利润最大化观点来源于西方经济学理论，西方许多经济学家都是以利润最大化来分析和评价企业行为和业绩的，如亚当·思密、大卫·李嘉图等经济学家。在20世纪50年代以前，西方财务管理界也大都认为，以利润最大化为财务目标是财务管理的最佳选择。

以利润最大化为企业财务目标的优势在于：在一定程度上有利于资源的合理配置，有利于经济效益的提高；容易被企业管理者和职工所接受。但是，以利润最大化为企业财务目标在实践中存在着以下缺陷：不利于同一企业对不同时期的比较，以及不同规模企业间的比较；利润指标可操作性强，一定时期的利润增加并不代表企业净资产的增加；没有考虑取得利润的时间，没能考虑资金的时间价值；没有有效地考虑风险；往往会使企业管理者的决策带有短期行为倾向。

可见，不断提高企业的盈利能力无疑是保证企业长期稳定发展的重要基础，但以利润最大化为财务管理目标是不恰当的。

（2）股东财富最大化

按照现代委托代理学说，企业的代理关系是一种契约关系。在这种关系下，企业的日常经营管理活动由受委托的经营者负责处理。基于委托代理条件下的受托财产责任，经营者最大限度地谋求股东或委托人的利益，而股东或委托人的利益目标则是提高资本报酬率、增加股东财富、实现权益资本的保值增值。在股份经济条件下，股东财富由其所拥有的股票数量和股票的市场价格这两个方面所决定。在股票数量一定时，当股票价格达到最大化时，股东财富也达到最大化，所以股东财富最大化又演变成股票价格最大化。

与利润最大化目标相比，股东财富最大化有其积极的方面：考虑了风险因素；在一定程度上克服了企业在追求利润上的短期行为。但应该看到，股东财富最大化也存在一些缺点：大量的非上市公司不可能采用这一指标；股票价格并不总能反映企业的经营业绩；强调股东利益最大化，很容易忽视其他利益相关者的利益。

新的产权理论认为，股东、债权人、员工都是企业的产权主体，他们都有权获取企业创造的剩余财富。不难发现，市场竞争的加剧使一切以股东利益为出发点的企业财务目标处处捉襟见肘。

（3）企业价值最大化

企业价值是指企业全部资产的市场价值，也即股票与负债的市场价值之和，通俗地说，就是企业值多少钱。企业价值最大化目标有两种计量方法：未来企业报酬贴现值和资产评估值。

采用企业价值最大化作为财务目标，具有以下优点：考虑了取得报酬的时间，并用资金时间价值的原理进行了计量；充分考虑了风险和报酬的因素；能克服企业在追求利润上的短期行为；有利于社会资源的合理配置。社会资源都是向企业价值最大化的企业流动，有利于实现社会效益最大化。但是，以企业价值最大化为财务管理目标还存在一些问题：对于上市企业，虽可以通过股票价格的变动揭示企业价值，但是股票价格受多种因素影响，特别是即期市场股价不一定揭示企业的获利能力，只有长期趋势才能做到这一点；对于非上市企业来讲，只有对企业进行专门的评估才能真正确定它的价值；在评估企业价值时，企业的未来报酬和与企业风险相适应的折现率很难预计。

但即使有以上缺陷，企业价值最大化仍是目前认同度较高的财务管理基本目标。

同步思考1-3

中国石油化工集团公司（以下简称"中石化"）在经济转型和国有企业改革的历程中，经历了以下过程：

（1）包干制和激励机制阶段

在20世纪90年代中期以前，中石化的生产总值持续高速增长，而这个时期的工业生产总值一直是中石化主要的生产经营目标。

（2）现代企业制度阶段

随着企业自主权的进一步加大，市场经济体系的进一步完善，以及国有企业亏损的不断恶化，政府希望通过建立现代企业制度和引进国外先进的企业管理经验来激励国有企业最大化利润。但是，实现的利税总额、利润（总额）与净利润在1999年之前有多个年度处于负增长，这说明利润最大化的目标没有实现。

（3）国有企业上市阶段

由于股票初始上市（IPO）效应，利润（总额）与净利润在1999年有较大幅度增长，在2000年稍有下降，之后平稳增长；每股收益率在2000年有较大幅度增长，在2001年稍有下降，之后平稳增长。中石化香港股票市场股价持续波动增长，涨幅远高于道琼斯股票指数以及上证综合指数。这表明股东价值最大化是财务管理的目标之一。

（4）国有资产保护和可持续发展阶段

随着科学发展观的提出和建立和谐社会的要求，中石化更加关注企业社会责任，建立了安全、环境与健康管理体系。此阶段财务管理的目标是企业价值最大化。企业价值最大化要求企业在实现自身利益的同时，还要正确处理其与国家、社会、消费者和债权人等之间的关系，并尽可能使这些社会公众的利益得到最大的满足。企业价值最大化是一个综合目标，即使投资人、债权人、经营者、政府和社会各方利益最大化。

从中石化的发展历程中，你感悟到了财务管理目标及其变化了吗？

理解要点： 在计划经济时代，国家包办一切，企业只需追求生产。进入市场经济时代后，在短短的30多年里，中国的市场经济不断完善，企业也跟着跨越了三大步，实现了与国际接轨。而企业财务管理目标也实现了从利润最大化、股东财富最大化到企业价值最大化的转变。

2）财务管理分目标

财务管理目标是有层次的，有总目标和分目标之分。总目标应该考虑各利益相关者的利益需求，应具有全局指导性。具体目标根据总目标来展开，应具有实际可操作性。通过实现具体目标最终达到总体目标的实现，同时可以适时通过对具体目标的评价，来预计对企业总目标的实现程度。财务管理目标体系如图1-2所示。

图1-2 财务管理目标体系图

将企业价值最大化作为企业财务管理总目标，既充分考虑了资金时间价值和风险与报酬的关系，又兼顾了企业各方相关者的利益。在总目标的指导下，企业财务管理的分目标（具体目标）为：

分目标之一的筹资管理目标要求筹资的数量既要满足企业生产经营的需要，又要使资本成本风险达到最小。具体可以考虑采用加权资本成本、财务杠杆系数来进行分析评价。

分目标之二的投资管理目标要求企业经营者在认真分析影响投资决策的各种因素的基础上，进行投资报酬和风险的权衡，作出决策，以使企业价值不断提高，实现企业财务管理的整体目标。具体可以考虑采用净现值和内含报酬率等来进行分析评价。

分目标之三的营运资金管理目标就是加速资金周转，提高企业资金利用率。这一目标的考核可以考虑采用周转率指标，如存货周转率和应收账款周转率等。

分目标之四的企业利润管理目标。实现这一目标必须努力挖掘企业潜力，使企业合理利用人力或物力，以尽可能少的耗费取得尽可能多的经营成果，实现的利润要合理分配，使企业的发展获得不断的动力，同时及时解决各种矛盾和利益纠纷。这一目标的评价需要利益相关各方共同作出表示，所以难以用具体指标来衡量。

1.1.7 财务管理环境

财务管理环境是指对企业财务活动和财务管理产生影响的企业外部条件或因素。它们是企业财务决策和管理难以改变的外部约束条件，企业财务管理必须为了适应它们的要求而主动变化。财务管理环境涉及的范围很广，其中最重要的财务管理环境是经济环境、法律环境和金融环境。

1）经济环境

经济环境是指企业进行财务活动的社会宏观经济状况。对企业财务管理有影响的社会宏观经济状况包括：经济发展状况、通货膨胀、利率波动、政府的经济政策和竞争。

（1）经济发展状况

经济发展状况对财务管理的影响表现为经济发展速度、经济发展波动对财务管理的影响。经济发展速度对企业财务管理有重大影响。我国目前的经济发展速度在 6.5% 左右，这一经济发展速度是衡量企业发展速度的一个标准。为了使企业发展速度与经济发展速度保持同步，财务管理就必须筹措大量资金，同时在企业发展管理上倾注精力。

经济发展波动对企业财务管理有极大影响。经济发展波动表现为经济的繁荣与衰退。市场经济社会必然会出现一段时间的经济"过热"和一段时间的经济"调整"，财务管理必须适应这种波动，并在这种波动中做好充分的准备以调整生产经营。

（2）通货膨胀

通货膨胀不仅对消费者不利，也给企业带来了极大困难。当存在通货膨胀时，企业必须利用财务管理手段，调整企业的收入和成本，减少企业的损失。同时，企业财务管理应充分适应通货膨胀这种经济环境，预测通货膨胀的发生与结束，利用通货膨胀的机会，追求企业价值最大化。

（3）利率波动

利率波动是指银行存、贷款利率的调整，以及相关的股票和债券价格的波动。利率波动是经济环境中经常发生的行为，其给企业财务管理带来机会，也带来挑战。企业财务管理应充分利用利率波动的机会，变不利为有利，获取额外收益。

（4）政府的经济政策

在市场经济条件下，政府仍然具有调控宏观经济的职能。国民经济的发展规划、国家的产业政策、经济体制改革的措施、政府的行政法规等，对企业财务管理都有重大影响。企业财务管理者必须关心和研究政府的经济政策，如政府对什么支持、对什么限制、政策导向是什么。财务管理者应充分了解这些，并能把握发展趋势。

（5）竞争

竞争存在于企业的全部生产经营之中，存在于企业每时每刻之中。竞争是"商业战争"，它综合了企业的全部实力和智慧。同时，经济发展状况、通货膨胀、利率波动、政府的经济政策等带来的财务问题，以及企业的对策，都在竞争中体现出来。在竞争中取胜是企业生存的前提，也是企业财务管理的核心。

2）法律环境

法律环境是指企业和外部发生经济关系时所应遵守的各种法律、法规和规章。市场经济是法制经济，国家及地方的法律、法规和规章是规范和维护市场秩序的保证。因此，企业总是在一定的法律前提下从事各项业务活动和财务活动。

企业的理财活动，无论是筹资、投资还是利润分配，都要和企业外部发生经济关系。在处理这些经济关系时，企业应当遵守有关法律规范。对企业而言，规范企业行为的法律、法规主要分成三大类：

（1）企业组织法规

企业组织法规是对企业成立过程以及成立以后的经营活动、理财活动作出的规定。企业组织法规包括《中华人民共和国公司法》、《中华人民共和国全民所有制工业企业法》、《中华人民共和国中外合资经营企业法》、《中华人民共和国中外合作经营企业法》、《中华人民共和国外资企业法》、《中华人民共和国合伙企业法》、《中华人民共和国私营企业暂行条例》等。

例如，《公司法》对公司的设立条件、设立程序、组织机构、组织变更和终止的条件及程序等都作出了规定，包括股东人数、法定资本的最低限额、资本的筹集方式等。只有按照规定的条件和程序建立的企业，才能称为"公司"。《公司法》还对公司生产经营的主要方面作出了规定，包括股票的发行和交易、债券的发行和转让、利润的分配等。公司一旦成立，其主要的活动，包括财务管理活动，都要按照《公司法》的规定来进行。因此，《公司法》是公司制企业财务管理最重要的强制性规范，公司必须履行。

（2）税务法规

税务法规是规定企业纳税义务与责任的法律文本。有关税收立法可分为三大类：①所得税的法规；②流转税的法规；③其他地方税的法规。

企业必须按税务法规的要求，向国家缴纳各种税金。企业缴纳的税金成为了企业的一种负担，也成为了企业的一项费用支出，没有企业不期望减少税务支出。减少企业税务支出的前提是不违反税法、不偷税漏税。依据税法规定，企业通过对筹资活动、投资活动和分配活动精心策划来合理纳税。

（3）财务法规

财务法规是财务管理工作必须遵守的行为准则。我国的财务法规有国务院批准、财政部发布的《企业财务通则》和财政部制定的行业财务制度。

《企业财务通则》于2007年1月1日起施行，它规定了以下财务管理问题：①建立资本金制度；②固定资产的折旧；③成本开支的范围；④利润的分配。行业财务管理制度是针对不同行业对《企业财务通则》的具体化，是各行业具体执行的规范。企业为了贯彻执行财务法规，应根据《企业财务通则》、行业财务管理制度，制定企业内部财务管理制度，使企业财务管理依法行事。

除上述法规外，与企业财务管理有关的法规还有许多，包括《中华人民共和国证券交易法》、《中华人民共和国票据法》、《中华人民共和国支付结算法》、《中华人民共和国商业银行法》、《中华人民共和国会计法》等。财务人员要熟悉这些法规，把握财务法律环境，实现财务管理目标。

3）金融环境

金融环境是指金融市场的资金供应和利率变动对企业财务的影响。**金融市场**是指资金供应者和资金需求者双方通过某种形式融通资金的场所，是政府进行金融宏观调控的对象。

金融市场的主要功能有五项：转化储蓄为投资；改善社会经济福利；提供多种金融工具并加速流动，使中短期资金凝结为长期资金；提高金融体系竞争性和效率；引导资金流向。

金融市场的要素主要有：市场主体，即参与金融市场交易活动而形成买卖双方的各经济单位；金融工具，即借以进行金融交易的工具，一般包括债权债务凭证和所有权凭证；交易价格，反映的是在一定时期内转让货币资金使用权的报酬；组织方式，即金融市场的交易采用的方式。

金融市场按期限划分为短期金融市场和长期金融市场。**短期金融市场**又称货币市场，是指以期限在一年以内的金融工具为媒介，进行短期资金融通的市场。**长期金融市场**是指以期限在一年以上（包括一年）的金融工具为媒介，进行长期性资金交易活动的市场，又称资本市场。

金融市场按证券交易的方式和次数分为中级市场和次级市场。中级市场，也称一级市场或发行市场，是指新发行证券的市场，这类市场使预先存在的资产交易成为可能。次级市场，也称二级市场或流通市场，是指现有金融资产的交易场所。中级市场俗称"新货市场"，次级市场俗称"旧货市场"。

金融市场按金融工具的属性分为基础性金融市场和金融衍生品市场。**基础性金融市场**是指以基础性金融产品为交易对象的金融市场，如商业票据、企业债券、企业股票的交易市场；**金融衍生品市场**是指以金融衍生产品为交易对象的金融市场。**金融衍生产品是**一种金融合约，其价值取决于一种或多种基础资产或指数，合约的基本种类包括远期、期货、掉期、期权，以及具有远期、期货、掉期和期权中的一种或多种特征的结构化金融工具。

从企业财务管理角度来看，金融市场作为资金融通的场所，是企业向社会筹集资金必不可少的条件。财务管理人员必须熟悉金融市场的各种类型和管理规则，有效地利用金融市场来组织资金的筹措和进行资本投资等活动。

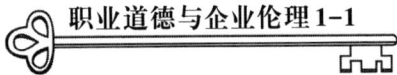

职业道德与企业伦理1-1

对财务环境的态度

背景与情境：企业财务管理涉及的经济环境、法律环境和金融环境都是企业外部环境，而且每个企业都会面临，不可能回避。企业在面临这些财务管理环境时，有些可以积极应对，有些可以消极应付，有些必须严格执行，有些可以加以利用。

问题：如果你是企业的财务经理，你将以什么态度来处理这些财务管理环境呢？

分析提示：态度决定一切。作为财务经理，面对纷至沓来而又复杂多变的国际、国内环境，应以充满阳光的心态积极对待，对有利的环境不能沾沾自喜，对不利的环境决不能选择回避。有利、不利都是短暂的，都是会转变的。因此，面临各种财务管理环境，应认真分析过去、现在和将来，应分析其产生的根源，做到知己知彼、百战不殆。

1.1.8　财务管理方法

财务管理方法是指为了实现财务管理目标，完成财务管理任务，在进行理财活动时所采用的各种技术和手段。财务管理的方法按照财务管理的环节，可分为财务预测方法、财务决策方法、财务预算方法、财务控制方法和财务分析方法。

1）财务预测方法

财务预测是指财务人员根据历史资料，依据现实条件，运用特定的方法对企业未来的财务活动和财务成果所做出的科学预计和测算。

财务预测是企业财务管理的开始，无论是筹资管理、投资管理，还是收益分配管理，首先要进行财务预测；同时，财务预测是财务决策的基础，是编制财务预算的前提，也是组织日常财务活动的必要条件。财务预测的方法有定性预测法和定量预测法两种。

（1）定性预测法

定性预测法主要是指利用直观材料，依靠个人经验的主观判断和综合分析能力，对事物未来的状况和趋势做出预测的一种方法。这种方法是在企业缺乏完备的历史资料、无法使用定量预测法的情况下使用的。

定性预测法的过程为：首先，企业选择经验丰富、对企业的生产经营和财务管理熟悉、了解市场情况的专家提出财务预测报告；然后，召开会议，征求意见；最后，修改、定稿。

（2）定量预测法

定量预测法是指根据变量之间存在的数量关系，建立数学模型来进行预测的方法。定量预测法包括：趋势预测法和因果预测法。

趋势预测法是按照时间顺序排列历史资料，根据事物发展的连续性来预测今后一段时间的发展趋势和可能达到的水平。这种预测方法具体包括：算术平均法、加权平均法、移动平均法、平滑指数法、回归分析法等。

因果关系法是根据历史资料，通过认真地分析，找出预测变量与其他变量之间的因果关系，进而建立数学模型来进行预测的一种方法。这种预测方法具体包括：量本利分析法、销售利润率法、投资回收期法、现金流量法等。

定性预测法和定量预测法各有利弊，只有把两种预测方法有机结合，才能正确进行财务预测。

2）财务决策方法

财务决策是指财务人员在财务目标的总体要求下，从若干个可以选择的财务活动方案中选择最优方案的过程。

财务决策的步骤一般包括：根据财务预测的信息提出问题；确定解决问题的备选方案；分析、评价、对比各种方案；拟定择优标准，选择最佳方案。

财务决策的方法通常有：优选对比法、数学微分法、线性规划法、概率决策法、损益决策法等。

3）财务预算方法

财务预算是在一定的计划期内以货币形式反映生产经营活动所需要的资金及其来源、财务收入和支出、财务成果及其分配的计划。

财务预算主要包括现金预算、预计利润表和预计资产负债表等。现金预算又称现金收支预算，它是以业务预算和专门决策预算为基础编制的反映企业预算期间现金收支情况的预算。现金预算主要反映现金收支差额、现金筹措使用情况，以及期初、期末现金余额，包括现金收入、现金支出、现金多余或不足、资金筹措和使用等内容。预计利润表又称"利润预算"，是以货币为计量单位，全面综合反映企业预算期内全部经营活动及其最终财务成果的预算，是控制企业经营活动和财务收支的主要依据。预计利润表是在汇总销售预算、产品生产成本预算、销售及管理费用预算、现金预算等的基础上编制的，目的在于反映企业预算期的盈利水平。预计资产负债表是以货币为计量单位反映企业预算期末财务状况的总括性预算。它是利用基期期末资产负债表，根据预算期销售、生产、成本等预算的有关数据加以调整编制的，目的在于明确预算所反映财务状况的稳定性和流动性。

财务预算的编制方法，主要有固定预算与弹性预算、增量预算与零基预算、定基预算与滚动预算。

4）财务控制方法

财务控制是指在财务管理过程中，利用有关信息和特定手段，对企业的财务活动施加影响或进行调节，以便实现计划规定的财务目标。财务控制的种类可分为：防护性控制、前馈性控制、反馈性控制三种。

（1）防护性控制

防护性控制又称排除干扰控制，是指在财务活动发生前就制定一系列制度和规定，把可能产生的差异予以排除的一种控制方法。例如，为了保证现金的安全与完整，就要规定现金的使用范围，制定好内部牵制制度；为了节约各种费用开支，则可事先规定开支标准等。

（2）前馈性控制

前馈性控制又称补偿干扰控制，是指通过对实际财务系统运行的监视，运用科学的方法预测可能出现的偏差，从而采取一定措施，使差异得以消除的一种控制方法。例如，在控制企业短期偿债能力时，要密切注意流动资产与流动负债的比例关系，如这一比例关系不合理时，就应采用一定的方法调整其比例关系，使其合理，以保证企业短期偿债能力。

（3）反馈性控制

反馈性控制又称平衡偏差控制，是在认真分析的基础上，发现实际与计划之间的差异，确定差异产生的原因，采取切实可行的措施，调整实际财务活动或财务计划，使差异得以消除或避免今后出现类似差异的一种控制方法。平衡偏差控制所平衡的是实际产生的偏差。在平衡偏差的过程中，由于时滞的存在，还可能会造成新的偏差，但平衡偏差运用起来比较方便，一般不需要太多的信息，因为它是根据实际偏差随时调节的。企业的财务活动受外部因素的干扰较多，偏差时常发生，用反馈控制来纠正偏差是财务控制中一项经常性的工作。

5）财务分析方法

财务分析是根据有关信息资料，运用特定方法，对企业财务活动过程及其结果进行分析和评价的一项工作。通过财务分析，可以掌握各项财务计划指标的完成情况，评价财务状况，研究和掌握企业财务活动的规律性，改善财务预测、决策、计划和控制，提高企业经济效益，改善企业管理水平。财务分析常用的方法有：对比分析法、比率分析法和综合分析法。

（1）对比分析法

对比分析法亦称指标比较法，是对财务报表所揭示的财务实际指标与所设定的比较指标进行对比，借以揭露矛盾、评价成绩、找出问题，从而进一步寻求改进及完善的措施。对比分析法的比较指标可根据财务分析的需要及可能自行设立，通常可以与计划指标、上期实际指标、历史最好指标、同行业先进指标、国际先进指标等进行对比。

（2）比率分析法

比率分析法通常是利用财务报表不同项目指标间的相互关系计算出比率，通过比率评价和分析企业的经营业绩与财务状况的一种分析方法。比率分析法主要有三种：相关比率分析法、趋势比率分析法和构成比率分析法。

（3）综合分析法

综合分析法是把有关财务指标和影响财务状况的各种因素都有序地排列在一起，综合地分析企业财务状况和经营成果的一种方法。对任何单一指标、单一因素进行分析，都不能全面评价企业的财务状况及其发展变动趋势，必须进行综合分析，才能对企业财务状况作出全面、系统的评价。

一般而言，在进行财务分析时，对财务分析的内容、项目，既要交叉运用对比分析法、比率分析法等定量财务分析方法来说明指标差异，又要根据市场信息和企业实际情况，运用定性描述来说明情况。所以，综合分析法对全面、系统、综合地评价企业财务状况具有十分重要的意义。

同步案例1-3

财务管理流程图

背景与情境：图1-3是一张企业财务管理流程图。

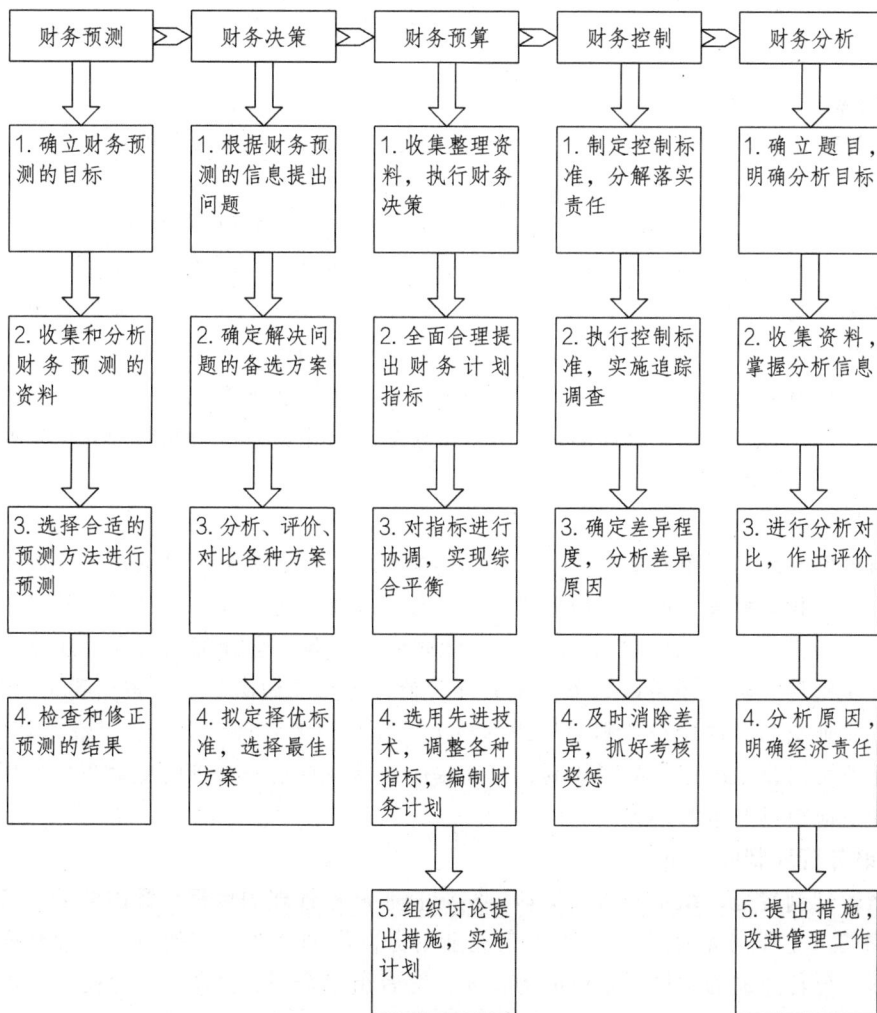

图1-3 企业财务管理流程图

问题：图1-3是否对财务管理有一个非常完整、清晰的认识？

分析提示：第一步，从横向看，预测、决策、预算、控制、分析是财务管理的系统工作过程。

第二步，从纵向看，其是财务管理完成每项工作的实施步骤。

第三步，横向、纵向交叉看，其构成了财务管理工作的完整体系。

1.1.9 财务管理体制

财务管理体制是指组织、领导、管理企业财务活动的一项基本制度，是企业管理体制的一项重要组成部分。财务管理体制具体包括三方面内容：一是财务管理职权；二是财务管理组织；三是财务管理制度。三者相互联系、相互制约，构成了财务管理体制。

在市场经济条件下，我国的财务管理体制内容主要是：企业作为经济法人，依法自主经营、自负盈亏、自我发展、自我约束，独立享受民事权利和承担民事义务。实行这一制度，企业在经营上，全部进入市场，参与竞争；在财务管理上，具有独立地位，拥有投资决策权、经营决策权、资产处置权、资金支配权、工资奖金分配权等，这些权利受国家法律保护，任何部门和单位不得干预和侵犯。

1）财务管理职权

财务管理职权是指国家与企业、上级与下级之间的财务管理权限的划分。在我国历史上，财务管理职权的划分有三种类型：一是财务管理权限的高度集中；二是财务管理权限分散，企业走向自主；三是自主经营、自负盈亏，实现资产的保值增值。

中国共产党第十四届中央委员会第三次全体会议通过了《中共中央关于建立社会主义市场经济体制若干问题的决定》，做出了转换国有企业经营机制、建立现代企业制度的决定，要求企业真正做到依法自主经营、自负盈亏、照章纳税，对出资者承担资产保值增值的责任。现代财务管理职权是：国家制定财务管理政策，实施宏观调控；企业依据《公司法》《企业财务通则》《企业会计准则》等政策法规，自主经营、自我管理、依法办事、保护投资者的合法权利。

2）财务管理组织

财务管理组织是指企业建立财务管理的职能部门，配备财务管理人员，实施管理企业的财务活动。我国财务管理的组织形式一般是在厂长（经理）或总会计师的领导下成立财务会计部门（部或科），合并执行财务、会计职能。财务、会计部门是合一还是分开，是以会计为主财务为辅，还是以财务为主会计为辅，各企业做法不一。根据我国《会计法》的规定，企业有自主决定企业财会组织的权力，而且财务管理与会计核算有密切的关系，因此，企业可以自主决定其组织体制，其前提应该是发挥财务管理的主动积极作用，更好地为企业适应市场竞争服务。

3）财务管理制度

财务管理制度是组织企业财务活动、实施企业财务管理的章程。我国的财务管理制度包括国家的《企业财务通则》、分行业的企业财务制度和企业内部的财务管理制度。国家的为统驭，分行业的为主体，企业的为补充，三者组成合理、协调、有序的分层次的法规制度系统。三者的特点如下：

（1）《企业财务通则》是由财政部制定、国务院批准的最基本的财务管理原则和法规，适用于中华人民共和国境内所有企业，是所有企业进行财务管理活动和制定具体财务制度的依据。

（2）分行业财务制度是根据各行各业的特点和特定的管理要求，由财政部根据《企业财务通则》制定的，其基本原则与《企业财务通则》一致。分行业财务制度包括工业、运输、商品流通、邮电、金融、旅游和饮食服务、农业、对外经济合作、施工和房地产开发、电影和新闻出版等10个行业，是企业财务通则规定的进一步具体化。

（3）企业内部财务制度是企业根据分行业财务制度并结合企业具体情况制定的内部管理办法。例如，企业可以制定企业内部的资金管理办法、成本管理办法、折旧管理办法，以及各项财产的分工管理办法等，使企业内部的重要财务活动都有具体的法规作为依据。

同步思考1-4

一般企业财务部的组织结构图，如图1-4所示。

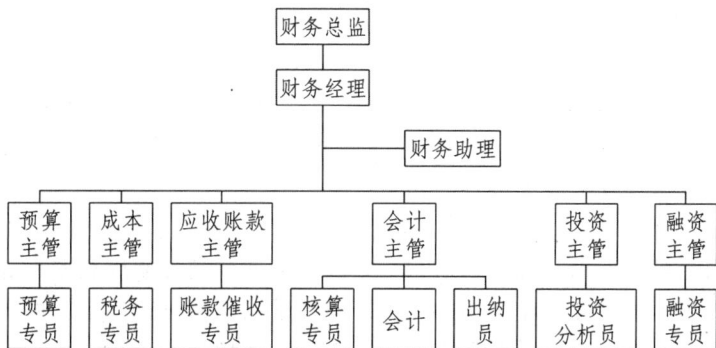

图1-4　企业财务部的组织结构图

阅读图1-4后，你对财务管理岗位有哪些认识？如果你是企业财务管理人员，你今后将选择在什么岗位工作呢？

理解要点：从财务总监到融资专员，财务管理岗位分了四级，有十多个财务管理岗位。如果我是企业财务管理人员，从基层专员做起，目标是财务总监。

教学互动1-1

互动问题：在企业财务管理中，不相容岗位需要分离，那么如何界定不相容岗位呢？
要求：（1）学生独立思考，课堂讨论，自由发表见解。
（2）教师组织讨论，对学生的典型见解进行点评。

1.2　财务管理观念

货币时间价值和风险与报酬，是现代财务管理的两个基本观念。企业财务活动的开展、财务关系的处理、实现财务管理目标等，都要建立在货币时间价值和风险与报酬的基础上。

1.2.1　货币时间价值

1）货币时间价值的概念

货币时间价值是指货币经历一定时间的投资和再投资所增加的价值，也叫做资金的时间价值。在商品经济中，货币的时间价值时刻存在。现在的100元钱和一年后的100元钱或一年前的100元钱，其经济价值是不相等的。假定将现在的100元钱存入银行，银行存款的年利率为10%，则现在的100元钱等于一年后的110元钱，或现在的100元等于一年前的90.91元钱。

货币投入生产经营过程后，随着时间的持续，其价值不断增长，这是一种客观的经济现象。企业资金循环和周转的起点是投入货币资金，企业用它来购买所需的资源，然后生产出新的产品，产品出售时得到的货币量大于最初投入的货币量。资金的循环与周转以及因此实现的货币增值，需要或多或少的时间，每完成一次循环，货币就增加一定数额，周转的次数越多，增值额也就越大。因此，随着时间的延续，货币总量在循环和周转中按几何级数增长，使得货币具有时间价值。

从量的规定性来说，货币的时间价值是没有风险和没有通货膨胀条件下的社会平均资金利润率。由于竞争，市场经济中各部门投资的利润率趋于平均化。每个企业在投资某项目时，至少要取得社会的平均利润率，否则不如投资于另外的项目或另外的行业。因此，货币的时间价值成为评价投资方案的基本标准。例如，有一投资项目，投资额为100万元，投资后在5年中能获利50万元利润，若不考虑资金时间价值，那么投资方案是可行的，如果考虑资金时间价值，假定平均每年的利率为12%，则5年中的获利应达到76.23万元，经比较，该投资方案是不可行的。

货币时间价值可以用绝对数表示，也可以用相对数表示，即以利息额或利率来表示。在实际工作中，对这两种表示方法并不作严格的区分，但通常以利率进行计量。由于货币时间价值与利息相关，因此，在计算货币时间价值时，要广泛使用计算利息的各种方法。

同步案例1-4

选择付款方式

背景与情境：小张的朋友小王准备购买一套婚房，他向小张借款10万元，答应5年后连本带利归还12万元，银行存款年利率为5%。另外，小张想买一辆小汽车，销货方给出的条件是现在立即付全款需付18万元，如果分次付款，可在今后的5年内每年年末付款4.1万元，银行年利率同样为5%。

问题：小张能答应向小王借款吗？小张应选择哪种付款方式购买小汽车？

分析提示：第一，关于小王借款问题。如果小张将10万元存入银行5年，可获得本利和12.50万元（10+10×5%×5），可见，借给小王会损失5 000元。

第二，关于选择付款方式问题。现在立即付款18万元，即为现值。每年年末付款4.1万元，5年共付款20.5万元，即为没有考虑货币时间价值的终值。选择付款方式需要将5年共付款20.5万元，折算为现值，然后二者比较确定。

2）货币时间价值的作用

（1）货币时间价值是评价投资方案是否可行的基本依据

因为货币时间价值是扣除风险报酬和通货膨胀等因素后的社会平均资金利润率。投资方案至少应达到社会平均资金利润率，否则，该方案是不可行的。由此，以货币时间价值作为尺度对投资项目的资金利润率进行衡量，就成为评价投资方案的基本依据。如果投资方案的资金利润率低于货币时间价值，则该方案经济效益状况不佳，方案不可行。如果投资方案的资金利润率高于时间价值，则该方案的经济效益良好，方案可行。

（2）货币时间价值是评价企业收益的尺度

企业作为营利性的组织，其主要财务目标是实现企业价值最大化，不断增加股东财富。为此，企业经营者必须充分调动和利用各种经济资源去实现预期的收益，而评判这些资源是否充分有效，使用的一个重要标准就是看是否实现了预期的收益水平，这个预期的收益水平应以社会平均资金利润率为标准。由此，货币时间价值就成为评价企业收益的基本尺度。

3）货币时间价值的计算

货币时间价值的计算有单利和复利两种方法，计算内容涉及利息、现值、终值和年金等。

（1）单利计算法

单利计算法是指在规定的期限内获得的利息均不计算利息，只就本金计算利息的一种方法。这里所说的"本金"是指贷给别人以收取利息的原本金额，也称为母金。"利息"是指借款人付给贷款人超过本金部分的金额。

在单利计算中，经常使用以下符号：

P——本金，又称期初金额或现值；i——利率，通常指每年利息与本金之比；I——利息；S——本金与利息之和，又称本利和或终值；n——时间，通常以年为单位。

①单利利息的计算。

单利利息的计算公式为：

$$I=P \cdot i \cdot n \tag{1-1}$$

②单利终值的计算。

单利终值是指按单利计算的利息与本金之和。单利终值的计算公式为：

$$S=P+P \cdot i \cdot n \tag{1-2}$$

业务链接1-1

苏杭公司票据到期利息与终值

苏杭公司有一张票面金额为5 000元的带息票据，票面利率为5%，时间为3个月，为期90天，则到期利息为：

I=5 000×5%×（90÷360）=62.5（元）

在计算利息时，除非特别指明，给出的利率都是指年利率。对于不足一年的利息，以一年等于360天来折算。

苏杭公司带息票据到期单利终值为：

S=5 000+5 000×5%×（90÷360）=5 062.5（元）

③单利现值的计算。

单利现值是指依据未来的终值，按单利计算的现在价值。例如，企业票据贴现就属于单利现值的计算。票据贴现时，银行按一定的利率从票据的到期值中扣除自借款日至票据到期日的应计利息，将余款付给持票人，贴现时使用的利率称为贴现率，计算出的利息称为贴现息，扣除贴现息后的余额称为贴现额，即现值。

单利现值的计算公式为：

$$P=S-I=\frac{S}{1+n \cdot i} \tag{1-3}$$

业务链接1-2

苏杭公司票据贴现值

承接【业务链接1-1】，假定苏杭公司急需用款，凭该票于7月15日到银行办理贴现，银行的贴现率为8%。因该票8月31日到期，贴现期为47天。银行付给企业的金额为：

P=5 062.5×（1-8%×47÷360）=5 062.5×0.9896=5 009.85（元）

（2）复利计算法

复利计算法是指将每一期利息分别滚入下期连同本金一起计算利息的方法，俗称利滚利。

①复利终值的计算。

复利终值就是一定数量的本金在一定的利率下按照复利的方法计算出若干时期以后的本金和利息。

复利终值的计算公式为：

$$S=P(1+i)^n \tag{1-4}$$

业务链接1-3

苏杭公司投资终值

苏杭公司投资50 000元，若每年的投资报酬率为10%，每年取得的收益用于追加投资，则一年后的复利终值为：

$S=P(1+i)=50\ 000(1+10\%)=55\ 000$（元）

第二年的复利终值为：

$S=P(1+i)^2=50\ 000(1+10\%)^2=50\ 000×1.21=60500$（元）

同理，第三年复利终值为：

$S=P(1+i)^3=50\ 000(1+10\%)^3=50\ 000×1.331=66550$（元）

上述是计算复利终值的一般公式，其中的$(1+i)^n$被称为复利终值系数或1元的复利终值，可用符号（S/P，i，n）表示。例如，（S/P，10%，3）表示利率为10%时3期复利的终值系数。为了便于计算，可编制"复利终值系数表"备用（见附表3）。通过该表可查出，（S/P，10%，3）=1.331。这说明在货币时间价值为10%的情况下，现在的1元和3年后的1.331元在经济上是等效的。根据这个系数，可以把现值换算成终值。

②复利现值的计算。

复利现值是复利终值的逆运算，指未来一定时间的资金按复利计算的现在价值，或者说是为取得将来一定本利和而现在所需要的本金。

复利现值的计算公式为：

$$P=S(1+i)^{-n} \tag{1-5}$$

业务链接1-4

苏杭公司投资现值

苏杭公司打算在10年后获得本利和50 000元，假设投资报酬率为10%，则该公司现在应投入多少元?

$P=S(1+i)^{-n}=50\ 000\times(1+10\%)^{-10}$

$=50\ 000\times(P/S,10\%,10)=50\ 000\times0.3855=19\ 275$ (元)

上式中的 $(1+i)^{-n}$ 是复利现值系数,或称1元的复利现值,用符号 $(P/S,i,n)$ 来表示。例如,$(P/S,10\%,10)$ 表示利率为10%时10期的复利现值系数。为了便于计算,可编制"复利现值系数表"(见附表2)。

同步思考1-5

"72法则"

Bill Veeck 曾用1 000万美元购买了Chicago White Sox,并且在5年后把它卖出,得到2 000万美元。简而言之,他在5年内使他的钱倍增了。那么,Veeck这项投资的投资报酬率是多少呢?

在处理复利问题,包括使自己的财富倍增的问题时,一个快捷的方法是利用"72法则"。72法则表明:72除以投资年限n,就得到了近似的利率i。该利率将保证使投资的资金在年内增加一倍。在Veeck的例子中,72÷5=14.4,则利率i=14.4%。如果Veeck取消这笔投资而把资金用于储蓄,利率为6%,那么他必须等上约12年才能使他的资金倍增,即12年(72÷6)。

实际上,对于我们所遇到的大部分利率,"72法则"都给出了使资金倍增所要求的利率或投资期数。但按该法则计算的结果并不总是准确的。例如,在每年复利1次的情况下,要使资金在5年内倍增,必须要求利率达到14.87%,而根据"72法则"计算的结果是14.4%。同样,若准确地计算,把资金按6%的利率存入银行,只要经过11.9年就能使资金倍增,而按"72法则"计算得出的结果是12年。尽管它不准确,但是对于那些近似地用口算的资金倍增问题,"72法则"是相当方便的。

理解要点:倍增的简易计算法,已知期限求倍增利率,或已知利率求倍增期限。

教学互动1-2

互动问题:我国银行存款利息一般都是按单利计算的,为什么企业财务管理预测决策一般都采用复利计算呢?

要求:(1)学生独立思考,课堂讨论,自由发表见解。

(2)教师组织讨论,对学生的典型见解进行点评。

(3)年金的计算

年金是指等额、定期的系列收支。在实际工作中,分期收付款、分期偿还贷款、发放养老金、分期支付工程款等,都属于年金收付形式。按照收付的次数和支付的时间划分,年金有以下几类:普通年金、预付年金、递延年金和永续年金。

①普通年金。

普通年金是指一定时间内每期期末等额收付的系列款项,又称后付年金。普通年金的收付形式如图1-5所示,n=3,i=10%,年金A=100元。横线代表时间的延续,用数字标出各期的顺序号;竖线的位置表示支付的时刻,竖线下面的数字表示支付的金额。

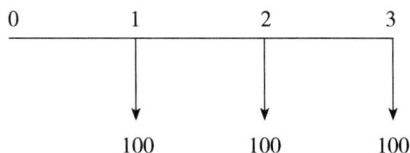

图 1-5　普通年金支付示意图

a.普通年金终值的计算。

普通年金终值是指其最后一次支付时的本利和，它是每次支付的复利终值之和。例如，根据图 1-5 的数据，其第三期期末的普通年金终值计算可用图 1-6 表示。

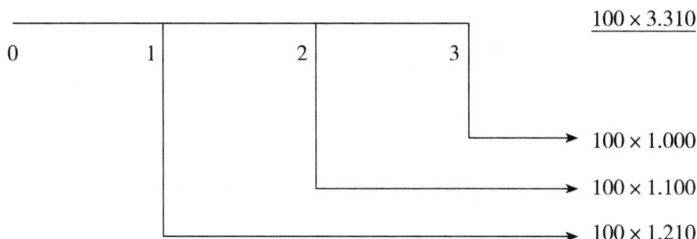

图 1-6　普通年金终值计算示意图

从图 1-6 可以看出，第一期期末的 100 元，应赚得 2 期的利息，因此，到第三期期末，其值为 121 元；第二期期末的 100 元，应赚得 1 期的利息，因此，到第三期期末，其值为 110 元；第三期期末的 100 元，没有计息，其价值是 100 元；整个年金终值为 331 元。

如果年金的期数很多，用上述方法计算终值显然相当烦琐。由于每年支付额相等，折算终值的系数又是有规律的，所以，可找出简便的计算方法。

设每年支付的年金为 A，利率为 i，期数为 n，则按复利计算的年金终值 S 为：

$S = A + A(1+i) + A(1+i)^2 + \cdots + A(1+i)^{n-1}$，根据等比数列求和公式得：

$$S = A \times \left| \frac{(1+i)^n - 1}{t} \right| \tag{1-6}$$

式中的 $\dfrac{(1+i)^n - 1}{i}$ 是普通年金为 1 元、利率为 i、经过 n 期的年金终值，记作 (S/A, i, n)，可据此编制"年金终值系数表"（见附表 3），以供查阅。

业务链接1-5

苏杭公司本息总额

苏杭公司在 5 年内每年年末向银行借款 100 万元，借款年利率为 8%，问 5 年后应付银行借款的本息总额是多少？

S=100×(S/A, 8%, 5)=100×5.8666=586.66（万元）

b.偿债基金的计算。

偿债基金是指为了在约定的未来某一时点清偿某笔债务或积聚一定数额的资金而必须分次等额提取的存款准备金。由于每次提取的等额准备金类似年金存款，因而同样可以获得按复利计算的利息。所以，债务实际上等于年金终值，每年提取的偿债基金等于年金 A。也就是说，偿债基金的计算实际上是年金终值的逆运算。其计算公式为：

$$A=S \cdot \frac{i}{(1+i)^n-1}\tag{1-7}$$

式中的 $\frac{i}{(1+i)^n-1}$ 是年金终值系数的倒数，称为偿债基金系数，记作（A/S，i，n）。它可以把年金终值折算为每年需要支付的金额。偿债基金系数可以制成表格备查，亦可根据年金终值系数求倒数确定。

业务链接1-6

苏杭公司准备金

苏杭公司5年后有一笔500万元的借款需偿还，年利率为6%，问每年年末应存入多少准备金能保证借款一次性偿还？

A=S（A/S，i，n）=S [1/（S/A，i，n）]

=500×[1÷（S/A，6%，5）]=500×（1÷5.6371）=88.70（万元）

c.普通年金现值的计算。

年金现值是指一定时期内每期期末收付款项的复利现值之和。假定某公司在3年内每年年末能取得收入10万元，年利率为10%，那么3年的复利现值之和是多少？其计算如图1-7所示。

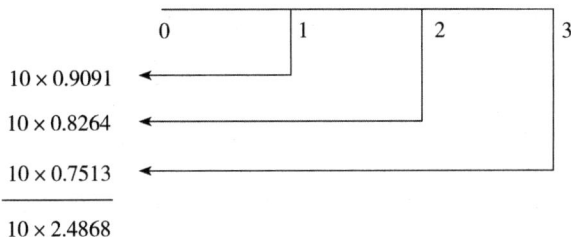

图1-7 普通年金现值计算示意图

从图1-7中可以看出，每年10万元的收入，第1年折算现值为9.091万元，第2年折算现值为8.264万元，第3年折算现值为7.513万元，3年现值之和为24.868万元。从中可以得出普通年金现值计算的公式。

计算普通年金现值的一般公式：

$$P=A(1+i)^{-1}+A(1+i)^{-2}+\cdots+A(1+i)^{-n}$$

根据等比数列求和公式得：

$$P=A \cdot \frac{1-(1+i)^{-n}}{i}\tag{1-8}$$

式中的 $\frac{1-(1+i)^{-n}}{i}$ 是普通年金为1元、利率为i、经过n期的年金现值，记作（P/A，i，n），可据此编制"年金现值系数表"（见附表4），以供查阅。

业务链接1-7

苏杭公司付费现值

苏杭公司每年年末需要支付费用20 000元，年利率为6%，问5年内应支付的费用总额的现值是多少？

P=20 000×（P/A，6%，5）=20 000×4.2124=84 248（元）

②预付年金。

预付年金是指在每期期初支付的年金，又称即付年金或先付年金。预付年金支付形式如图1-8所示。

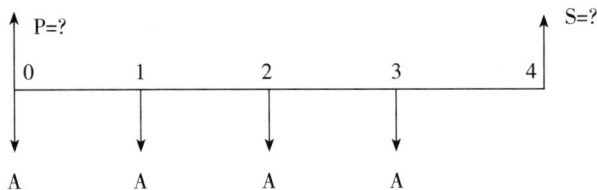

图1-8　预付年金支付示意图

a.预付年金终值的计算。

预付年金终值的计算公式为：

$$S=A(1+i)+A(1+i)^2+\cdots+A(1+i)^n$$

根据等比数列的求和公式可知：

$$S=A \cdot \frac{(1+i)^{n+1}-1}{i}-1 \tag{1-9}$$

式中的 $\frac{(1+i)^{n+1}-1}{i}-1$ 是预付年金终值系数，或称1元的预付年金终值。它和普通年金终值系数 $\frac{(1+i)^n-1}{i}$ 相比，期数加1，而系数减1，可记作 $[(S/A, i, n+1)-1]$，并可利用"普通年金终值系数表"查得（n+1）期的值，减去1后得出1元预付年金终值。

业务链接1-8

苏杭公司预付年金终值

苏杭公司有一投资项目，每年年初投入资金50万元，共投资5年，假定年利率为8%，则5年后预付年金的终值是多少？

$S=A[(S/A, i, n+1)-1]=50×[(S/A, 8\%, 5+1)-1]$

查"普通年金终值系数表"，有（S/A, 8%, 6)=7.3359

$S=50×(7.3359-1)=316.80$（万元）

b.预付年金现值的计算。

预付年金现值的计算公式：

$$P=A+A(1+i)^{-1}+A(1+i)^{-2}+\cdots+A(1+i)^{-(n-1)}$$

根据等比数列求和公式：

$$P=A×\left[\frac{1-(1+i)^{-(n-1)}}{i}+1\right] \tag{1-10}$$

式中的 $\frac{1-(1+i)^{-(n-1)}}{i}+1$ 是预付年金现值系数，或称1元的预付年金现值。它和普通年金现值系数 $\frac{1-(1+i)^n}{i}$ 相比，期数要减少1，而系数要加1，可记作（P/A, i, n-1）+1。可利用"普通年金现值系数表"查得（n-1）期的值，然后加1，得出1元的预付年金现值。

苏杭公司设备一次付款

苏杭公司分期付款购进设备一套，分5年付款，每年年初支付100万元，假定利率为10%，问假定该设备在购进时一次付款，则应付多少？

P=A [(P/A, i, n-1) +1] =100× [(P/A, 10%, 5-1) +1]

=100× (3.1699+1) =416.99 (万元)

③递延年金。

递延年金是指第一次收付款发生时间不在第一期末，而是隔若干期后才开始发生的系列等额收付款项。它是普通年金的特殊形式，凡不是从第一期开始的普通年金都是递延年金。递延年金的支付形式如图1-9所示。

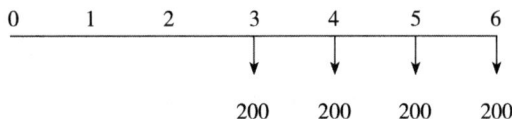

图1-9　递延年金支付示意图

从图1-9中可以看出，前两期没有发生支付。一般用m表示递延期数，本例的m=2。第一次支付在第3期期末，连续支付4次，即n=4。

a.递延年金终值的计算。

递延年金的终值大小，与递延期无关，故计算方法和普通年金终值相同，以图1-9中的数据计算：

S=A (S/A, i, n) =200× (S/A, 8%, 4)

=200×4.5061=901.22 (元)

b.递延年金现值的计算。

递延年金现值的计算有两种方法：

第一种方法，是把递延年金视为n期普通年金，求出递延期末的现值，然后再将此现值调整到第一期期初（即图1-9中0的位置）。

P_2=A (P/A, i, n) =200× (P/A, 8%, 4)

=200×3.3121=662.42 (元)

P_0=P_2 (1+i) $^{-m}$=662.42× (1+8%) $^{-2}$

=662.42×0.857=567.69 (元)

第二种方法，是假设在递延期中也进行支付，先求出（m+n）期的年金现值，然后扣除实际并未支付的递延期m的年金现值，即可得出最终结果。

P_{m+n}=200× (P/A, i, m+n) =200× (P/A, 8%, 2+4)

=200×4.6229=924.58 (元)

P_m=200× (P/A, i, m) =200× (P/A, 8%, 2)

=200×1.7833=356.66 (元)

P_n=P_{m+n}-P_m=924.58-356.66=567.92 (元)

注：尾差是由于计算误差造成的。

④永续年金。

永续年金是指无限期等额收付的特种年金，可视为普通年金的特殊形式，即期限趋于无穷的普通年金。

由于永续年金持续期无限，没有终止的时间，因此没有终值，只有现值。通过普通年金现值的计算，可推导出永续年金现值的计算公式为：

$$P=\frac{A}{i} \tag{1-11}$$

业务链接1-10

苏杭公司设立奖学金

苏杭公司准备在某高校设立一项永久性的奖学金，计划每年颁奖 50 000 元，若利息率为 10%，问应投入多少钱作为基金？

$$P=\frac{A}{i}=50\ 000÷10\%=500\ 000（元）$$

业务链接1-11

苏杭公司股票投资估价

苏杭公司持有 H 公司的优先股股票，假定每股每年的股利为 1 元，利率为 5%。请对该股票投资进行估价。

这是一个求永续年金现值的问题，只要计算出股利的现值之和，即为该股票的投资估价。

$$P=\frac{A}{i}=1÷5\%=20（元）$$

上述关于时间价值的计算，在财务管理中有广泛的用途，如存货管理、养老金决策、租赁决策、资产和负债估价、长期投资决策等。随着财务问题日益复杂化，时间价值观念的应用也将日益增加。

1.2.2 风险与报酬

货币时间价值的计算是假定没有风险和通货膨胀，但是在财务活动中，经营风险和财务风险是客观存在的，而且风险和报酬是密切相关的，所以财务管理者必须研究风险和报酬。

1）风险的概念

风险通常是指某种行动结果所具有的变动性。企业的经济活动可分为确定性活动和不确定性活动两种。确定性活动是指企业经济活动的未来结果是确定的、可知的，不会偏离计划目标。不确定性活动是指企业经济活动的未来结果是不确定的，可能会偏离计划目标，决策者无法预先知道最终的结果。不确定性活动又可分为两种类型：一是风险型，二是完全不确定型。**风险型**是指虽然这些活动最终将出现哪些结果是不确定的，但这些结果和结果出现的可能性——其概率分布状况是已知的或是可以估计的。**完全不确定型**是指不但经济活动可能出现的结果是不确定的，而且决策者或行为人对哪些结果会出现及结果出现的概率分布也全然不知。财务管理中的风险按形成的原因，一般可分为经营风险和财务风险两大类。

（1）经营风险

经营风险是指因生产经营方面的原因给企业盈利带来的不确定性。企业的生产经营会受到来源于企业外部、内部诸多因素的影响，从而带来很大的不确定性。经营风险涉及生产经营的各个方面，经营风险的存在造成生产经营的不确定性，生产经营的不确定性，带来企业利润或利润率的高低变化，从而给企业带来风险。

（2）财务风险

财务风险又称筹资风险，是指由于举债而给企业财务成果带来的不确定性。由于多种原因，企业息税前资金利润率与借入资金利息率的差额具有不确定性，从而引起自有资金利润率的高低变化，这种风险即为筹资风险。筹资风险程度的大小受借入资金与自有资金比例的影响，借入资金比例越大，风险程度越高。对财务风险的管理，关键是要保证有一个合理的资金结构，维持适当的负债水平，既要充分利用负债经营获取财务杠杆收益，又要适度举债避免陷入财务困境。

2）风险的衡量

风险是与各种可能的结果和结果的概率分布相联系的。对风险的衡量与计算，必须从概率分析入手。

（1）概率分布

概率是指随机事件发生的可能性。经济活动可能产生的种种收益可以看做一个个随机事件，其出现或发生的可能性，可以用相应的概率描述。

概率分布是指一项活动可能出现的所有结果的概率集合。例如，投篮球可能会出现两种结果，投进和未投进，这两种结果的可能性各占50%，这两个各占50%的概率作为一个整体，反映了投篮球这一活动可能出现结果的概率分布。

假定用 X 表示随机事件，X_i 表示随机事件的第 i 个结果，P_i 为出现该结果的相应概率。若 X_i 出现，则 $P_i=1$。若 X_i 不出现，则 $P_i=0$，同时，所有可能结果出现的概率之和必定为1。因此，概率必须符合下列两个要求：

① $0 \leqslant P_i \leqslant 1$

② $\sum\limits_{i=1}^{n} P_i = 1$

（2）期望值

期望值是一个概率分布中的所有可能结果，以各自相应的概率为权数计算的加权平均值，通常用符号 $\overline{E}$ 表示。其计算公式为：

$$\overline{E} = \sum_{i=1}^{n} P_i X_i \tag{1-12}$$

期望值体现的是预期收益的平均化，在各种不确定性因素的影响下，它代表了投资者的合理预期。

（3）标准离差

标准离差是反映概率分布中各种可能结果与期望的偏离程度，也即离散程度的一个数值，通常以符号 δ 表示。其计算公式为：

$$\delta = \sqrt{\sum_{i=1}^{n} P_i (X_i - \overline{E})^2} \tag{1-13}$$

标准离差以绝对数衡量决策方案的风险，在期望值相同的情况下，标准离差越大，风险越大；反之，标准离差越小，则风险越小。

需要注意的是，由于标准离差是衡量风险的绝对数指标，对于期望值不同的决策方案，该指标数值没有直接可比性，对此，必须进一步借助于标准离差率的计算来说明问题。

（4）标准离差率

标准离差率是标准离差同期望值之比，通常用符号q表示。其计算公式为：

$$q = \frac{\delta}{E} \tag{1-14}$$

标准离差率是一个相对数指标，它以相对数反映决策方案的风险程度。在期望值不同的情况下，标准离差率越大，风险越大；反之，标准离差率越小，风险越小。

业务链接1-12

苏杭公司销售汽车风险估算

苏杭公司销售汽车，全年计划销售500辆，但汽车销售量与市场情况密切相关，据市场调查后，市场预测与汽车销售量概率分布见表1-1。

表1-1　　　　　　　　　　**市场预测与汽车销量概率分布**

市场情况	年销售量 X_i（辆）	概率 P_i
需求很大	800	0.1
需求较大	600	0.2
需求一般	400	0.4
需求较差	200	0.2
需求很差	50	0.1

概率分布图可以用以可能的结果为横轴、以概率为纵轴的坐标系画线表示，如图1-10所示。

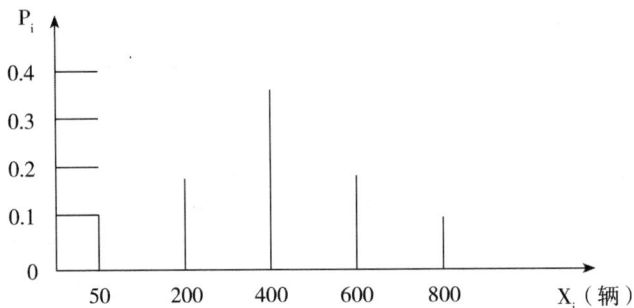

图1-10　市场预测与汽车销量概率分布图

概率分布有两种类型，一种是不连续的概率分布，如图1-10所示，其特点是概率分布在各个特定的点上。另一种是连续的概率分布，其特点是概率分布在连续图像的两点之间的区间上，如图1-11所示。

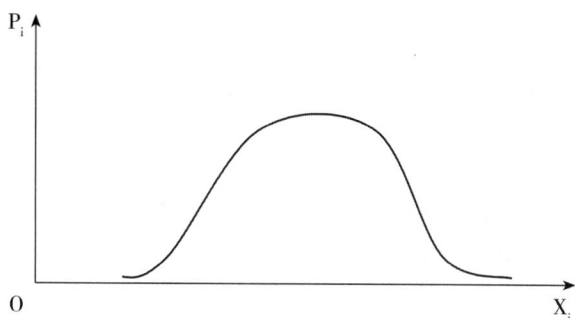

图1-11 连续的概率分布图

第一，苏杭公司销售汽车期望值。

以表1-1中有关数据为依据，计算汽车销售预计销售量的期望值。

$$\overline{E}=800×0.1+600×0.2+400×0.4+200×0.2+50×0.1$$

$$=80+120+160+40+5=405（辆）$$

该公司目标销售量为500辆，但按照市场调查的结果，运用概率期望值计算，可能只能销售405辆汽车。

第二，苏杭公司销售汽车标准离差。

$$\delta=\sqrt{(800-405)^2×0.1+(600-405)^2×0.2+(400-405)^2×0.4+(200-405)^2×0.2+(50-405)^2×0.1}$$

$$=\sqrt{15\,602.5+7\,605+10+8\,405+12\,602.5}$$

$$=210.30（辆）$$

第三，苏杭公司销售汽车标准离差率。

$$q=\frac{\delta}{\overline{E}}=405÷210.30=1.926$$

通过决策方案的风险量化，决策者可作出决策。对于单个方案，决策者可根据其标准离差（率）的大小，并将其与设定的可接受的此项指标最高限值进行对比，看前者是否低于后者，然后作出取舍。对于多方案择优情况来说，决策者应选择低风险、高收益的方案，即选择标准离差最低、期望收益最高的方案。然而，高收益往往伴随着高风险，低收益方案其风险程度也较低，究竟选择何种方案，就要权衡期望收益与风险，而且还要视决策者对风险的态度而定。谨慎的决策者可能会选择低收益、低风险的方案，冒险的决策人则可能选择高收益、高风险的方案。

3）风险与报酬

风险与报酬之间是因果关系，一般情况下，风险越大，报酬率越高。在经济活动中，各投资项目的风险大小是不同的，在投资报酬率相同的情况下，人们都会选择风险小的投资，结果是，竞争使其风险增加，报酬率下降。最终，高风险的项目必须有高报酬，否则就没有人投资；低报酬的项目必然风险很低，否则也没有人投资。风险与报酬的这种关系，是市场竞争的结果。

企业用投资者的钱去做生意，由投资者来承担风险，因此，投资者要求期望的报酬率与其风险相适应。如果不考虑通货膨胀，投资者进行风险投资所要求得到的投资报酬率，即**期望投资报酬率**，是货币时间价值（无风险报酬率）与风险报酬率之和。即：

期望投资报酬率=货币时间价值+风险报酬率 (1-15)

期望投资报酬率应当包括两部分（如图1-12所示），一部分是无风险报酬率（即货币时间价值），如购买国家发行的公债，到期连本带利肯定可以收回。这个无风险报酬率，可以吸引公众储蓄，是最低的社会平均报酬率。另一部分是风险报酬率，它与风险大小有关，风险越大，则要求的报酬率越高，是风险的函数。假设风险和风险报酬率成正比，则有：

$$风险报酬率＝风险报酬斜率×风险程度 \qquad (1-16)$$

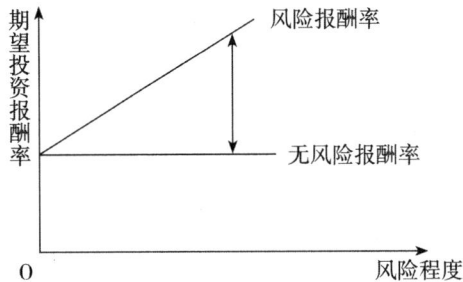

图 1-12　报酬与风险关系图

其中的风险程度用标准差异或变异系数等计量。风险报酬斜率取决于全体投资者的风险回避态度，可以通过统计方法来测定。如果大家都愿意冒险，风险报酬斜率就小，风险溢价不大；如果大家都不愿意冒险，风险报酬斜率就大，风险溢价就比较大。

企业如何控制风险来获取较大的报酬？主要方法是多元经营和多元筹资。近代企业大多数采用多元经营的方针，主要原因是它能分散风险。多经营几个品种，它们的市场状况不同，盈利和亏损可以相互补充，减少风险。

企业通过筹资，把它投资的风险不同程度地分散给股东、债权人，甚至供应商、工人和政府。就整个社会来说，风险是肯定存在的，问题是谁来承担及各承担多少。如果大家都不肯承担风险，高风险的项目就没有人来做。金融市场之所以能够存在，就是它吸收了社会资金来投放给需要资金的企业，通过它分散风险、分配利润。

4）风险控制对策

（1）规避风险

当资产风险所造成的损失不能由该资产可能获得的收益予以抵销时，应当放弃该资产，以规避风险。例如，拒绝与不守信用的厂商进行业务往来；放弃可能明显导致亏损的投资项目等。

（2）减少风险

减少风险主要有两方面意思：一是控制风险因素，减少风险的发生；二是控制风险发生的频率和降低风险损害程度。减少风险的常用方法有：进行准确的预测；对决策进行多方案优选和替代；及时与政府部门沟通，获取政策信息；在开发新产品前，进行充分的市场调研；采用多领域、多地域、多项目、多品种的经营或投资以分散风险。

（3）转移风险

对可能给企业带来灾难性损失的资产，企业应以一定的代价，采取某种方式转移风险。如向保险公司投保，采取合资、联营、联合开发等措施实现风险共担，通过技术转让、租赁经营和业务外包等方式实现风险转移。

（4）接受风险

接受风险包括风险自担和风险自保两种。风险自担，是指在风险损失发生时，直接将损失摊入成本或费用，或冲减利润；风险自保，是指企业预留一笔风险金或随着生产经营的进行，有计划地计提资产减值准备等。

职业道德与企业伦理 1-2

古代商贾道德观

背景与情境： 在《论语·里仁》中，有"不义而富且贵，于我如浮云""富与贵，是人之所欲也，不以其道得之，不处也。贫与贱，是人之所恶也，不以其道得之，不去也"的说法。大意即发财富贵是所有人梦寐以求的，如果是通过不正当手段取得，宁可不要。此外，还有"见利思义，见危授命，久要不忘平生之言，亦可以为成人矣"，以及荀子的"先义而后利者荣，先利而后义者辱"等关于"义与利"的辩论，这些都成为了古代商业活动遵循的无形法则。

问题： 企业如何在获取利润最大化和遵守道德约束之间平衡？

分析提示： 企业在追求利润最大化时，首先要考虑这种利润是否符合社会的道德准则。

第**2**章
资金筹集管理

学习目标

通过本章学习，应该达到以下目标：

理论目标：学习和掌握资金筹集的概念、目的、种类与渠道，各种筹资方式的优缺点，资本成本的含义与作用，经营风险和财务风险的概念和影响因素，资本结构的概念与理论等陈述性知识；能用其指导"资金筹集管理"的相关认知活动。

实务目标：学习和掌握资金筹集的要求与方式，资金需要量预测的方法与步骤，各种来源资金的资金成本计算，短期借款利率的支付方法，资本成本的计算及运用，经营杠杆、财务杠杆与复合杠杆的计算，最优资本结构的确定方法、步骤和计算，"业务链接"等程序性知识；能用其规范"资金筹集管理"的相关技能活动。

案例目标：运用"资金筹集管理"的理论与实务知识研究相关案例，培养和提高在特定业务情境中分析问题与决策设计的能力；能结合本章教学内容，依照"职业道德与会计伦理"的行业规范或标准，分析会计行为的善恶，强化职业道德素质。

实训目标：参加"资金筹集管理"业务胜任力的实践训练。在了解和掌握本实训所及"能力与道德领域"相关技能点的"规范与标准"的基础上，通过切实体验"资金筹集管理"各实训任务的完成，系列技能操作的实施，各项目实训报告编制的准备、撰写、讨论与交流等有质量、有效率的活动，培养"资金筹集管理"的专业能力，强化"信息处理"、"数字应用"和"解决问题"等职业核心能力（中级），并通过"认同级"践行"职业情感"、"职业作风"、"职业态度"和"职业守则"等行为规范，促进健全职业人格的塑造。

引例 万科百亿元再融资方案

背景与情境：2009年8月28日，万科公布了2009年的股权融资方案，这是万科上市以来的第10次融资。方案拟以公开增发方式发行不超过招股意向书公告日万科总股本8%的A股，扣除发行费用后的募集资金净额不超过112亿元。所募集资金中，拟投入92亿元用于14个住宅项目的后继开发建设，另外20亿元用于补充公司流动资金。万科股权再融资方案一经发布，立即引起市场广泛关注。媒体和业界对万科的此次融资计划褒贬不一。万科股价也在方案公布当天有一个不小的跌幅。2009年9月15日，备受关注的万科112亿元再融资计划成功闯关，在股东大会上获得了超过99.8%的通过率。结合万科再融资方案，请思考以下问题：

万科再融资的目的是什么？万科在融资中需要考虑哪些问题？万科如何预测所需融资资金量？万科有哪些融资渠道和融资方式？万科如何进行融资决策？

任何企业正常运营，都离不开资金。筹集资金不仅是企业财务管理的重要方法，也是企业面临的最大难题。企业筹集资金管理，首先要确定筹集资金的规模，通过预测，合理确定筹集资金的需要量，在明确筹资数量后就要考虑筹资方式。企业筹集资金的方式，除传统的国家拨款、银行贷款、企业内部积累外，还有股票、债券、租赁、商业信用等方式。企业筹集资金是有成本的，对企业筹集的资金应计算其资本成本，同时企业要考虑合理的资本结构。

2.1 资金预测

资金是企业进行生产经营活动的基本条件，企业在不同时期会有不同的资金筹集目的，当企业需要资金时，首要解决的问题是资金的需要量，企业财务人员要根据资金筹集要求运用销售百分比和线性回归等方法预测企业资金需要量。

2.1.1 资金筹集目的和要求

1）资金筹集目的

企业**资金筹集**是指企业根据其生产经营、对外投资以及资本结构调整等需要，通过一定的渠道，采取适当的方式，获取所需资金的一种财务行为。企业筹集资金是为了自身的生存和发展。具体来说，资金筹集目的主要有以下几种：

（1）依法设立企业

资本金是企业设立的前提条件，根据我国有关法规的规定，设立企业必须拥有法定的、不低于规定限额的资本金。

（2）扩大经营规模

企业要发展、要提高，必须添置设备、提高技术、招募职工、开发新的项目等，所有这些均需要进一步投入资金。为满足这部分追加资金的需要，必须筹集资金。

（3）偿还原有债务

现实生活中，负债经营普遍存在，债务到期必须偿还，如企业现金支付能力不强，或虽有一定的支付能力但支付后将影响资本结构的合理性，便产生了筹资需要，或被迫举借新债还旧债。

（4）调整资本结构

由于在不同时期采用不同的筹资方式或不同的筹资组合，会产生不同的资本结构，企业全部资本中自有资本和债务资本、长期资金和短期资金的构成与比重是企业的一个重要资本结构问题，直接关系到所有者、债权人、国家及其他有关各方面的利益。为此，企业必须使资本结构优化以符合财务目标，这就需要选择不同的筹资方式来筹集资金，使资本结构趋向合理。

（5）应对偶发事件

企业经营中常有偶发事件出现，如临时接到大订单使资金需求剧增、金融危机爆发导致某些计划筹资中止、被迫进行反收购等，在这些情况下企业需要迅速筹资以化解偶发因素带来的不利影响。

2）资金筹集要求

企业筹集资金总的要求是在分析评价影响筹资的各种因素的基础上，合理选择筹资渠道与筹资方式，降低资金成本，提高筹资效益，形成最佳的资本结构。具体来看有以下方法：科学把握投资方向；合理确定筹资额度；科学安排资金筹集时机；合理组合筹资渠道和方式；注意资本结构优化等。因此，企业筹资应综合研究资金投向、数量、时间等，进而确定总的筹资决策与筹资计划。

2.1.2   运用销售百分比法预测资金需要量

资金是企业进行生产经营活动的基本条件，企业的**资金需要量**是企业为达到生产经营的预期目标所需要的资金数额。正确预测资金需要量，是企业财务预测的一个重要内容。资金需要量预测方法主要有销售百分比法和线性回归分析法等。

销售百分比法是指假定收入、费用、资产、负债与销售收入存在稳定的百分比关系，根据预计销售额和相应的百分比预计资产、负债和所有者权益变动，然后利用会计等式确定融资需求的一种方法。

同步案例 2-1

中达公司资金需求量预测

背景与情境：中达公司 2015 年的销售收入为 20 万元，现在还有剩余生产能力，即增加收入不需要进行固定资产方面的投资。假定销售净利率为 10%，预计可将 2016 年的销售收入提高到 24 万元（增加 20%）。中达公司 2015 年 12 月 31 日的资产负债表见表 2-1。

问题：请用销售百分比法预测 2016 年对外筹资需求量？

表 2-1

中达公司资产负债表（简表）

2015 年 12 月 31 日   单位：元

资　产		负债和所有者权益	
货币资金	10 000	应付账款	20 000
应收账款	30 000	应付费用	10 000
存货	60 000	短期借款	50 000
固定资产净值	60 000	应付债券	20 000
		实收资本	40 000
		留存收益	20 000
资产合计	160 000	负债和所有者权益合计	160 000

分析提示：第一步，根据历史数据确定销售百分比。

通过对中达公司历史数据分析，得知资产、负债和所有者权益项目与销售收入关系见表2-2。

表2-2 **中达公司销售百分比表**

资 产	占销售收入百分比	负债和所有者权益	占销售收入百分比
货币资金	5%	应付账款	10%
应收账款	15%	应付费用	5%
存货	30%	短期借款	不变动
固定资产净值	不变动	应付债券	不变动
		实收资本	不变动
		留存收益	没有固定比例关系
合 计	50%	合 计	15%

第二步，运用一定方法预测销售额。

销售额的预测方法有多种，在这里选用销售增长率法来预测2016年的销售额。通过分析论证，若2016年的销售额将在2015年的基础上增长20%，则2016年的预测销售额为24万元（20×（1+20%））。

第三步，计算预计销售额下的资产、负债、留存收益的数额。

（1）资产。

货币资金=24×5%=1.2（万元）；应收账款=24×15%=3.6（万元）；存货=24×30%=7.2（万元）；预计总资产=1.2+3.6+7.2+6=18（万元）。

（2）负债。

应付账款=24×10%=2.4（万元）；应付费用=24×5%=1.2（万元）；预计总负债=2.4+1.2+5+2=10.6（万元）。

（3）留存收益。

假定销售净利率为10%，保持不变。中达公司的净利润预测为2.4万元（24×10%）。

假定中达公司2016年的留存收益率为40%，则：

留存收益=2.4×40%=0.96（万元）

预计2016年的所有者权益=4+2+0.96=6.96（万元）

第四步，计算外部融资需求量。

外部融资需求量=预计总资产-预计总负债-预计所有者权益=18-10.6-6.96=0.44（万元）

同步思考2-1

历史数据选择对于分析哪些项目和销售收入呈一定比例关系至关重要，如何选择历史数据？

理解要点：应利用预测年度前连续若干年的历史资料，一般要有三年或三年以上的资料；应剔除非正常因素的影响等。

2.1.3 运用线性回归分析法预测资金需要量

线性回归分析法是假定资金需要量与营业业务量之间存在线性关系并建立数学模型，然后根据历史有关资料，用回归直线方程确定参数预测资金需要量的一种方法。

其预测的数学模型为：

$$y = a + bx \tag{2-1}$$

式中：y——资金需要量；a——不变资金；b——单位业务量所需要的变动资金；x——业务量。

同步案例2-2

东方公司资金需求量预测

背景与情境： 东方公司2013至2015年的销售额和资金需要量数据见表2-3。2016年的预计销售额为3 600万元。

表2-3　　　　　　　　　　**东方公司销售额与资金需要量表**　　　　　　　　单位：万元

年　度	销售额 x	资金需要量 y
2013	2 000	1 000
2014	2 400	1 200
2015	3 000	1 400

问题： 试运用线性回归分析法预测完成销售额所需要的资金量。

分析提示： 线性回归分析法预测过程为：

第一步，根据资料整理计算出线性回归分析资料，见表2-4。

表2-4　　　　　　　　　　**回归直线方程数据计算表**　　　　　　　　单位：万元

年　度	销售额 x	资金需要量 y	xy	x^2
2013	2 000	1 000	2 000 000	4 000 000
2014	2 400	1 200	2 880 000	5 760 000
2015	3 000	1 400	4 200 000	9 000 000
n=3	$\sum x = 7\ 400$	$\sum y = 3\ 600$	$\sum xy = 9\ 080\ 000$	$\sum x^2 = 18\ 760\ 000$

第二步，建立方程组，代入数据计算a、b值。

回归直线方程组为：

$$\begin{cases} \sum y = na + b\sum x \\ \sum xy = a\sum x + b\sum x^2 \end{cases}$$

代入数据得：

$$\begin{cases} 13\ 600 = 3a + 7\ 400b \\ 9\ 080\ 000 = 7\ 400a + 18\ 760\ 000b \end{cases}$$

求得a、b值为：

a=226.3158　b=0.3947

第三步，代入a、b值，建立直线方程式。

y=226.3158+0.3947x

第四步，根据2016年预测的销售额，计算2016年预计资金需要量。

y=226.3158+0.3947×3 600=1 647.24（万元）

运用线性回归分析法必须注意以下问题：资金需要量与营业业务量之间线性关系的假定应符合实际需要；确定a、b值，应利用预测年度前连续若干年的历史资料，一般要有3年或3年以上的资料；应考虑价格等因素的变动情况。

2.2　资金筹集

企业的筹资活动需要通过一定的渠道并采用一定的方式来完成。筹资方式主要有权益资金筹集方式和债务资金筹集方式，各种筹资方式都有优缺点。

2.2.1　资金筹集渠道和方式

1）资金筹集渠道

资金筹集渠道是指企业取得资金的来源。资金筹集渠道是指从哪里取得资金，即取得资金的途径，回答的是谁供给资金的问题。当前，企业的资金筹集渠道主要有：

（1）国家资金

国家财政资金在一定时期内仍将是国有企业的主要资金来源。在经济体制改革以前，企业固定资金主要来源于财政预算拨款和主管部门及财政部门的专项拨款，流动资金也有相当部分来源于财政资金。改革后，国家将基本建设拨款改为基建贷款，运营资金则由银行统一管理。但从国家经济安全性角度考虑，国民经济命脉应由国家掌握。因此，对关系到国计民生的大中型企业各项资金来源，国家资金仍应占相当大比例，但资金供给方式可以多种多样。

（2）银行信贷资金

银行对企业的贷款是企业重要的资金来源。现有的中国工商银行、中国农业银行、中国银行、中国建设银行等商业性银行以及国家开发银行、中国进出口银行、中国农业发展银行等政策性银行，可分别向企业提供各种短期贷款和长期贷款，贷款项目有基建贷款、各种流动资金贷款和各种专用贷款。企业自有资本偏低，银行信贷资金已成为企业资金主要来源。

（3）非银行金融机构资金

非银行金融机构是指由各级政府及其他经济组织主办的，在经营范围上受到一定限制的金融企业，如保险公司、信托投资公司、信用合作社、租赁公司、企业集团的财务公司等。这些机构资金力量虽然不及专业银行，融通资金范围受到一定限制，但它们的资金供应方式灵活方便，且可以为企业筹资提供相关服务，所以这种筹资渠道将被广泛运用。

（4）其他法人单位资金

其他法人单位包括企业法人单位和社会法人单位。其他法人单位在生产经营、经费管理过程中，常有一部分临时或长期的闲置资金。随着企业经营机制的转变和资金管理要求的提高，企业法人和社会法人依法以其可支配的资产对其他企业投资或以其闲置资金与其他企业进行资金融通，由此形成企业可以利用的资金。

（5）民间资金

一方面由于经济和社会不断发展，居民财富积累越来越多，另一方面由于资本市场的建立和完善，增加了居民闲置资金的投资渠道，这就使得资金供给者和资金需求者之间建立起直接的融资路径。因此，企业和居民之间的直接融资渠道将是企业拓宽融资渠道的主要出发点和整个社会资本实现良性循环的关键。

（6）企业内部形成的资金

企业内部形成的资金主要是指企业将留存收益转化为经营资本，包括提取盈余公积和未分配利润。此外，企业计提折旧费形成的折旧基金、经常性延期支付的款项，也是企业的一项资金来源。这些资金的重要特征之一就是不需企业采用一定的方式筹集，而是直接由企业内部自动生成，因此又被称为"自然融资"。

（7）境外资金

境外资金是一切资金短缺国家尤其是发展中国家弥补资金不足、促进本国企业壮大、推动经济发展的重要手段之一，是我国经济发展不可忽视的资金来源。境外资金包括境外投资者投入资金和借用外资，比如外商资本金、进出口物资延期付款、补偿贸易、国外贷款以及在国外发行企业债券等。

2）资金筹集方式

资金筹集方式是指取得资金的具体方法和形式，即如何取得资金，回答的是用什么方式将客观存在的可能性转化为现实，也就是如何将资金筹集到企业的问题。企业筹资方式主要有：吸收直接投资、发行股票、银行借款、发行债券、商业信用和租赁等。以上的筹资方式按照资金的属性及其偿还性质可以分为权益资金筹集和负债资金筹集。也可按照期限划分，分为长期资金筹集和短期资金筹集。

资金筹集渠道和资金筹集方式之间有着密切的关系。不同的筹资渠道，除各种债务以外，都体现着一定的所有制成分，而不同的筹资方式则体现着不同的经济关系。一定的筹资方式可能只适用于某一特定的筹资渠道，但同一渠道的资金可以采用不同的方式取得，而同一筹资方式又往往可适用于不同的筹资渠道。因此，在筹资时，应认真考虑这些筹资方式的经济性质及相应的经济利益问题，合理地选择使用，实现最佳的筹资组合。

2.2.2 权益资金筹集

权益资金筹集是指企业采用吸收直接投资、发行股票和企业内部积累等方式筹集企业所需资金。

1）吸收直接投资

吸收直接投资是企业以协议、合同等形式吸收国家、其他企业、个人和外商等直接投入资金，形成企业资本金的一种筹资方式。

（1）吸收直接投资类型

①吸收现金投资。

吸收现金投资是企业吸收直接投资最主要的形式之一。因为现金比其他方式所筹资金，在使用上有更大的灵活性，既可用于购置资产，也可用于费用支付，所以企业在设立时吸收一定数量的现金投资，对其正常生产经营十分有利。各国法律法规对现金在出资总额中的比例均有一定的规定。

②吸收非现金投资。

吸收非现金投资分为两类。一是吸收实物资产投资，即出资者以建筑物、设备等固定资产以及材料、商品等流动资产作价出资；二是吸收无形资产投资，即出资者以专利权、商标权、非专有技术和土地使用权等无形资产投资。

（2）吸收直接投资的优点

吸收直接投资不以股票为媒介，是非股份制企业等筹集自有资本的基本方式，主要优点包括：可以增强企业信誉；可以尽快形成生产能力；财务风险较低等。

（3）吸收直接投资的缺点

吸收直接投资方式仅适用于非股份制企业。与其他筹资方式相比，主要缺点包括：吸收直接投资的成本较高；产权关系比较模糊；企业控制权受到影响等。

2）发行普通股

股票是股份有限公司为筹集自有资本而发行的有价证券，是持股人拥有公司股份的入股凭证，它代表持股人在公司中拥有的所有权。通过发行股票来筹集资本，是股份制企业筹措权益资金的基本方式。

股票持有人即为公司的股东。普通股是股份有限公司发行的无特别权利的股份，也是最基本的、标准的股份。通常情况下，股份有限公司只发行普通股。

（1）普通股股东权利

根据《中华人民共和国公司法》的规定，普通股股东有如下权利：出席或委托代理人出席股东大会，并依公司章程规定行使表决权（这是普通股股东参与公司经营管理的基本方式）；股份转让权；股利分配请求权；对公司账目和股东大会决议的审查权与对公司事务的质询权；分配公司剩余财产的权利；公司章程规定的其他权利。

（2）普通股种类

股份有限公司根据有关法规的规定以及筹资和投资者的需要，可以发行不同种类的普通股。

①按股票是否记名，可分为记名股和不记名股。

记名股是在股票票面上记载股东姓名或名称的股票。这种股票除了股票上所记载的股东外，其他人不得行使其股权，而且股份的转让有严格的法律程序与手续，需办理过户。我国《公司法》规定，向发起人、国家授权投资机构、法人发行的股票，应为记名股。

不记名股是票面上不记载股东姓名或名称的股票。这类股票的持有人即股份的所有人，具有股东资格，股票的转让也比较自由、方便，无需办理过户手续。

②按股票是否标明金额，可分为面值股票和无面值股票。

面值股票是在票面上标有一定金额的股票。持有这种股票的股东，对公司享有的权利和承担的义务大小，依其所持有的股票票面金额占公司发行在外股票总面值的比重而定。

无面值股票是不在票面上标出金额，只载明所占公司股本总额的比例或股份数的股票。无面值股票的价值随公司财产的增减而变动。而股东对公司享有的权利和承担义务的大小，直接依股票标明的比例而定。目前，我国《公司法》不承认无面值股票，规定股票应记载股票的面额，并且其发行价格不得低于票面金额。

③按投资主体的不同，可分为国家股、法人股、个人股等。

国家股是有权代表国家投资的部门或机构以国有资产向公司投资而形成的股份。

法人股是企业法人依法以其可支配的财产向公司投资而形成的股份，或具有法人资格的事业单位和社会团体以国家允许用于经营的资产向公司投资而形成的股份。

个人股是社会个人或公司内部职工以个人合法财产投入公司而形成的股份。

④按发行对象和上市地区的不同，又可将股票分为 A 股、B 股、H 股和 N 股等。

A 股是供我国大陆地区个人或法人买卖的，以人民币标明票面金额并以人民币认购和交易的股票。

B 股、H 股和 N 股是专供外国和我国港、澳、台地区投资者买卖的，以人民币标明票面金额但以外币认购和交易的股票。其中，B 股在上海、深圳上市；H 股在香港上市；N 股在纽约上市。

（3）普通股发行

股份有限公司在设立时要发行股票。此外，公司设立之后，为了扩大经营、改善资本结构，也会增资发行新股。股份的发行，实行公开、公平、公正的原则，必须同股同权、同股同利，同次发行的股票，每股的发行条件和价格应当相同。任何单位或个人所认购的股份，每股应支付相同的价款。同时，发行股票还应接受国务院证券监督管理机构的管理和监督。股票发行应执行的具体管理规定，主要包括股票发行条件、发行程序、发行方式、销售方式和发行价格等。

①股票发行条件。

按照我国《公司法》的有关规定，股份有限公司发行股票，应符合以下规定与条件：每股金额相等，同次发行的股票，每股的发行条件和价格应当相同；股票发行价格可以按票面金额，也可以超过票面金额，但不得低于票面金额；股票应当载明公司名称、公司登记日期、股票种类、票面金额及代表的股份数、股票编号等主要事项；向发起人、国家授权投资的机构、法人发行的股票，应当为记名股票；对社会公众发行的股票，可以为记名股票，也可以为无记名股票；公司发行记名股票的，应当置备股东名册，记载股东的姓名或者名称、住所、各股东所持股份、各股东所持股票编号、各股东取得其股份的日期；发行不记名股票的，公司应当记载其股票数量、编号及发行日期。

公司发行新股，必须具备下列条件：前一次发行的股份已募足，并间隔一年以上；公司在最近三年内连续盈利，并可向股东支付股利；公司在三年内财务会计文件无虚假记载；公司预期利润率可达同期银行存款利率。

公司发行新股，应由股东大会作出有关下列事项的决议：新股种类及数额；新股发行价格；新股发行的起止日期；向原有股东发行新股的种类及数额。

②股票发行程序。

股份有限公司在设立时发行股票与增资发行新股，程序上有所不同。首先介绍设立时发行股票的程序：提出募集股份申请；公告招股说明书，制作认股书，签订承销协议和代收股款协议；招认股份，缴纳股款；召开创立大会，选举董事会、监事会；办理设立登记，交割股票。

增资发行新股的程序如下：股东大会做出发行新股的决议；由董事会向国务院授权的部门或省级人民政府申请并经批准；公告新股招股说明书和财务会计报表及附属明细表，

与证券经营机构签订承销合同，定向募集时向新股认购人发出认购公告或通知；招认股份，缴纳股款；改组董事会、监事会、办理变更登记并向社会公告。

③股票发行方式。

A.公开间接发行。

公开间接发行是指通过中介机构，公开向社会公众发行股票。我国股份有限公司采用募集设立方式向社会公开发行新股时，须由证券经营机构承销的做法，就属于股票的公开间接发行。这种发行方式的发行范围广、发行对象多，易于足额募集资本；股票的变现性强，流通性好；股票的公开发行还有助于提高发行公司的知名度和扩大其影响力。但这种发行方式也有不足，主要是手续繁杂，发行成本高。

B.不公开直接发行。

不公开直接发行是指不公开对外发行股票，只向少数特定的对象直接发行，因而不需要经中介机构承销。我国股份有限公司采用发起设立方式和以不向社会公开募集的方式发行新股的做法，就属于股票不公开直接发行。这种发行方式弹性较大，发行成本低，但发行范围小，股票变现性差。

④股票销售方式。

A.自销方式。

自销方式是指发行公司自己直接将股票销售给认购者。这种销售方式可由发行公司直接控制发行过程，实现发行意图，并可以节省费用，但往往筹资时间长，发行公司要承担全部发行风险，并需要发行公司有较高的知名度、信誉和实力作保障。

B.承销方式。

承销方式是指发行公司将股票销售业务委托给证券经营机构代理。这种销售方式是发行股票所普遍采用的。我国《公司法》规定股份有限公司向社会公开发行股票，必须与依法设立的证券经营机构签订承销协议，由证券经营机构承销。股票承销又分为包销和代销两种具体方法。包销是根据承销协议商定的价格，证券经营机构一次性全部购进发行公司公开募集的全部股份，然后以较高的价格出售给社会上的认购者。对发行公司来说，使用包销的办法可及时筹足资本，免于承担发行风险（股款未募足的风险由承销商承担），但股票以较低的价格售给承销商会损失部分溢价。代销是证券经营机构仅替发行公司代售股票，并由此获取一定的佣金，但不承担股款未募足的风险。

⑤股票发行价格。

股票发行价格是股票发行时所使用的价格，也就是投资者认购股票时所支付的价格。股票发行价格通常由发行公司根据股票面额、股市行情和其他有关因素决定。以募集设立方式设立公司首次发行的股票价格，由发起人决定；公司增资发行新股的股票价格，由股东大会作出决议。股票发行价格可以和股票票面金额一致，但多数情况下不一致。股票发行价格一般有以下三种：

A.等价。

等价就是以股票票面金额为发行价格，也称为平价发行。这种发行价格，一般在股票的初次发行或在股东内部分摊增资的情况下采用。等价发行股票容易推销，但无法取得股票溢价收入。

B.时价。

时价就是以本公司股票在流通市场上买卖的实际价格为基准确定的股票发行价格。其原因是股票在第二次发行时已经增值，收益率已经变化。选用时价发行股票，考虑了股票的现行市场价值，对投资者也有较大的吸引力。

C.中间价。

中间价就是以时价和等价的中间值确定的股票发行价格。

按时价或中间价发行股票，股票发行价格会高于或低于其股票票面金额。前者称溢价发行，后者称折价发行。如属溢价发行，发行公司所获的溢价款会被列入资本公积。我国《公司法》规定，股票发行价格可以等于票面金额（等价），也可以超过票面金额（溢价），但不得低于票面金额（折价）。

（4）股票上市

股票上市是指股份有限公司公开发行的股票经批准在证券交易所进行挂牌交易。经批准在交易所上市交易的股票则称为上市股票。股票上市是连接股票发行和股票交易的"桥梁"。按照国际通行做法，非公开募集发行的股票或未向证券交易所申请上市的非上市证券应在证券交易所外的店头市场上流通转让；只有公开募集发行并经批准上市的股票才能进入证券交易所流通。我国《公司法》规定，股东转让其股份，亦即股票进入流通，必须在依法设立的证券交易场所里进行。

股票上市的优点有：资本大众化，分散风险；流动性增强；便于筹措新资金；提高公司知名度，吸引更多顾客；便于确定公司价值；便于实施退出战略和财富转移等。

股票上市的缺点有：信息披露要求高；失去保密性；可能会分散控制权；增加上市和其他方面开销等。

①股票上市的条件。

我国《公司法》规定，股份有限公司申请其股票上市，必须符合下列条件：股票经国务院证券管理部门批准已向社会公开发行；不允许公司在设立时直接申请股票上市；公司股本总额不少于人民币5 000万元；开业时间在3年以上，最近3年连续盈利；属国有企业依法改建而设立股份有限公司的，或者在《公司法》实施后新组建成立，其主要发起人为国有大中型企业的股份有限公司的，可连续计算；持有股票面值人民币1 000元以上的股东不少于1 000人，向社会公开发行的股份达公司股份总数的25%以上；公司股本总额超过人民币4亿元的，其向社会公开发行股份的比例为15%以上；公司在最近3年内无重大违法行为，财务会计报告无虚假记载；国务院规定的其他条件。

具备上述条件的股份有限公司经申请，由国务院或国务院授权的证券管理部门批准，其股票方可上市。股票上市的公司必须公告其上市报告，并将其申请文件存放在指定的地点供公众查阅。股票上市的公司还必须定期公布其财务状况和经营情况，每一会计年度内半年公布一次财务会计报告。

②股票上市的暂停与终止。

股票上市的公司有下列情形之一的，由国务院证券管理部门决定暂停其股票上市：公司股本总额、股权分布等发生变化，不再具备上市条件（限期内未能消除的，终止其股票上市）；公司不按规定公开其财务状况，或者对财务报告作虚假记载（后果严重的，终止其股票上市）；公司有重大违法行为（后果严重的，终止其股票上市）；公司最近3年连续亏损（限期内未能消除的，终止其股票上市）。

另外，公司决定解散、被行政主管部门依法责令关闭或者宣告破产的，由国务院证券管理部门决定终止其股票上市。

（5）普通股筹资优缺点

①普通股筹资的优点。

与其他筹资方式相比，用普通股筹措资本具有如下优点：

A.普通股所筹资金没有偿还期。发行普通股筹措资金，普通股股本是公司的永久性资本，无到期日，不需归还（除非公司发生清算）。这对保证公司对资本的最低需要、维持公司长期稳定发展极为有益。

B.普通股筹资风险小。发行普通股筹资没有固定的股利负担，其股利支付与否和支付多少，视公司有无盈利、公司的股利分配政策和经营需要而定，经营波动给公司带来的财务负担相对较小。由于普通股筹资没有固定的到期还本付息的压力，所以筹资风险较小。

C.普通股筹资能增强公司的信誉与举债能力。发行普通股筹集的资本是公司最基本的资金来源，它反映了公司的实力，可作为其他方式筹资的基础，尤其可为债权人提供保障，增强公司的举债能力。

D.普通股筹资容易吸收社会资金。由于普通股的预期收益较高并可一定程度地抵消通货膨胀的影响，因此普通股筹资容易吸收资金，有利于公司的快速成长。

②普通股筹资的缺点。

运用普通股筹措资本也有一些缺点：

A.普通股的资本成本较高。首先，从投资者的角度讲，投资于普通股风险较高，相应地要求有较高的投资报酬率。其次，对于筹资公司来讲，普通股股利从税后利润中支付，不像债券利息那样作为费用在税前支付，因而不具备抵税作用。最后，普通股的发行费用一般也高于其他证券。

B.可能分散公司的控制权。以普通股筹资会增加新股东，这可能会分散公司的控制权。所以小型公司或新设立的公司对增发股票往往特别慎重，以防止分散创始人对公司的控制权。

C.可能导致股价下跌。一方面，由于发行新的普通股筹资会增加新股东，新股东分享公司未发行新股前积累的盈余，会降低普通股的每股净收益，从而可能引发股价的下跌；另一方面，发行新的普通股筹资，可能被投资者视为消极的信号，从而可能引发股价的下跌。

3）发行优先股

（1）优先股性质

优先股是相对于普通股而言，在公司盈余分配或剩余财产分配等方面享有某些优先权的股票。但是，优先股股东所能获得的投资利益却是有限的。优先股是一种性质复杂的有价证券。从财务角度来看，优先股支付固定股利，使其股东对分配和清算后的剩余财产具有优先权，因而其又类似于债券。因此，优先股是介于普通股和债券之间的混合性证券。

优先股的"优先"是相对普通股而言的，这种优先权主要表现在以下两个方面：

①优先分配股利权。

该权利是优先股最主要特征。优先股通常有固定股利，一般按面值的一定百分比来计算。另外，优先股的股利除数额固定外，还必须在支付普通股股利之前予以支付。

②优先分配剩余财产权。

在企业进行清算时，优先股股东的求偿权位于债权人之后、普通股股东之前；其分配额仅限于优先股票面价值和累积未支付的股利。

（2）优先股筹资的优点

①财务风险较低。优先股所筹资金没有固定的到期日，不用偿还本金，企业财务压力相对较小。

②有利于调节资本结构。大多数优先股在发行的同时附有赎回条款，具有弹性。这样公司可以在财务状况较差时发行优先股，而在财务状况较好时赎回，一方面能结合资金需求发行，另一方面也可以调整资本结构。

③不会分散公司控制权。优先股股东一般没有参与权和表决权，发行优先股可以避免公司股权分散。当公司既想向外界筹措自有资金，又不想分散原有股东的控制权时，就可采用优先股筹资。

④能提高公司信誉。优先股属于自有资金，扩大了权益基础，有利于提高公司信誉，增强公司借款的能力。

（3）优先股筹资的缺点

①筹资成本高。优先股所支付的股利要从税后利润中支付，不能在税前扣除，所以，优先股筹资成本较高。尤其是当公司利润下降时，优先股由于要支付固定股利，又不能在税前扣除，会成为公司一项较重的财务负担。

②筹资限制多。发行优先股通常有许多限制条款。例如，对普通股股利支付上的限制和对公司借款的限制等。

教学互动2-1

互动问题： 股票上市对公司有何影响？

要求：（1）学生独立思考，课堂讨论，自由发表见解。

（2）教师组织讨论，对学生典型见解进行点评。

4）留存收益筹资

留存收益主要包括法定盈余公积、任意盈余公积和未分配利润等，其是企业权益资本的一部分，是企业筹集自有资本的重要方式，可以满足企业的资金需要，促进企业的持续发展。

留存收益筹资的优点有：留存收益筹资基本不发生筹资费用；留存收益筹资会使企业的所有者获得税收上的利益；留存收益筹资性质上属于权益资金筹集，为债权人提供了保障，相应增强了企业获取信用的能力等。

留存收益筹资的缺点有：留存收益的数量常常会受到某些股东的限制；留存收益过多，股利支付过少，可能会影响今后的外部筹资，也可能不利于企业股票价格的上涨。

2.2.3　债务资金筹集

债务资金筹集是指通过负债方式筹集资金，又称为负债筹资。负债是企业一项重要的资金来源，几乎没有一家企业是只靠自有资本，而不运用负债就能满足资金需要的。负债筹资是与普通股筹资性质不同的筹资方式。与普通股筹资相比，负债筹资的主要特点表现为：筹集的资金具有使用上的时间性，需到期偿还；不论企业经营好坏，需固定支付债务利息，从而形成企业固定的负担；但其资金成本一般比普通股筹资成本低，且不会分散投资者对企业的控制权。

按照所筹资金可使用时间的长短，债务资金筹集可分为长期债务资金筹集和短期债务资金筹集两类。

1）长期债务资金筹集

长期负债是指期限超过一年的负债。筹措长期负债资金，可以解决企业长期资金的不足问题；同时由于长期负债的归还期长，债务人可对债务的归还作长期安排，还债压力或风险相对较小。但长期负债筹资一般成本较高，即长期负债的利率一般会高于短期负债利率；负债的限制较多，即债权人经常会向债务人提出一些限制性的条件以保证其能够及时、足额偿还债务本金和支付利息，从而形成对债务人的种种约束。目前在我国，长期债务资金筹集主要有长期借款和发行债券两种方式。

（1）长期借款筹资

长期借款是指企业向银行或其他非银行金融机构借入的使用期限超过一年的借款，主要用于购建固定资产和满足长期流动资金占用的需要。

①长期借款种类。

长期借款种类很多，各企业可根据自身的情况和各种借款条件选用。我国目前各金融机构的长期借款主要有：

A.按照用途可以分为固定资产投资借款、更新改造借款、科技开发和产品试制借款等。

B.按照提供贷款的机构可以分为政策性银行贷款、商业银行贷款等。此外，企业还可从信托投资公司取得实物或货币形式的信托投资贷款，从财务公司取得各种中长期贷款等。

C.按照有无担保可以分为信用贷款和抵押贷款。信用贷款指不需企业提供抵押品，仅凭其信用或担保人信誉而发放的贷款。抵押贷款指要求企业以抵押品作为担保的贷款。长期贷款的抵押品常常是房屋、建筑物、机器设备、股票、债券等。

②取得长期借款的条件。

我国金融部门对企业发放贷款的原则是：按计划发放、择优扶植、有物资保证、按期归还。企业申请贷款一般应具备的条件是：独立核算、自负盈亏、有法人资格；经营方向和业务范围符合国家产业政策，借款用途属于银行贷款办法规定的范围；借款企业具有一定的物资和财产保证，担保单位具有相应的经济实力；具有偿还贷款的能力；财务管理和经济核算制度健全，资金使用效益及企业经济效益良好；在银行设有账户，办理结算。

具备上述条件的企业欲取得贷款，先要向银行提出申请，陈述借款原因与金额、用款时间与计划、还款期限与计划。银行根据企业的借款申请，针对企业的财务状况、信用情况、盈利和稳定性、发展前景、借款投资项目的可行性进行审查。银行审查同意发放贷款后，再与借款企业进一步协商发放贷款的具体条件，明确贷款的种类、用途、金额、利率、期限、还款的资金来源及方式、保护性条件、违约责任等，并以借款合同的形式将其法律化。借款合同生效后，企业便可取得借款。

③长期借款的保护性条款。

由于长期借款的期限长、风险大，按照国际惯例，银行通常对借款企业提出一些有助于保证贷款按时足额偿还的条件。这些条件被写进贷款合同中，形成了合同的保护性条款。归纳起来，保护性条款大致有如下三类：

A.一般性保护条款。

一般性保护条款应用于大多数借款合同，但根据具体情况会有不同内容，主要包括：对借款企业流动资金保持量的规定，其目的在于保持借款企业资金的流动性和偿还能力；对支付现金股利和再购入股票的限制，其目的在于限制现金外流；对资本支出规模的限制，其目的在于降低企业日后不得不变卖固定资产以偿还贷款的可能性，仍着眼于保持借款企业资金的流动性；限制其他长期债务，其目的在于防止其他贷款人取得对企业资产的优先求偿权。

B.例行性保护条款。

例行性保护条款作为例行常规，在大多数借款合同中都会出现，主要包括：借款企业定期向银行提交财务报表，其目的在于及时掌握企业的财务情况；不准在正常情况下出售较多资产，以保持企业正常的生产经营能力；如期缴纳税金和清偿其他到期债务，以防被罚款而造成现金流失；不准以任何资产作为其他承诺的担保与抵押，以避免企业承担过重的负担；不准贴现应收票据或出售应收账款，以避免产生或有负债；限制租赁固定资产的规模，其目的在于防止企业负担巨额租金以致削弱其偿债能力，还在于防止企业以租赁固定资产的办法摆脱对其资本支出和负债的约束。

C.特殊性保护条款。

特殊性保护条款是针对某些特殊情况而出现在部分借款合同中的，主要包括：贷款专款专用；不准企业投资于短期内不能收回资金的项目；限制企业高级职员的薪金和奖金总额；要求企业主要领导人在合同有效期间担任领导职务；要求企业主要领导人购买人身保险等。

此外，"短期借款筹资"中的周转信贷协定、补偿性余额等条件，也同样适用于长期借款。

④长期借款的成本。

长期借款的利率通常高于短期借款。但信誉好或抵押品流动性强的借款企业，仍然可以争取到较低的长期借款利率。长期借款利率有固定利率和浮动利率两种，并在借款合同中明确。对于借款企业来讲，若预测市场利率将上升，应与银行签订固定利率合同；反之，则应签订浮动利率合同。

除了利息之外，银行还会向借款企业收取其他费用，如实行周转信贷协定所收取的承诺费、要求借款企业在银行中保持补偿余额所形成的间接费用。这些费用会加大长期借款的成本。

⑤长期借款的偿还方式。

长期借款的偿还方式不一，主要有：定期支付利息、到期一次性偿还本金的方式；如同短期借款那样的定期等额偿还方式；平时逐期偿还小额本金和利息、期末偿还剩下的大额部分的方式。第一种偿还方式会加大企业借款到期时的还款压力；而定期等额偿还又会提高企业使用贷款的实际利率。

⑥长期借款筹资的特点。

与其他长期负债筹资相比，长期借款筹资的特点为：

A.筹资速度快。

长期借款的手续比发行债券简单得多，得到借款所花费的时间较短。

B.借款弹性较大。

借款时企业与银行直接交涉，有关条件可谈判确定，用款期间发生变动，亦可与银行再协商；而债券筹资所面对的是社会广大投资者，协商改善筹资条件的可能性很小。

C.借款成本较低。

长期借款利率一般低于债券利率，且由于借款属于直接筹资，筹资费用也较低。

D.限制性条件较多。

长期借款附有很多限制性条件，制约了企业的生产经营和借款的使用。

（2）发行债券

债券是经济主体为筹集资金而发生的，用以记载和反映债权债务关系的有价证券。由企业发行的债券称为企业债券或公司债券。这里所说的债券，是指期限超过1年的公司债券，其发行通常是为建设大型项目筹集大笔长期资金。

①债券种类。

公司债券有很多形式，主要有如下分类：

A.按债券上是否记有持券人的姓名或名称，分为记名债券和无记名债券。

这种分类类似于记名股票与无记名股票的划分。在公司债券上记载持券人姓名或名称的为记名债券；反之为无记名债券。两种债券在转让上的差别也与记名股票、无记名股票相似。

B.按能否转换为公司股票，分为可转换债券和不可转换债券。

若公司债券能转换为本公司股票，为可转换债券；反之为不可转换债券。一般来讲，前种债券的利率要低于后种债券。按照我国《公司法》的规定，发行可转换债券的主体只限于股份有限公司中的上市公司。

以上两种分类为我国《公司法》所确认。除此以外，按照国际通行做法，公司债券还有另外一些分类。

②债券发行条件。

我国《公司法》规定，股份有限公司、国有独资公司和两个以上的国有企业或者其他两个以上的国有投资主体投资设立的有限责任公司，有资格发行公司债券。有资格发行公司债券的公司，必须具备以下条件：股份有限公司的净资产额不低于人民币3 000万元，有限责任公司的净资产额不低于人民币6 000万元；累计债券总额不超过公司净资产额的40%；最近3年平均可分配利润足以支付公司债券1年的利息；所筹集资金的投向符合国家产业政策；债券的利率不得超过国务院限定的水平；国务院规定的其他条件。

另外，发行公司债券所筹集的资金必须符合审批机关审批的用途，不得用于弥补亏损和非生产性支出，否则会损害债权人的利益。

前一次发行的公司债券尚未募足的或对已发行的公司债券或者其债务有违约或延迟支付本息的事实，且仍处于持续状态的，不得再次发行公司债券。

③债券发行程序。

发行公司债券要经过一定的程序，办理规定的手续，一般为：发行公司债券的决议或决定；发行债券的申请与批准；制定募集办法并予以公告；募集借款。

④债券发行价格。

债券发行价格是债券发行时使用的价格，也就是投资者购买债券时所支付的价格。公司债券的发行价格通常有三种：平价、溢价和折价。

平价是指以债券的票面金额为发行价格；溢价是指以高出债券票面金额的价格为发行价格；折价是指以低于债券票面金额的价格为发行价格。债券发行价格形成受许多因素影响，其中主要是票面利率与市场利率的一致程度。债券的票面金额、票面利率在债券发行前已参照市场利率和发行公司的具体情况确定下来，并载明于债券之上。但在发行债券时已确定的票面利率不一定与当时的市场利率一致。为了协调债券购销双方在债券利息上的利益，就要调整发行价格：当票面利率高于市场利率时，以溢价发行债券；当票面利率低于市场利率时，以折价发行债券；当票面利率与市场利率一致时，则以平价发行债券。

债券发行价格（P）的计算公式为：

$$P = \frac{M}{(1+i)^n} + \sum_{t=1}^{n} \frac{M \times r}{(1+i)^n} \tag{2-2}$$

式中：M——票面金额；r——票面利率；i——债券发行时的市场利率；n——债券期限；t——付息期数。

⑤债券筹资的优缺点。

债券筹资的优点主要有：

A.资本成本较低。与股票的股利相比，债券的利息允许在所得税前支付，公司可获得节税效应，因此公司实际负担的债券成本一般要低于股票成本。

B.发挥财务杠杆优势。无论发行公司盈利多少，债券持有者一般只收取固定的利息，如果公司投资收益率高，投资的收益率大于债券的利率，则会增加股东财富和公司价值。

C.不会分散控制权。债券持有者一般无权参与发行公司的管理决策，因此发行债券能保障公司控制权。

债券筹资的缺点主要有：

A.财务风险较高。债券通常有固定的到期日，需要定期还本付息，使企业在财务上始终有压力。如果公司不景气，还本付息将成为公司严重的财务负担，甚至有可能导致公司破产。

B.限制条件多。发行债券较长期借款、融资租赁的限制条件多并且严格，从而限制公司对债券筹资的使用，甚至会影响公司以后的筹资能力。

C.筹资规模受制约。公司利用债券筹资一般受一定额度的限制。

2）短期债务资金筹集

短期负债筹资所筹资金的可使用时间较短，一般不超过一年。短期负债筹资具有如下特点：筹资速度快，容易取得；筹资富有弹性；筹资成本较低；筹资风险高等。

短期负债需在短期内偿还，因而要求筹资企业在短期内拿出足够的资金偿还债务，若企业届时资金安排不当，就会陷入财务危机。此外，短期负债利率的波动比较大，一时高于长期负债的利率水平也是有可能的。短期负债筹资的最主要形式是商业信用和短期借款。

（1）商业信用

商业信用是指在商品交易中由于延期付款或预收货款所形成的企业间的借贷关系。商业信用产生于商品交换之中，是所谓的"自发性筹资"。它运用广泛，在短期负债筹资中占有相当大的比重。商业信用的具体形式有应付账款、应付票据、预收账款等。

①应付账款。

应付账款是企业购买货物暂未付款而欠对方的账项，也就是卖方允许买方在购货后一定时期内支付货款的一种形式。卖方利用这种方式促销；而对买方来说延期付款则等于向卖方借用资金购进商品，可以满足短期的资金需要。与应收账款相对应，应付账款也有付款期、折扣等信用条件。应付账款所带来的信用可以分为：免费信用，即买方企业在规定的折扣期内享受折扣而获得的信用；有代价信用，即买方企业放弃折扣付出代价而获得的信用；展期信用，即买方企业超过规定的信用期推迟付款而强制获得的信用。

A.应付账款的成本。如果买方企业购买货物后在卖方规定的折扣期内付款，便可以享受免费信用，这种情况下企业没有因为享受信用而付出代价；如果买方企业放弃折扣，在折扣期后但不超过信用期付款，该企业便要承担因放弃折扣而造成的隐含利息成本。一般而言，放弃现金折扣的成本可用下式求得：

$$放弃现金折扣成本 = \frac{折扣百分比}{1-折扣百分比} \times \frac{360}{信用期-折扣期}$$

同步案例2-3

天一公司是否应享受现金折扣？

背景与情境： 天一公司按2/10、N/30的条件从金顺公司购入30万元货物。

问题： 试分析天一公司在不同时间点付款时，其成本如何。

分析提示： 如果天一公司在10天内付款，便享受了10天的免费信用期，并获得折扣0.6万元（30×2%），免费信用额为29.4万元（30-0.6）。如果天一公司放弃折扣，在第30天付款，该公司便要承担因放弃折扣而造成的隐含利息成本，那么该公司放弃折扣所负担的成本为36.73%（2%÷（1-2%）×360÷（30-10））。

可见，如果买方企业放弃折扣而获得信用，其代价是较高的。然而，企业在放弃折扣的情况下，推迟付款的时间越长，其成本便会越低。如果企业延至50天付款，其成本则为：

$$\frac{2\%}{1-2\%} \times \frac{360}{50-10} = 18.37\%$$

同步思考2-2

放弃现金折扣的成本与哪些因素有关？

理解要点： 放弃现金折扣的成本与折扣百分比的大小、折扣期的长短同方向变化，与信用期的长短反方向变化。尽管采用展期信用形式，使成本大大降低，拖欠货款的时间越长，自己的信用成本越低，但企业信誉和信用等级下降的风险越大。所以企业应慎重考虑。

B.利用现金折扣的决策。在附有信用条件的情况下，因为获得不同信用要付出不同的代价，买方企业便要在利用哪种信用之间作出决策。

如果能以低于放弃折扣的隐含利息成本的利率借入资金，应在现金折扣期内用借入的资金支付货款，享受现金折扣。例如，与上述案例同期的银行短期借款年利率为12%，则天一公司应利用更便宜的银行借款在折扣期内偿还应付账款；反之，天一公司应放弃折扣。

如果在折扣期内将应付账款用于短期投资，所得的投资收益率高于放弃折扣的隐含利息成本，则应放弃折扣而去追求更高的收益。当然，假使天一公司放弃折扣优惠，也应将付款日推迟至信用期限内的最后一天（如上述案例中的第30天），以降低放弃折扣的成本。

如果天一公司因缺乏资金而欲展延付款期（如上述案例中将付款日推迟到第50天），则需在降低了的放弃折扣成本与展延付款带来的损失之间作出选择。展延付款带来的损失主要是指因企业信誉恶化而丧失供应商乃至其他贷款人的信用，或日后招致苛刻的信用条件。

②应付票据。

应付票据是企业进行延期付款商品交易时开具的反映债权债务关系的票据。根据承兑人不同，应付票据分为商业承兑汇票和银行承兑汇票两种，支付期最长不超过9个月。应付票据可能带息，也可能不带息。应付票据的利率一般比银行借款的利率低，且不用保持相应的补偿余额和支付协议费，所以应付票据的筹资成本低于银行借款成本。但是应付票据到期必须归还，如若延期便要交付罚金，因而风险较大。

③预收账款。

预收账款是卖方企业在交付货物之前向买方预先收取部分或全部货款的信用形式。对于卖方来讲，预收账款相当于向买方借用资金后用货物抵偿。预收账款一般用于生产周期长、资金需要量大的货物销售。

此外，企业往往还存在一些在非商品交易中产生，但亦为自发性筹资的应付费用，如应付职工薪酬、应交税费、其他应付款等。应付费用使企业受益在前、费用支付在后，相当于享用了受款方的借款，一定程度上缓解了企业的资金需要。应付费用的期限具有强制性，不能由企业自由斟酌使用，但通常不需付出代价。

商业信用筹资的特点。商业信用筹资最大的优越性在于容易取得。首先，对于多数企业来说，商业信用是一种持续性信贷形式，且无需正式办理筹资手续。其次，如果没有现金折扣或使用不带息票据，商业信用筹资不负担成本。其缺陷在于期限较短，在放弃现金折扣时所付出的成本较高。

🔑 职业道德与企业伦理2-1

中集信誉筹资

背景与情境： 总部位于深圳的中国国际海运集装箱（集团）股份有限公司（以下简称中集）在使用应收账款证券化这种融资方式之前，主要采用商业票据进行国际融资，于1996年、1997年分别发行了5 000万美元、7 000万美元的1年期商业票据，但是这种方式的稳定性直接受到国际经济和金融市场的影响。在1998年，由于亚洲金融危机的影响，部分外资银行收缩了在亚洲的业务。经过多方努力，中集虽然成为金融危机后国内第一家成功续发商业票据的公司，但规模降为5 700万美元。由于发行票据筹资难度加大，中集开始寻找新的融资方式，与荷兰银行合作，成功达成3年期8 000万美元的应收账款证券化融资项目，从而开创了国内企业通过资产证券化途径进入国际资本市场的先河。原本半年才能收回的资金，中集两个星期就拿到了。

问题：中集是如何利用企业信誉筹资的？

分析提示：利用企业信誉是可以筹资的，中集就是很好的例子。其主要是用以解决短期资金流动困难的问题。比如银行的信用借款、企业之间的资金拆借，这都需要企业有着良好的信誉。中集利用信誉筹资主要体现在两个方面：一是采用商业票据进行国际筹资；二是采用应收账款证券化融资方式。这两种筹资方式都要靠良好的企业信誉作保障。

（2）短期借款

短期借款是指企业向银行和其他非银行金融机构借入的期限在一年以内的借款。

①短期借款种类。

我国目前的短期借款按照目的和用途分为若干种，主要有生产周转借款、临时借款、结算借款等。企业在申请借款时，应根据各种借款的条件和需要加以选择。

②短期借款取得。

企业举借短期借款，首先必须提出申请，经审查同意后借贷双方签订借款合同，注明借款的用途、金额、利率、期限、还款方式、违约责任等；然后企业根据借款合同办理借款手续；借款手续完毕，企业便可取得借款。

③短期借款信用条件。

按照国际通行做法，银行发放短期借款往往带有一些信用条件，主要有：

A.信贷限额。信贷限额是银行对借款人规定的无担保贷款的最高额。信贷限额的有效期限通常为一年，但根据情况也可延期一年。一般来讲，企业在批准的信贷限额内，可随时使用银行借款。但是，银行并不承担必须提供全部信贷限额的义务。如果企业信誉恶化，即使银行曾同意过按信贷限额提供贷款，企业也可能得不到借款。这时，银行不会承担法律责任。

B.周转信贷协定。周转信贷协定是银行具有法律义务地承诺提供不超过某一最高限额的贷款协定。在协定的有效期内，只要企业的借款总额未超过最高限额，银行必须满足企业任何时候提出的借款要求。企业享用周转信贷协定，通常要就贷款限额的未使用部分付给银行一笔承诺费。

业务链接2-1

周转信贷协定

中国建设银行某支行为其开户企业顺天公司提供周转信贷限额为2 000万元，承诺费率为0.5%，顺天公司年度内使用了1 500万元，年利率为5%，尚有500万元额度没有使用。顺天公司该年度使用的1 500万元应按5%年利率支付利息费用；500万元额度没有使用部分应向银行支付承诺费，承诺费为2.5万元（500×0.5%）。这是银行向企业提供此项贷款的一种附加条件。

C.补偿性余额。补偿性余额是银行要求借款企业在银行中保持按贷款限额或实际借用额一定百分比（一般为10%~20%）的最低存款余额。从银行的角度讲，补偿性余额可降低贷款风险，补偿遭受的贷款损失。对于企业来说，补偿性余额则提高了借款的实际利率。

业务链接2-2

补偿性余额

顺天公司按年利率6%向银行借款100万元，银行要求维持贷款限额20%的补偿性余额，补偿性余额存款利率为3%。顺天公司实际可用的借款只有80万元（100×（1-20%））；支付的净利息为5.4万元（100×6%-100×20%×3%）。所以，顺天公司借款的实际利率为6.75%（5.4÷80×100%）。

D.借款抵押。银行向财务风险较大的企业或对信誉不太有把握的企业发放贷款，有时需要借款企业有抵押品作为担保，以降低自己蒙受损失的风险。短期借款的抵押品一般是借款企业的应收账款、存货、股票、债券等。银行接受抵押品后，将根据抵押品的面值决定贷款金额，一般为抵押品评估价值的30%~90%。这一比例的高低主要取决于抵押品的变现能力和银行的风险偏好。

抵押借款的成本通常高于非抵押借款。主要原因有：银行主要向信誉好的客户提供非抵押贷款，而将抵押贷款看成是一种风险投资，故而收取较高的利息；银行管理抵押贷款要比管理非抵押贷款困难，为此往往另外收取手续费；企业向贷款人提供抵押品，会限制其财产的使用和将来的借款能力。

E.偿还条件。贷款的偿还有到期一次偿还和在贷款期内定期（每月、季）等额偿还两种方式。一般来讲，企业不希望采用后种偿还方式，因为这会提高借款的实际利率；而银行不希望采用前种偿还方式，是因为这会加重企业的财务负担，增加企业拒付的风险，同时会降低实际贷款利率。

F.其他承诺。银行有时还要求企业为取得贷款而作出其他承诺，如及时提供财务报表、保持适当的财务比率等。如企业违背所作出的承诺，银行可要求企业立即偿还全部贷款。

④短期借款利率及其支付方法。

A.借款利率。

借款利率有优惠利率与非优惠利率两种。优惠利率是银行向财力雄厚、经营状况好的企业贷款时收取的名义利率，为贷款利率的最低限。非优惠利率是银行贷款给一般企业时收取的高于优惠利率的利率，这种利率经常在优惠利率的基础上加一定的百分比。例如，银行按高于优惠利率1%的利率向某企业贷款，若当时的最优利率为5%，向该企业贷款收取的利率即为6%。非优惠利率与优惠利率之间差距大小主要取决于借款企业的信誉、与银行的往来关系以及当时的信贷状况。

B.借款利息的支付方法。

一般来讲，借款企业可以用收款法、贴现法、加息法三种方法支付银行贷款利息。

收款法是在借款到期时向银行支付利息的方法。银行向工商企业发放的贷款大都采用这种方法收息。

贴现法是银行向企业发放贷款时，先从本金中扣除利息部分，而到期时借款企业则要偿还全部本金的一种计息方法。采用这种方法，企业可利用的贷款额只有本金减去利息部分后的差额，因此贷款的实际利率高于名义利率。

业务链接 2-3

贴现法

顺天公司从银行取得借款 100 000 元，期限 1 年，年利率（即名义利率）6%，利息额 6 000 元（100 000×6%），按照贴现法付息，顺天公司实际可利用的贷款为 94 000 元（100 000-6 000），该项借款的实际利率为：

$$\frac{6\ 000}{100\ 000-6\ 000}\times100\%=6.38\%$$

加息法是银行发放分期等额偿还贷款时采用的利息收取方法。在发放分期等额偿还贷款的情况下，银行要将根据名义利率计算的利息加到贷款本金上，计算出贷款的本息和，要求企业在贷款期内分期偿还本息之和。由于贷款分期均衡偿还，借款企业实际上只平均使用了贷款本金的半数，却支付全额利息。这样，企业所负担的实际利率便高于名义利率大约 1 倍。

业务链接 2-4

加息法

顺天公司从银行取得借款 100 000 元，期限 1 年，年利率（即名义利率）6%，假如采用分 12 个月等额偿还本息，该项借款的实际利率为：

$$\frac{100\ 000\times6\%}{100\ 000/2}\times100\%=12\%$$

同步思考 2-3

企业如何选择贷款银行？

理解要点：随着金融信贷业的发展，可向企业提供贷款的银行和非银行金融机构越来越多，企业有可能在各贷款机构之间作出选择，以图对己最为有利。选择银行时，重要的是要选用适宜的借款种类、借款成本和借款条件。此外还应考虑下列有关因素：银行对贷款风险的政策；银行对企业的态度；贷款的专业化程度；银行的稳定性等。

⑤短期借款筹资的特点。

在短期负债筹资中，短期借款的重要性仅次于商业信用，短期借款可以随企业的需要安排，便于灵活使用，且取得亦较简便。但其突出的缺点是短期内要归还，特别是在带有诸多附加条件的情况下更使借款企业风险加大。

教学互动 2-2

互动问题：债务资金筹集可以用银行借款、商业信用、发行债券等。请比较说明这三种筹资方式的优缺点。

要求：（1）学生独立思考，课堂讨论，自由发表见解。

（2）教师组织讨论，对学生典型见解进行点评。

2.3 资本成本和资本结构

企业筹集的资金都是有资金成本的，企业需要在承担一定风险情况下获得最大化收益，进而实现企业最佳资本结构，所以，企业筹集的资金需合理组合。

2.3.1 资本成本的含义和作用

1）资本成本的含义

资本成本是指企业为筹集和使用资金而付出的代价，包括资金筹集费和资金占用费两部分。资金筹集费是指在资金筹集过程中支付的各项费用，例如发行股票和债券支付的印刷费、发行手续费、律师费、资信评估费、公证费、担保费、广告费等。资金占用费是指占用资金支付的费用，例如股票的股息、银行借款和债券利息等。相比之下，资金占用费是筹资企业经常发生的；而资金筹集费通常在筹集资金时一次性发生，因此在计算资本成本时作为筹资金额的一项扣除。

2）资本成本的作用

资本成本是财务管理中的重要概念。首先，资本成本是企业的投资者（包括股东和债权人）对投入企业的资金所要求的收益率；其次，资本成本是投资项目（或企业）的机会成本。资本成本的概念被广泛运用于企业财务管理的各个方面。

①拟订筹资方案的依据。

对于企业筹资来讲，资本成本是选择资金来源、确定筹资方案的重要依据，企业力求选择资本成本最低的筹资方式。

②评价投资方案的经济标准。

对于企业投资来说，资本成本是评价投资项目、决定投资取舍的重要标准。资本成本还可用做衡量企业经营成果的尺度，即经营利润率应高于资本成本。

3）资本成本的表示方法和使用形式

（1）表示方法

资本成本可以用绝对数表示，也可以用相对数表示。为了便于比较，一般用相对数表示，也就是用一定时期（1年）内资金的使用费与实际使用资金数额的比率来表示，计算公式如下：

资本成本=用资费用÷实际用资额×100%

其中：实际用资额=筹资数额－筹资费用

（2）使用形式

资本成本有多种使用形式。在比较各种筹资方式时，使用个别资本成本，包括普通股成本、留存收益成本、银行借款成本、债券成本等；在进行资本结构决策时，使用加权平均资本成本；在进行追加筹资决策时，则使用边际资本成本。

4）影响企业资本成本高低的因素

在市场经济环境中，多方面因素的综合作用决定着企业资本成本的高低，其中主要的因素有：总体经济环境、证券市场条件、企业内部的经营和筹资状况、筹资规模。

（1）总体经济环境

总体经济环境决定了整个经济中资金的供给和需求，以及预期通货膨胀的水平。总体经济环境变化的影响，反映在无风险报酬上。如果整个社会经济中的资金需求和供给发生变动，或者通货膨胀水平发生变化，投资者也会相应改变其所要求的收益率。具体来说，假如货币需求增加，而供给没有相应增加，投资人便会提高其投资收益率，企业的资本成本就会上升；反之，则会降低其要求的投资收益率，使资本成本下降。如果预期通货膨胀水平上升，货币购买力下降，投资者也会提出更高的收益率要求来补偿预期的投资损失，导致企业资本成本上升。

（2）证券市场条件

证券市场条件影响证券投资的风险。证券市场条件包括证券市场流动难易程度和价格波动程度。如果某种证券的市场流动性不好，投资者想买进或卖出证券相对困难，变现风险加大，要求的收益率就会提高；或者虽然存在对某证券的需求，但其价格波动较大，投资的风险大，要求的收益率也会提高。

（3）企业内部的经营和筹资状况

企业内部的经营和筹资状况，指经营风险和财务风险的大小。经营风险是企业投资决策的结果，表现在资产收益率的变动上；财务风险是企业筹资决策的结果，表现在普通股收益率的变动上。如果企业的经营风险和财务风险大，投资者便会有较高的收益率要求，对于企业来说，资本成本就会更高。

（4）筹资规模

筹资规模是影响企业资本成本的另一个因素。企业的筹资规模越大，资本成本越高。比如，企业发行的证券金额很大，资金筹集费和资金占用费都会上升，而且证券发行规模的增大还会降低其发行价格，由此也会增加企业的资本成本。

2.3.2 资本成本计算及运用

1）个别资本成本计算及运用

个别资本成本是指某种单一来源资本的成本。例如银行借款成本、债券成本、优先股成本、普通股成本和留存收益成本等。前两种为债务资本成本，后三种为权益资本成本。

（1）银行借款成本

银行借款的用资费用主要是指使用资金所支付的利息，筹资费用主要是指取得银行借款时所支付的手续费。借款利息计入税前成本费用，可以起到抵税的作用。因此，一次还本、分期付息借款的成本为：

$$K_l = \frac{I_l(1-T)}{L(1-F_l)} \tag{2-3}$$

式中：K_l——银行借款成本；I_l——银行借款利息；T——所得税税率；L——银行借款额（借款本金）；F_l——银行借款筹资费用率。

上述公式也可以改为以下形式：

$$K_l = \frac{R_l(1-T)}{1-F_l} \tag{2-4}$$

式中：R_1——银行借款的利率。

业务链接2-5

金山公司长期借款资本成本

金山公司取得5年期长期借款200万元，年利率为7%，每年付息一次，到期一次还本，筹资费用率为0.5%，公司所得税税率为25%。该项长期借款的资本成本为：

$$K_1 = \frac{200 \times 7\% \times (1-25\%)}{200 \times (1-0.5\%)} = 5.28\%$$

同步思考2-4

如果银行借款的筹资费很低，长期借款的资本成本可以如何简化？

理解要点：当银行借款的筹资费（主要是借款的手续费）很低时，筹资费用可以忽略不计，那么银行借款的成本可以简化为：$K_1 = R_1 \times (1-T)$。

（2）债券成本

债券成本主要指债券利息和筹资费用。债券利息的处理与长期借款利息的处理相同，应以税后的债务成本为计算依据。债券的筹资费用主要包括申请发行债券的手续费、债券注册费、印刷费、推销费以及上市费等，一般比较高，不可在计算资金成本时省略。按照一次还本、分期付息的方式，债券资本成本的计算公式为：

$$K_b = \frac{I_b(1-T)}{B(1-F_b)} \tag{2-5}$$

式中：K_b——债券资金成本；I_b——债券年利息；T——所得税税率；B——债券筹资额；F_b——债券筹资费用率。

或：

$$K_b = \frac{R_b(1-T)}{1-F_B} \tag{2-6}$$

式中：R_b——债券利率。

业务链接2-6

中雨公司债券资本成本

中雨公司发行总面额5 000万元的10年期债券，票面利率为10%，发行费用率为5%，公司所得税税率为25%。该债券的成本为：

$$K_b = \frac{5\,000 \times 10\% \times (1-25\%)}{5\,000 \times (1-5\%)} = 7.89\%$$

若债券溢价或折价发行，为更精确地计算资本成本，应以实际发行价格作为债券筹资额。

业务链接2-7

中雨公司债券资本成本

假定中雨公司发行面额为5 000万元的10年期债券，票面利率为10%，发行费用率为5%，发行价格为6 000万元，公司所得税税率为25%。该债券的成本为：

$$K_b = \frac{5\,000 \times 10\% \times (1 - 25\%)}{6\,000 \times (1 - 5\%)} = 6.58\%$$

业务链接2-8

中雨公司债券资本成本

假定中雨公司发行面额为5 000万元的10年期债券，票面利率为10%，发行费用率为5%，发行价格为4 000万元，公司所得税税率为25%。该债券的成本为：

$$K_b = \frac{5\,000 \times 10\% \times (1 - 25\%)}{4\,000 \times (1 - 5\%)} = 9.87\%$$

同步思考2-5

如果发行债券的期限比较短，应如何计算？

理解要点：如果发行债券的期限比较短，应根据债券定价模型来计算债券成本，而不是根据上述简化公式来计算。在计算债券成本时，必须注意债券的发行方式：等价发行、溢价发行还是折价发行。

（3）优先股成本

企业发行优先股，既要支付筹资费用，又要定期支付股利，有点类似于债券，但与债券不同的是，优先股股利是从税后利润中支付的，没有抵税作用。优先股成本的计算公式为：

$$K_p = \frac{D_p}{P_p(1 - F_p)} \tag{2-7}$$

式中：K_p——优先股成本；D_p——优先股年股利；P_p——优先股发行价格；F_p——优先股筹资费用率。

业务链接2-9

顺天公司优先股成本

顺天公司发行优先股总面额2 000万元，按面值发行，筹资费用率为6%，年股利率为10%，该优先股成本为：

$$K_p = \frac{2\,000 \times 10\%}{2\,000 \times (1 - 6\%)} = 10.64\%$$

（4）普通股成本

普通股成本的计算不同于债券成本和优先股成本的计算。债券和优先股的用资费用在整个合同规定的用资期间内通常是固定不变的，各年的资本成本保持不变；而普通股的用资费用不是固定的，要根据企业经营业绩的好坏及股利政策而定。这也就使得普通股相对于其他筹资工具而言，其成本最难估算，但从理论上来说，仍可根据普通股的定价模型推导出成本计算公式。

①股利贴现模型。

A.根据零增长股利的股票定价模型可以推导出普通股成本计算公式为：

$$K_s = \frac{D_s}{P_s(1 - F_s)} \tag{2-8}$$

式中：K_s——普通股成本；D_s——普通股固定股利支付额；P_s——普通股发行价格；

F_s——普通股筹资费用率。

业务链接2-10

顺天公司普通股成本

顺天公司普通股每股发行价为20元，筹资费用率为6%，假定每年发放固定股利为每股1元，则普通股成本为：

$$K_s=\frac{1}{20(1-6\%)}=5.32\%$$

B.根据固定增长股利的股票定价模型可以推导出普通股成本计算公式为：

$$K_s=\frac{D_1}{P_s(1-F_s)}+g \qquad (2-9)$$

式中：K_s——普通股成本；D_1——普通股第1年股利；P_s——普通股发行价格；F_s——普通股筹资费用率；g——固定股利增长率。

业务链接2-11

顺天公司普通股成本

顺天公司普通股每股发行价为20元，筹资费用率为6%，假定第1年发放股利为每股1元，以后每年增长4%，则普通股成本为：

$$K_s=\frac{1}{20\times(1-6\%)}+4\%=9.32\%$$

②资本资产定价模型法。

按照"资本资产定价模型法"，普通股成本的计算公式则为：

$$K_s=R_s=R_F+\beta（R_m-R_F） \qquad (2-10)$$

式中：K_s——普通股成本；R_s——普通股必要报酬率；R_F——无风险报酬率；β——股票的贝塔系数；R_m——平均风险股票必要报酬率。

业务链接2-12

顺天公司普通股成本

某期间市场无风险报酬率为4%，平均风险股票必要报酬率为10%，顺天公司普通股β值为1.5，则普通股成本为：

$$K_s=4\%+1.5\times（10\%-4\%）=13\%$$

③风险溢价法。

根据某项投资"风险越大，要求报酬率越高"的原理，普通股股东对企业的投资风险大于债券投资者，因而会在债券投资者要求的收益率上再要求一定的风险溢价。依照这一理论，普通股成本计算公式为：

$$K_s=K_b+RP_c \qquad (2-11)$$

式中：K_b——债务成本；RP_c——股东比债权人承担更大风险所要求的风险溢价。

债务成本（长期借款成本、债券成本等）比较容易计算，难点在于确定RP_c（风险溢价）。风险溢价可以凭借经验估计。一般认为，某企业普通股风险溢价对其自己发行的债券来讲，大约在3%~5%之间，当市场利率达到历史性高点时，风险溢价通常较低，在3%

左右；当市场利率处于历史性低点时，风险溢价通常较高，在5%左右；而通常情况下，常常采用4%的平均风险溢价。这样，普通股成本则为：

$$K_s = K_b + 4\%$$

（5）留存收益成本

留存收益是企业税后利润中被留在企业内部用于未来发展而没有作为股利发放给投资人的那部分收益。留存收益作为所有者权益的一部分，与采用普通股方式筹集来的资金相比，没有资金筹集费用，其他都一样。因此，留存收益成本相当于没有筹资费用的普通股成本，同样可以根据上述模型进行计算。

同步思考2-6

一般来说，哪种形式资本的资本成本最高？

理解要点： 普通股和留存收益都属于所有者权益，股利的支付不固定。企业破产后，股东的求偿权位于最后，与其他投资者相比，普通股股东所承担的风险最大，因此，普通股股东要求的回报最高。对于企业来说，普通股与留存收益的资本成本最高。

2）综合资本成本计算及运用

由于受多种因素的制约，企业不可能只使用某种单一的筹资方式，往往需要通过多种方式筹集所需资金。为了进行筹资决策，就要计算确定企业全部资金的总成本——综合资本成本。综合资本成本一般用加权平均资本成本来表示。**加权平均资本成本**是以各种来源资金占全部资金的比重为权数，对个别资本成本进行加权平均确定的。其计算公式为：

$$K_w = \sum_{j=1}^{n} K_j W_j \tag{2-12}$$

式中：K_w——加权平均资本成本；K_j——第j种个别资本成本；W_j——第j种个别资金占全部资金的比重（权数）。

业务链接2-13

三阳公司加权平均资本成本

三阳公司账面反映的长期资金共500万元，其中长期借款100万元，长期债券50万元，普通股250万元，保留盈余100万元；其成本分别为6.7%、9.17%、11.26%、11%。该公司的加权平均资本成本为：

$$6.7\% \times \frac{100}{500} + 9.17\% \times \frac{50}{500} + 11.26\% \times \frac{250}{500} + 11\% \times \frac{100}{500} = 10.09\%$$

上述计算中的个别资金占全部资金的比重，是按账面价值确定的，其资料容易取得。但当资金的账面价值与市场价值差别较大时，如股票、债券的市场价格发生较大变动时，计算结果会与实际有较大的出入，从而贻误筹资决策。为了克服这一缺陷，个别资金占全部资金比重的确定还可以按市场价值或目标价值确定，分别称为市场价值权数、目标价值权数。

市场价值权数指债券、股票以市场价格确定权数。这样计算的加权平均资本成本能反映企业目前的实际情况。同时，为弥补证券市场价格变动频繁带来的不便，也可选用平均价格。

目标价值权数是指债券、股票以未来预计的目标市场价值确定权数。这种权数能体现期望的资本结构，而不是像账面价值权数和市场价值权数那样只反映过去和现在的资本结构，所以按目标价值权数计算的加权平均资本成本更适用于企业筹措新资金。然而，企业很难客观合理地确定证券的目标价值，又使这种计算方法不易推广。

3）边际资本成本计算及运用

（1）边际资本成本的概念

企业无法以某一固定的资本成本来筹措无限的资金，当其筹集的资金超过一定限度时，原来的资本成本就会增加。在企业追加筹资时，需要知道筹资额在什么数额上会引起资本成本发生怎样的变化，这就要用到边际资本成本的概念。**边际资本成本**是指资金每增加一个单位而增加的成本。边际资本成本也是按加权平均法计算的，是追加筹资时所使用的加权平均成本。

（2）边际资本成本的计算和应用

业务链接2-14

中新公司边际资本成本

中新公司拥有长期资金400万元，其中长期借款60万元，资本成本3%；长期债券100万元，资本成本10%；普通股240万元，资本成本13%。平均资本成本为10.75%。由于扩大经营规模的需要，拟筹集新资金。经分析，认为筹集新资金后仍应保持目前的资本结构，即长期借款占15%，长期债券占25%，普通股占60%，并测算出了随筹资的增加各种资本成本的变化，见表2-5。

表2-5　　　　　　　　　　　　　中新公司资本成本表

资金种类	目标资本结构	新筹资额	资本成本
长期借款	15%	45 000元以内	3%
		45 000~90 000元	5%
		90 000元以上	7%
长期债券	25%	200 000元以内	10%
		200 000~400 000元	11%
		400 000元以上	12%
普通股	60%	300 000元以内	13%
		300 000~600 000元	14%
		600 000元以上	15%

（1）计算筹资突破点

筹资突破点的计算公式为：

$$筹资突破点 = \frac{可用某一特定成本筹集到的某种资金额}{该种资金在资本结构中所占的比重}$$

按此公式，资料中各种情况下的筹资突破点的计算结果见表 2-6。

表 2-6　　　　　　　　　　　　　　　**筹资突破点计算表**

资金种类	资本结构	资本成本	新筹资额	筹资突破点
长期借款	15%	3%	45 000元以内	300 000元
		5%	45 000~90 000元	600 000元
		7%	90 000元以上	
长期债券	25%	10%	200 000元以内	800 000元
		11%	200 000~400 000元	1 600 000元
		12%	400 000元以上	
普通股	60%	13%	300 000元以内	500 000元
		14%	300 000~600 000元	1 000 000元
		15%	600 000元以上	

（2）计算边际资本成本

根据上一步计算出的筹资突破点，可以得到 7 组筹资总范围：①30 万元以内；②30 万~50 万元；③50 万~60 万元；④60 万~80 万元；⑤80 万~100 万元；⑥100 万~160 万元；⑦160 万元以上。对以上 7 组筹资范围分别计算加权平均资本成本，即可得到各种筹资范围的加权平均资本成本，计算结果见表 2-7。

表 2-7　　　　　　　　　　　　　　**加权平均资本成本计算表**

筹资总额范围	资金种类	资本结构	资本成本	加权平均资本成本
300 000元以内	长期借款	15%	3%	3%×15%=0.45%
	长期债券	25%	10%	10%×25%=2.5%
	普通股	60%	13%	13%×60%=7.8%
	合计			10.75%
300 000~500 000元	长期借款	15%	5%	5%×15%=0.75%
	长期债券	25%	10%	10%×25%=2.5%
	普通股	60%	13%	13%×60%=7.8%
	合计			11.05%
500 000~600 000元	长期借款	15%	5%	5%×15%=0.75%
	长期债券	25%	10%	10%×25%=2.5%
	普通股	60%	14%	14%×60%=8.4%
	合计			11.65%

续表

筹资总额范围	资金种类	资本结构	资本成本	加权平均资本成本
600 000~800 000元	长期借款	15%	7%	7%×15%=1.05%
	长期债券	25%	10%	10%×25%=2.5%
	普通股	60%	14%	14%×60%=8.4%
	合计			11.95%
800 000~1 000 000元	长期借款	15%	7%	7%×15%=1.05%
	长期债券	25%	11%	11%×25%=2.75%
	普通股	60%	14%	14%×60%=8.4%
	合计			12.2%
1 000 000~1 600 000元	长期借款	15%	7%	7%×15%=1.05%
	长期债券	25%	11%	11%×25%=2.75%
	普通股	60%	15%	15%×60%=9%
	合计			12.8%
1 600 000元以上	长期借款	15%	7%	7%×15%=1.05%
	长期债券	25%	12%	12%×25%=3%
	普通股	60%	15%	15%×60%=9%
	合计			13.05%

以上计算结果也可用图形表达，可以更形象地看出筹资总额增加时边际资本成本的变化，如图2-1所示，中新公司可依此作出追加筹资的规划。图中同时显示了中新公司目前的投资机会：A至F共6个项目。中新公司筹集资本首先用于内含报酬率最大的A项目，然后才有可能再选择B项目，依次类推。资本成本与投资机会的折线高于90万元的筹资总额，是适宜的筹资预算。此时可选择A、B和C三个项目，它们的内含报酬率高于相应的边际资本成本。D项目的内含报酬率虽然高于目前的资本成本，但低于为其筹资所需边际资本成本，故其是不可取的。

2.3.3 杠杆原理

1）经营风险和经营杠杆

（1）经营风险

经营风险是指企业因经营上的原因而导致利润变动的风险。影响企业经营风险的因素很多，主要有：

①产品需求。市场对企业的需求越稳定，经营风险就越小；反之经营风险则越大。

②产品售价。产品售价变动不大，经营风险则小；否则经营风险便大。

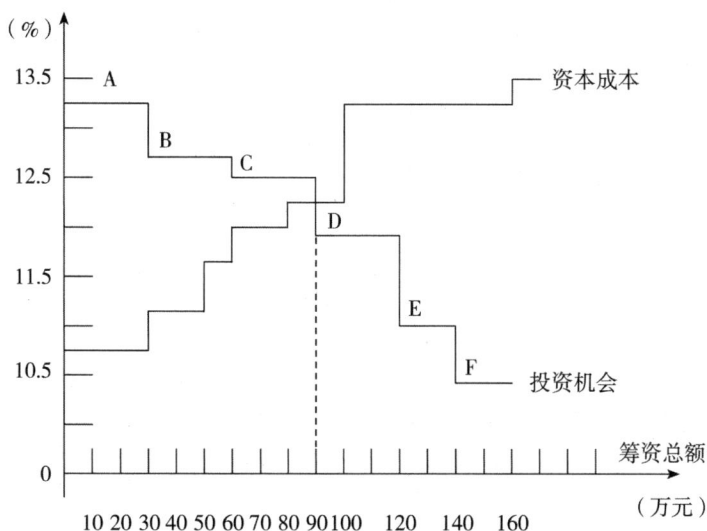

图 2-1　边际资本成本变化图

③产品成本。产品成本是对收入的抵减，成本不稳定，会导致利润不稳定，因此产品成本变动大的，经营风险就大；反之经营风险就小。

④调整价格的能力。当产品成本变动时，若企业具有较强的调整价格的能力，经营风险就小；反之经营风险则大。

⑤固定成本的比重。在企业全部成本中，固定成本所占比重较大时，单位产品分摊的固定成本额就多，若产品量发生变动，单位产品分摊的固定成本会随之变动，最后导致利润更大幅度的变动，经营风险就大；反之经营风险就小。

（2）经营杠杆

在上述影响企业经营风险的诸多因素中，固定成本比重的影响很重要。**经营杠杆**是指在某一固定成本比重的作用下，销售量变动对息税前利润产生的作用。由于经营杠杆对经营风险的影响最为综合，因此常常被用来衡量经营风险的大小。

经营杠杆的大小一般用经营杠杆系数衡量，它是企业息税前利润变动率与销售额变动率之间的比率。计算公式为：

$$DOL = \frac{\frac{\Delta EBIT}{EBIT}}{\frac{\Delta Q}{Q}} \tag{2-13}$$

式中：DOL——经营杠杆系数；EBIT——基期息税前利润；$\Delta EBIT$——息税前利润变动额；ΔQ——销售量变动额；Q——基期销售量。

假定企业的成本-销售量-利润保持线性关系，可变成本在销售收入中所占的比重不变，固定成本也保持稳定，经营杠杆系数便可通过销售额和成本来表示。又可以推导出以下两种公式：

公式 1：

$$DOL_q = \frac{Q(P-V)}{Q(P-V) - F} \tag{2-14}$$

式中：DOL_Q——销售量为 Q 时的经营杠杆系数；P——产品单位销售价格；V——产

品单位变动成本；F——总固定成本。

公式2：

$$DOL_s = \frac{S - VC}{S - VC - F} \tag{2-15}$$

式中：DOL_s——销售额为S时的经营杠杆系数；S——销售额；VC——变动成本总额；F——固定成本总额。

在实际工作中，公式1可用于计算单一产品的经营杠杆系数；公式2除了用于单一产品外，还可用于计算多种产品的经营杠杆系数。

业务链接2-15

顺昌公司经营杠杆系数

顺昌公司生产A产品，固定成本为100万元，变动成本率为50%，当企业的销售额分别为600万元、400万元、200万元时，经营杠杆系数分别为：

$$DOL_{(1)} = \frac{600 - 600 \times 50\%}{600 - 600 \times 50\% - 100} = 1.5$$

$$DOL_{(2)} = \frac{400 - 400 \times 50\%}{400 - 400 \times 50\% - 100} = 2$$

$$DOL_{(3)} = \frac{200 - 200 \times 50\%}{200 - 200 \times 50\% - 100} \to \infty$$

从以上计算结果可以得出以下分析结论：

第一，在固定成本不变的情况下，经营杠杆系数说明了销售额增长（减少）所引起息税前利润增长（减少）的幅度。例如，$DOL_{(1)}$说明在销售额为600万元时，销售额的增长（减少）会引起息税前利润1.5倍的增长（减少）；$DOL_{(2)}$说明在销售额为400万元时，销售额的增长（减少）将引起息税前利润2倍的增长（减少）。

第二，在固定成本不变情况下，销售额越大，经营杠杆系数越小，经营风险也就越小；反之，销售额越小，经营杠杆系数越大，经营风险也就越大。例如，当销售额为600万元时，$DOL_{(1)}$为1.5倍；当销售额为400万元时，$DOL_{(2)}$为2倍。显然后者息税前利润的不稳定性大于前者，所以后者的经营风险大于前者。

第三，在销售额处于盈亏临界点前的阶段，经营杠杆系数随销售额的增加而递增；在销售额处于盈亏临界点后的阶段，经营杠杆系数随销售额的增加而递减；当销售额达到盈亏临界点时，经营杠杆系数趋近于无穷大。如$DOL_{(3)}$的情况，此时企业经营只能保本，若销售稍有增加便可出现盈利，若销售稍有减少便会发生亏损。

企业一般可以通过增加销售额、降低产品单位变动成本、降低固定成本比重等措施使经营杠杆系数下降，降低经营风险，但这往往要受到其他条件的制约。

2）财务风险和财务杠杆

（1）财务风险

财务风险是指企业在经营活动中与筹资有关的风险，尤其指负债经营可能导致企业因资不抵债而破产的风险。由于债务利息是固定不变的，当债务资本比率较高时，投资者将负担较多的债务成本，加大财务风险；反之，当债务资本比率较低时，财务风险就小，但是没有充分利用债务利息的税收抵减作用，也是不经济的。因此，企业把握财务风险需要合理安排债务资本比率。

（2）财务杠杆

财务杠杆是指由于固定性利息费用的存在，企业运用债务资本使得普通股每股收益的变动幅度大于息税前利润变动幅度。不管企业盈利多少，债务利息是固定不变的，因此，企业利用财务杠杆会对普通股每股收益产生影响。与经营杠杆作用的表示方式类似，财务杠杆作用的大小通常用财务杠杆系数衡量。财务杠杆系数越大，表明财务杠杆作用越大，财务风险也就越大；财务杠杆系数越小，表明财务杠杆作用越小，财务风险也就越小。财务杠杆系数的计算公式为：

$$DFL=\frac{\frac{\Delta EPS}{EPS}}{\frac{\Delta EBIT}{EBIT}} \tag{2-16}$$

式中：DFL——财务杠杆系数；ΔEPS——普通股每股收益变动额；EPS——基期普通股每股收益；$\Delta EBIT$——息税前利润变动额；EBIT——基期息税前利润。

上述公式还可以推导为：

$$DFL=\frac{EBIT}{EBIT-I} \tag{2-17}$$

式中：I——债务利息。

同步案例2-4

财务风险衡量

背景与情境： 甲、乙、丙为三家经营业务相同的公司，它们的有关情况见表2-8。

表2-8　　　　　　　　　　　　甲、乙、丙公司基本情况　　　　　　　　　　单位：元

公司　　项目	甲	乙	丙
普通股股本	2 000 000	15 000 000	1 000 000
发行股数	20 000	15 000	10 000
债务（利率8%）	0	5 000 000	1 000 000
资本总额	2 000 000	2 000 000	2 000 000
息税前利润	2 000 000	2 000 000	2 000 000
债务利息	0	40 000	80 000
税前盈余	2 000 000	160 000	120 000
所得税（税率25%）	50 000	40 000	30 000
税后盈余	150 000	120 000	90 000
财务杠杆系数	1	1.25	1.67
每股普通股收益	7.5	8	9
息税前利润增加额	2 000 000	2 000 000	2 000 000
债务利息	0	40 000	80 000
税前盈余	4 000 000	360 000	320 000
所得税（税率25%）	1 000 000	90 000	80 000
税后盈余	3 000 000	270 000	240 000
每股普通股收益	15	18	24

问题：哪一家公司财务风险大？

分析提示：通过对三家公司的比较，可以得出以下结论：

第一，财务杠杆系数表明的是息税前利润增长（减少）所引起的每股收益的增长（减少）幅度。甲公司的息税前利润增长（减少）1倍时，其每股收益也增长（减少）1倍（15÷7.5-1）；乙公司的息税前利润增长（减少）1倍时，其每股收益增长（减少）1.25倍（18÷8-1）；丙公司的息税前利润增长（减少）1倍时，其每股收益增长（减少）1.67倍（24÷9-1）。

第二，在资本总额、息税前利润相同的情况下，负债比率越高，财务杠杆系数越高，财务风险越大，但预期每股收益（投资者收益）也越高。例如，乙公司比起甲公司来，负债比率高（乙公司资本负债率为500 000÷2 000 000×100%=25%，甲公司资本负债率为0），财务杠杆系数高（乙公司为1.25，甲公司为1），财务风险大，但每股收益也高（乙公司为8元，甲公司为7.5元）；丙公司比起乙公司来，负债比率高（丙公司资本负债率为1 000 000÷2 000 000×100%=50%），财务杠杆系数高（丙公司为1.67），财务风险大，但每股收益也高（丙公司为9元）。

负债比率是可以控制的。企业可以通过合理安排资本结构，适度举债，使财务杠杆利益抵消风险增大所带来的不利影响。

3）总风险和复合杠杆

（1）总风险

总风险是企业经营风险和财务风险共同作用的结果。在企业生产经营过程中，一般同时存在固定成本和固定性财务费用，所以企业也就同时存在经营风险和财务风险。经营杠杆会放大销售量变动对息税前利润变动的影响，而财务杠杆会进一步放大息税前利润变动对每股收益变动的影响，两者共同作用放大了销售量变动对每股收益变动的影响，也就是总风险。因此，对于经营风险较小的企业，可使用较大的财务杠杆，获得财务杠杆收益；对于经营风险已经较大的企业，则不适宜采取较大的财务杠杆，以避免企业面临较高的总风险。

（2）复合杠杆

从以上介绍可知，经营杠杆通过扩大销售影响息税前利润，而财务杠杆通过扩大息税前利润影响每股收益，如果两种杠杆共同起作用，那么销售额稍有变动就会使每股收益产生更大的变动。通常把这两种杠杆的连锁作用称为复合杠杆作用。

复合杠杆作用的程度，可用复合杠杆系数（DTL）衡量，它是经营杠杆系数和财务杠杆系数的乘积。其计算公式为：

$$\text{DTL} = \text{DOL} \cdot \text{DFL}$$

$$= \frac{Q(P-V)}{Q(P-V)-F-I} \tag{2-18}$$

或

$$= \frac{S-VC}{S-VC-F-I} \tag{2-19}$$

业务链接2-16

复合杠杆系数

甲公司的经营杠杆系数为2，财务杠杆系数为1.5，复合杠杆系数即为3（2×1.5）。

复合杠杆的意义，首先，在于能够估计出销售额变动对每股收益造成的影响。比如，上例中销售额每增加（减少）1倍，就会造成每股收益增加（减少）3倍。其次，它使我们看到了经营杠杆与财务杠杆之间的关系，即为了达到某一总杠杆系数，经营杠杆和财务杠杆可以有很多不同的组合。比如，经营杠杆度很高的公司可以在较低程度上使用财务杠杆，经营杠杆度较低的公司可以在较高程度上使用财务杠杆等，这有待公司在考虑了各有关具体因素之后作出选择。

2.3.4 资本结构

1）资本结构的含义

资本结构是指企业各种长期资金筹集来源的构成和比例关系。短期资金的需要量和筹资量是经常变化的，而且在整个资金总量中所占的比重不稳定，因此不列入资本结构管理范围，而作为营运资金管理。在通常情况下，企业的资本结构由长期债务资本和权益资本构成。资本结构指的就是长期债务资本与权益资本各占多大比重。长期债务资本主要包括企业债券和银行长期借款；权益资本主要包括优先股、普通股和留存收益。不同的筹资方式决定了不同的资本结构，资本结构合理与否会影响企业资本成本的高低、财务风险的大小和投资者收益的大小，所以资本结构是企业筹资决策的核心问题。

2）资本结构理论

人们对资本结构有着若干不同的认识，主要有：

（1）净收入理论

净收入理论认为：负债可以降低企业的资金成本，负债程度越高，企业价值越大。这是因为债务资本成本和权益资本成本均不受财务杠杆的影响，无论负债程度多高，企业的债务资本成本和权益资本成本都不会变化。因此，只要债务资本成本低于权益资本成本，那么负债越多，企业的加权平均资本成本就越低，企业的价值就越大。当负债比率为100%时，企业加权平均资本成本最低，企业价值将达到最大。

（2）净营运收入理论

净营运收入理论认为：不论财务杠杆如何变化，企业加权平均资本成本都是固定的，因而企业的总价值也是固定不变的。这是因为企业利用财务杠杆时，即使债务资金成本不变，但由于加大了权益的风险，也会使权益资金成本上升，于是加权平均资本成本不会因为负债比率的提高而降低，而是维持不变，企业的总价值也就固定不变。按照这种理论推论，不存在最佳资本结构，筹资决策也就无关紧要。可见，净营运收入理论和净收入理论是完全相反的两种理论。

（3）传统理论

传统理论是一种介于净收入理论和净营运收入理论之间的理论。传统理论认为：企业利用财务杠杆尽管会导致权益资本成本的上升，但在一定程度内却不会完全抵消利用成本率低的债务资金所获得的好处，因此会使加权平均资本成本下降，企业总价值上升。但是，超过一定程度地利用财务杠杆，权益资本成本的上升就不再能为债务资金的低成本所抵消，加权平均资本成本便会上升。以后，债务资本成本也会上升，它和权益资本成本的上升共同作用，使加权平均资本成本上升加快。加权平均资本成本从下降变为上升的转折点，是加权平均资本成本的最低点，这时的负债比率就是企业的最佳资本结构。

（4）权衡理论（MM理论）

MM理论是两位美国学者莫迪格利尼和米勒提出的学说。最初的MM理论认为：由于所得税法允许债务利息费用在税前扣除，在某些严格的假设下，负债越多，企业的价值越大。但是在现实生活中，有的假设是不能成立的，因此早期MM理论推导出的结论并不完全符合现实情况，只能作为这一理论研究的起点。后来，MM理论有所发展，提出了税负利益-破产成本的权衡理论，如图2-2所示。

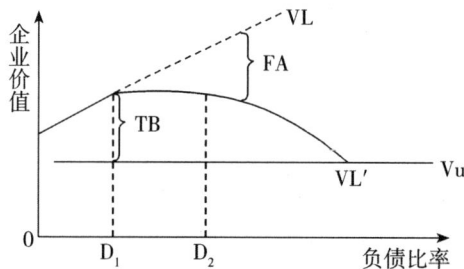

图2-2　税负利益-破产成本的权衡理论

图中：VL——只有负债税额庇护而没有破产成本的企业价值（破产成本指的是与破产有关的成本）；Vu——无负债时的企业价值；VL′——同时存在负债税额庇护和破产成本的企业价值；TB——负债税额庇护利益的现值；FA——破产成本；D_1——破产成本变得重要时的负债水平；D_2——最佳资本结构。

图2-2说明：负债可以为企业带来税额庇护利益；最初的MM理论假设在现实中不存在，事实是各种负债成本随负债比率的增大而上升，当负债比率达到某一程度时，息税前利润会下降，同时企业负担破产成本的概率会增加；当负债比率未超过D_1点时，破产成本不明显；当负债比率达到D_1点时，破产成本开始变得重要，负债税额庇护利益开始被破产成本所抵消；当负债比率达到D_2点时，边际负债税额庇护利益恰好与边际破产成本相等，企业价值最大，达到最佳资本结构；负债比率达到D_2点后，破产成本大于负债税额庇护利益，导致企业价值下降。

资本结构理论为企业融资决策提供了有价值的参考，可以指导决策行为。但是由于融资活动本身和外部环境的复杂性，目前仍难以正确地显示出存在于财务杠杆、每股收益、资金成本及企业价值之间的关系，所以在一定程度上融资决策还要依靠有关人员的经验和主观判断。

3）资本结构管理

（1）最优资本结构含义

从上述资本结构理论分析可知，债务资本具有双重作用。适当利用负债，可以降低企业的综合资本成本，但当负债比率过高时，也会带来较大的财务风险。因此，企业必须权衡资本成本和财务风险的关系，确定最优资本结构。

最优资本结构是指企业在一定时期财务风险适当的情况下，使企业预期综合资本成本最低，而又使企业价值最大的资本结构。

（2）最优资本结构确定方法

毫无疑问，最优资本结构是任何一个理性理财者所追求的目标，因此又称为目标资本结构。企业应综合考虑有关影响因素，运用适当的方法确定最优资本结构，并在以后追加筹资时继续保持。确定最优资本结构的方法通常有比较资本成本法、每股收益无差别点分析法和企业价值分析法。

①比较资本成本法。

比较资本成本法即为通过比较加权平均资本成本的高低来确定资本结构的方法。其决策步骤如下：

第一步，计算各备选方案的个别资本成本和加权平均资本成本；

第二步，比较各备选方案的加权平均资本成本，选择最优资本结构。

比较资本成本法的优点：计算简便，通俗易懂。缺点：仅限于几种备选方案的比较，可能遗漏最优方案。

同步案例2-5

三洋公司最佳资本结构

背景与情境： 三洋公司计划年初资本结构见表2-9，其他有关资料如下：

表2-9　　　　　　　　　**三洋公司计划年初资本结构表金额**

资金来源	金额（万元）	比重（%）
长期债券（年利率10%）	100	12.5
优先股（年股利率8%）	200	25
普通股（50 000股）	500	62.5
合　计	800	100

普通股市价每股100元，今年期望股息为12元，预计以后每年股息增加3%，该公司所得税税率为25%，假定发行各种证券均无筹资费用。该公司拟增加资金200万元，有两个方案供选择。甲方案：发行债券200万元，年利率为12%；普通股股利增加到15元，以后每年还可增加3%，由于企业风险增加，普通股市价将跌到96元。乙方案：发行债券100万元，年利率为11%；另发行普通股100万元，普通股市价、股利与年初相同。

问题： 试运用比较资本成本法确定该公司最佳资本结构。

分析提示： 第一步，计算甲、乙两个备选方案的个别资本成本和加权平均资本成本，计算结果见表2-10、表2-11。

表2-10　　　　　　　　**甲方案加权平均资本成本计算表金额**　　　　　　金额单位：万元

资金来源	金　额	比　重	资本成本
长期债券（年利率10%）	100	10.20%	10%×（1-25%）=7.5%
长期债券（年利率12%）	200	20.41%	12%×（1-25%）=9%
优先股（年股利率8%）	200	20.41%	8%
普通股（50 000股）	480	48.98%	15÷96+3%=18.625%
合　计	980	100%	7.5%×10.20%+9%×20.41%+8%×20.41%+18.625%×48.98%=13.36%

表 2-11   **乙方案加权平均资本成本计算表**   金额单位：万元

资金来源	金 额	比 重	资本成本
长期债券（年利率10%）	100	10%	10%×（1−25%）=7.5%
长期债券（年利率11%）	100	10%	11%×（1−25%）=8.25%
优先股（年股利率8%）	200	20%	8%
普通股（60 000股）	600	60%	12÷100+3%=15%
合 计	1 000	100%	7.5%×10%+8.25%×10%+8%×20%+15%×60%=12.18%

第二步，比较各备选方案的加权平均资本成本，选择最优资本结构。

通过比较可以看出采用乙方案筹资对三洋公司较为有利。

②每股收益无差别点分析法。

每股收益分析是利用每股收益的无差别点进行的。每股收益无差别点是指每股收益不受融资方式影响的销售水平。根据每股收益无差别点，可以分析判断在什么样的销售水平下适于采用何种资本结构。

每股收益 EPS 的计算公式为：

$$EPS=\frac{(S-VC-F-I)(1-T)}{N}=\frac{(EBIT-I)(1-T)}{N} \tag{2-20}$$

式中：S——销售额；VC——变动成本；F——固定成本；I——债务利息；T——所得税税率；N——流通在外普通股股数；EBIT——息税前利润。

在每股收益无差别点上，无论是采用负债融资，还是采用权益融资，每股收益都是相等的。若以 EPS_1 代表负债融资，以 EPS_2 代表权益融资，有：

$$EPS_1=EPS_2$$

$$\frac{(S_1-VC_1-F_1-I_1)(1-T)}{N_1}=\frac{(S_2-VC_2-F_2-I_2)(1-T)}{N_2}$$

在每股收益无差别点上，$S_1=S_2$，则：

$$\frac{(S-VC_1-F_1-I_1)(1-T)}{N_1}=\frac{(S-VC_2-F_2-I_2)(1-T)}{N_2}$$

能使得上述条件公式成立的销售额（S）为每股收益无差别点销售额。

同步案例 2-6

顺福公司筹资方案选择

背景与情境： 顺福公司原有资本 700 万元，其中债务资本 200 万元（每年负担利息 24 万元），普通股资本 500 万元（发行普通股 10 万股，每股面值 50 元）。由于扩大业务，需追加筹资 300 万元，其中筹资方式有两种：

一是全部发行普通股，增发 6 万股，每股面值 50 元；

二是全部筹借长期债务，债务利率仍为 12%，利息 36 万元。

公司的变动成本率为 60%，固定成本为 180 万元，所得税税率为 25%。

问题： 运用每股收益无差别点分析法确定筹资方案。

分析提示：将上述资料中的有关数据代入条件公式：

$$\frac{(S-0.6S-180-24)\times(1-25\%)}{10+6}=\frac{(S-0.6S-180-24-36)\times(1-25\%)}{10}$$

S=750（万元）

此时的每股收益为：

$$\frac{(750-750\times0.6-180-24)\times(1-25\%)}{16}=4.5（元）$$

上述每股收益无差别点分析，如图 2-3 所示。

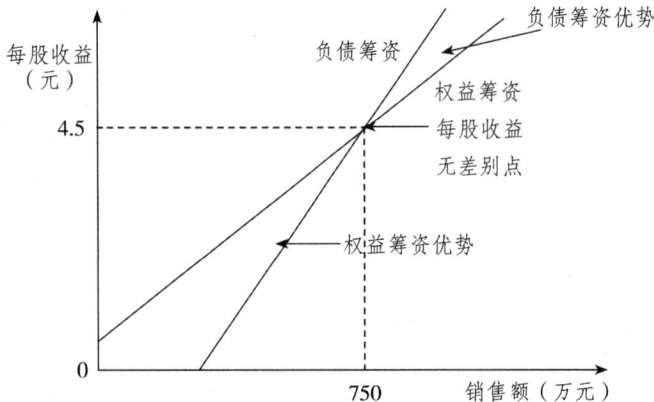

图 2-3　每股收益无差别点分析示意图

从图 2-3 中可以看出，当销售额高于 750 万元（每股收益无差别点的销售额）时，运用负债筹资可获得较高的每股收益；当销售额低于 750 万元时，运用权益筹资可获得较高的每股收益。

③企业价值分析法。

比较资本成本法和每股收益无差别点分析法都是从账面价值的角度进行资本结构优化分析，没有考虑市场反应，也没有考虑风险因素。企业价值分析法，是在考虑市场风险的基础上，以企业市场价值为标准，进行资本结构优化，能够提升企业价值的资本结构，就是合理的资本结构。这种方法主要适用于资本规模较大的上市公司。企业价值分析法的应用步骤如下：

第一步，确定企业市场价值模型。

假设 V 表示公司价值，S 表示权益资本价值，B 表示债务资本价值。公司价值应该等于资本的市场价值，即：

$$V=S+B \qquad\qquad (2\text{-}21)$$

第二步，测算债务资本价值和权益资本价值。

为简化分析，假设公司各期的 EBIT 保持不变，债务资本的市场价值等于其面值。

权益资本的市场价值可通过下式计算：

$$S=\frac{(EBIT-I)\times(1-T)}{K_s} \qquad\qquad (2\text{-}22)$$

且：$K_s=R_s=R_F+\beta(R_M-R_F)$

第三步，测算不同资本结构下的加权平均资本成本，其计算公式为：

$$K_w=K_b\frac{B}{V}+K_s\frac{S}{V} \qquad\qquad (2\text{-}23)$$

第四步，作出决策。企业价值最高，且加权平均资本成本最低的资本结构为最合理的资本结构。

同步案例2-7

阜新公司最优资本结构

背景与情境： 阜新公司年息税前利润为500万元，资金全部由普通股资本组成，股票账面价值2 000万元，所得税税率25%。该公司认为目前的资本结构不够合理，准备发行债券购回部分股票予以调整，经咨询调查，目前的债务利率和权益资本的成本情况见表2-12。

表2-12　　　**不同债务水平对公司债务资本成本和权益资本成本的影响**

债券的市场价值B（百万元）	税前债务资本成本 K_b	股票β值	无风险报酬率 R_F	平均风险股票必要报酬率 R_m	权益资本成本 K_s
0	—	1.20	10%	14%	14.8%
2	10%	1.25	10%	14%	15%
4	10%	1.30	10%	14%	15.2%
6	12%	1.40	10%	14%	15.6%
8	14%	1.55	10%	14%	16.2%
10	16%	2.10	10%	14%	18.4%

问题： 运用企业价值分析法确定阜新公司最优资本结构。

分析提示： 根据表2-12的资料，运用公式即可计算出筹借不同金额的债务时公司的价值和资本成本（见表2-13）。从表2-13中可以看出，在没有债务的情况下，公司的总价值就是其原有股票的市场价值。当公司用债务资本部分地替换权益资本时，一开始公司总价值上升，加权平均资本成本下降；在债务达到600万元时，公司总价值最高，加权平均资本成本较低；债务超过600万元后，公司总价值下降，加权平均资本成本上升。因此，债务为600万元时的资本结构是该公司的最优资本结构。

表2-13　　　　　　　　　　　**公司市场价值和资本结构**

债券的市场价值B（百万元）	股票的市场价值S（百万元）	公司的市场价值V（百万元）	税前债务资本成本 K_b	权益资本成本 K_s	加权平均资本成本 K_w
0	20.27	20.27	—	14.8%	14.8%
2	19.20	21.20	10%	15%	14.53%
4	18.16	22.16	10%	15.2%	14.26%
6	16.46	22.46	12%	15.6%	14.64%
8	14.37	22.37	14%	16.2%	15.41%
10	11.09	21.09	16%	18.4%	17.26%

教学互动 2-3

互动问题：什么是优序融资理论？

要求：（1）学生独立思考，课堂讨论，自由发表见解。

（2）教师组织讨论，对学生典型见解进行点评。

第3章
投资管理

学习目标

通过本章学习，应该达到以下目标：

理论目标：学习和掌握项目投资和证券投资的含义、特点与分类，现金流量的含义和构成内容，证券投资组合的含义等陈述性知识，并能用其指导"投资管理"的相关认知活动。

实务目标：学习和掌握项目投资的程序，现金流量测算，项目投资决策和贴现的评价方法与相应的计算，证券投资的估价与收益率的计算，证券投资组合的基本原则、方法、策略与风险收益计算，"业务链接"等程序性知识；能用所学实务知识规范"投资管理"的相关技能活动。

案例目标：运用"投资管理"的理论与实务知识研究相关案例，培养和提高在特定业务情境中分析问题与决策设计的能力；能结合本章教学内容，依照"职业道德与会计伦理"的行业规范或标准，分析会计行为的善恶，强化职业道德素质。

实训目标：参加"投资管理"业务胜任力的实践训练。在了解和掌握本实训所及"能力与道德领域"相关技能点的"规范与标准"的基础上，通过切实体验"投资管理"各实训任务的完成，系列技能操作的实施，各项目实训报告的准备、撰写、讨论与交流等有质量、有效率的活动，培养"投资管理"的专业能力，强化"自我学习"、"与人合作"和"数字应用"等职业核心能力（中级），并通过"认同级"践行"职业观念"、"职业情感"、"职业良心"和"职业守则"等行为规范，促进健全职业人格的塑造。

引例　RJR "灾难性" 投资项目

背景与情境： 当 RJR 宣布取消其名为 Premier 的无烟香烟投资项目时，《华尔街日报》称其为 "近期历史上最令人震惊的新产品灾难"。在 RJR 为期 5 个月的试销中，公司在该产品上已经花费了近 3 亿美元，公司甚至已经新建了一个工厂以便大批量生产该产品。

在 Premier1988 年首次问世时，就有很多人已经知晓其弱点：一是只能加热，而不是燃烧烟草，而大多吸烟者恰恰喜欢的就是吸烟时吞云吐雾的感觉；二是这种烟的味道不是很令人喜欢。然而，RJR 公司还是不惜对其大把地砸钱。

公司高层为什么会无视这些弱点而在该产品上浪费了近 3 亿美元呢？据行业观察家称，公司内部很多人都认识到了问题的严重性，但是没人愿意触怒高层。而高层管理者此时还沉浸在他们伟大的设想中，他们相信即使存在诸多问题，顾客还是会张开双臂欢迎这个新产品。有趣的是，很多高层管理者都抽烟，但没有人抽这种无烟香烟。

虽然 RJR 处于一个高利润空间的市场，而且每年有数十亿美元的现金流入，但在引进 Premier 生产线时，公司经营状况并不尽如人意。当然，无烟香烟项目并没有搞垮 RJR 公司，但其对热心于该计划的高层管理者却是沉重的一击。

不幸的是，RJR 似乎试图挽救第一次无烟香烟投资的失败，1996 年，该公司又引进了第二个无烟香烟项目，这次是 Eclipse。在 Eclipse 上，RJR 再次投入了 1.5 亿美元，但结果还是烂摊子。事实上，Eclipse 的持续时间和第一个项目相差无几，都只有几个月。

同学们试想，如果 RJR 公司的高层管理者在项目投资之前能够进行项目投资分析，也许他们就不至于会在无烟香烟项目上白白浪费了这么多资金；相反，他们也许会发现，由于所产生的现金流量不足以弥补初始投资，因而该项目最初就应该被否决。

投资一般是指经济主体为了获取经济效益而投入资金或资源用以转化为实物资产或金融资产的行为和过程，主要包括项目投资和证券投资。投资管理的核心是以投资意向与建议、可行性研究报告、投资分析评价等一系列工作为基础的投资决策管理。

3.1　项目投资管理

项目投资是指以扩大生产能力和改善生产条件为目的的资本性支出，包括新建项目和更新改造项目，主要运用动态评价指标和静态评价指标进行投资决策。

3.1.1　项目投资概述

1）项目投资的含义

项目投资 是一种以特定建设项目为对象，直接与新建项目或更新改造项目有关的长期投资行为。

2）项目投资的特点

与股票、债券等证券投资相比，项目投资主要具有以下特点：

（1）投资金额大

项目投资一般都需要较多的资金，投资额往往是企业及其投资人多年的资金积累，在企业总资产中占有相当大的比重。因此，项目投资对企业未来的现金流量和财务状况都将产生深远的影响。

（2）影响时间长

项目投资的投资期及发挥作用的时间都较长，对企业未来的生产经营活动和长期经营活动都将产生重大影响。

（3）变现能力差

项目投资一般不准备在一年或大于一年的一个营业周期内变现，而且即使在短期内变现，其变现能力也较差。

（4）投资风险大

影响项目投资未来收益的因素特别多，再加上投资额大、影响时间长和变现能力差，必然造成其投资风险比其他投资大，对企业未来的命运产生决定性影响。无数事例证明，一旦项目投资决策失败，会给企业带来先天性的、无法逆转的损失。

3）项目投资的分类

（1）新建项目

新建项目是以新建生产能力为目的的外延式扩大再生产。新建项目按其涉及内容又可细分为单纯固定资产投资项目和完整工业投资项目。

（2）更新改造项目

更新改造项目是以恢复或改善生产能力为目的的内涵式扩大再生产。

不能将项目投资简单地等同于固定资产投资。项目投资对企业的生存和发展具有重要意义，是企业开展正常生产经营活动的必要前提，是推动企业生产和发展的重要基础，是提高产品质量、降低产品成本不可缺少的条件，是增强企业市场竞争能力的重要手段。

4）项目投资计算期

项目投资计算期是指投资项目从投资建设开始到最终清理结束的全部时间，用n表示。项目投资计算期通常以年为单位，第0年称为建设起点，若建设期不足半年，可假定建设期为0；项目投资计算期最后一年即第n年，称为终结点，可假定项目最终报废或清理均发生在终结点，但更新改造除外。项目投资计算期包括建设期和生产经营期，生产经营期是指从项目投产日到终结点的时间间隔。

5）项目投资资金构成

原始总投资又称初始投资，是反映项目所需现实资金水平的价值指标。从项目投资的角度来看，原始总投资是企业为使项目完全达到设计生产能力、开展正常生产经营而投入的全部资金，包括建设投资和流动资金投资。建设投资是指在建设期内按一定生产经营规模和建设对象进行的投资，包括固定资产投资、无形资产投资和开办费。固定资产投资与固定资产原值不同，是项目用于取得固定资产而发生的投资，不包括固定资产在建设期内的资本化利息。无形资产投资是项目用于取得无形资产而发生的投资。开办费是组织项目投资的企业在筹建期间发生的不形成固定资产和无形资产价值的投资。流动资金投资又称为营运资金投资，是项目投产前后一次或分次投放于流动资产项目的投资增加额。

投资总额是反映项目投资总体规模的价值指标，是原始总投资和建设期资本化利息的和，其中，建设期资本化利息是指在建设期内发生的与购建项目所需的固定资产、无形资产等长期资产有关的借款利息。

6）项目投资资金的投入方式

项目投资资金的投入方式有两种：一次投入和分次投入。一次投入方式是指投资行为集中一次发生，比如项目计算期的第一年年初或年末。而投资行为涉及两个或两个以上时点的，则属于分次投入方式，比如投资行为涉及两个年度或在一个年度内分次注入资金。

同步案例3-1

新华公司项目计算期、原始总投资和投资总额计算

背景与情境：新华公司拟建一条生产线，预计使用寿命8年，在建设起点一次投入固定资产32万元，无形资产8万元，建设期1年，建设期资本化利息2万元。建设期期末投入流动资金10万元。

问题：试计算新华公司该项目的计算期、原始总投资、投资总额。

分析提示：项目计算期=1+8=9（年）

原始总投资=32+8+10=50（万元）

投资总额=50+2=52（万元）

7）项目投资的程序

（1）项目提出

投资项目的提出是项目投资程序的起点，是以企业的长远发展战略、中长期投资计划和投资环境的变化为基础，同时在把握良好投资机会的前提下由企业管理当局或企业高层管理人员提出或者由企业的各级管理部门和相关部门领导提出。

（2）项目评价

投资项目评价一般主要涉及以下几项工作：首先是对提出的投资项目进行适当分类，为分析评价做好准备；其次是计算有关项目的建设周期，测算有关项目投产后的收入、费用和经济效益，预测有关项目的现金流入和现金流出；再次是运用各种投资评价指标，对各项投资按可行程度进行排序；最后是写出详细的评价报告。

同步思考3-1

对项目投资而言，是否只要财务评价可行就能进行投资呢？

理解要点：项目投资评价包括技术可行性、环境可行性、社会可行性和财务可行性评价。所以，仅仅财务评价可行，项目不一定能投资。

（3）项目决策

对投资项目作出评价后，应按分权管理的决策权限由企业高层管理人员或相关部门经理作最后决策。投资金额小的战术性项目投资决策或维持性项目投资决策，一般由部门经理作出，特别重大的项目投资决策还需要报董事会或股东大会批准。

（4）项目执行

作出对某项目进行投资的决定后，要积极筹措资金，实施项目投资。在投资项目的执行过程中，要对工程进度、工程质量、施工成本和工程概算进行监督、控制和审核，防止工程建设中的舞弊行为，确保工程质量，保证按时完成。

（5）项目再评价

在投资项目的执行过程中，应注意评价原来作出的投资决策是否合理、是否正确。一旦出现新的情况，就要随时根据变化的情况作出新的评价。如果情况发生重大变化，原来的投资决策变得不合理，那么，就要进行是否终止投资或怎样终止投资的决策，以避免更大的损失。

3.1.2　项目投资现金流量

在进行项目投资决策时，首要环节就是预测投资项目的现金流量。现金流量包含的内容是否完整、预测结果是否准确，直接关系到投资项目的决策结果。

1）现金流量含义

现金流量是指投资项目在其计算期内因资金循环而引起的现金流入量和现金流出量的统称。这里的"现金"概念是广义的，包括各种货币资金及与投资项目有关的非货币资产的变现价值。

2）现金流量构成

（1）现金流入量

现金流入量是指投资项目实施后在项目计算期内所引起的企业现金收入的增加额。主要包括：

①营业收入。

营业收入是指项目投产后每年实现的全部营业收入。为简化核算，假定正常经营年度内，每期发生的赊销额与回收的应收账款大致相等。营业收入是经营期主要的现金流入量项目。

②固定资产的余值。

固定资产的余值是指投资项目的固定资产在终结报废清理时的残值收入，或中途转让时的变价收入。

③回收流动资金。

回收流动资金是指投资项目在计算期结束时，收回原来投放在各种流动资产上的营运资金。固定资产的余值和回收流动资金统称为回收额。

④其他现金流入量。

其他现金流入量是指以上三项指标以外的现金流入量项目。

（2）现金流出量

现金流出量是指投资项目实施后在项目计算期内所引起的企业现金流出的增加额。主要包括：

①建设投资（含更改投资）。

建设投资是建设期发生的主要现金流出量，主要包括无形资产投资和固定资产投资，其中固定资产投资主要是固定资产的购置成本或建造成本、运输成本和安装成本等。

②垫支的流动资金。

垫支的流动资金是指投资项目建成投产后为开展正常经营活动而投放在流动资产（存

货、应收账款等）上的营运资金。

建设投资与垫支的流动资金被合称为项目的原始总投资。

③付现成本（或经营成本）。

付现成本是指在经营期内为满足正常生产经营而需用现金支付的成本。它是生产经营期内最主要的现金流出量。

$$付现成本=变动成本+付现的固定成本=总成本-折旧额（及摊销额） \qquad (3-1)$$

④其他现金流出量。

其他现金流出量是指不包括在以上内容中的现金流出项目。

（3）现金净流量

现金净流量是指投资项目在计算期内现金流入量和现金流出量的差额，是评价项目投资决策的主要依据。现金净流量的计算公式为：

$$现金净流量（NCF）=年现金流入量-年现金流出量 \qquad (3-2)$$

由于项目计算期包括建设期和经营期，所以现金净流量可分为建设期的现金净流量和经营期的现金净流量。

①建设期现金净流量的计算。

$$现金净流量=-该年投资额$$

由于在建设期没有现金流入量，所以建设期的现金净流量总是为负值。另外，建设期现金净流量还取决于投资额的投入方式，即是一次投入还是分次投入；若投资额是在建设期一次全部投入，则上述公式中的该年投资额即为原始总投资。

②经营期营业现金净流量的计算。

经营期营业现金净流量是指投资项目投产后，在经营期内由于生产经营活动而产生的现金净流量。

$$现金净流量=净利润+折旧额+摊销额 \qquad (3-3)$$

③经营期终结现金净流量的计算。

经营期终结现金净流量是指投资项目在项目计算期结束时所发生的现金净流量。

$$现金净流量=营业现金净流量+回收额$$

同步思考 3-2

在确定现金流量时，应考虑哪些问题？

理解要点：（1）现金流量的假设：①全投资假设；②建设期投入全部资金假设；③项目投资的经营期与折旧年限一致假设；④时点指标假设。

（2）确定性假设。假设与项目现金流量估算有关的价格、产销量、成本水平、所得税税率等因素均为已知常数。

同步案例 3-2

新华公司现金净流量

背景与情境：新华公司某生产项目投资总额为 150 万元，其中固定资产投资 110 万元，建设期为 2 年，于建设起点分 2 年平均投入。无形资产投资 20 万元，于建设起点投入。流动资金投资 20 万元，于投产时垫付。该项目经营期 10 年，固定资产按直线法计提折旧，期满有10万元净残值；无形资产于投产开始分5年平均摊销；流动资金在项目终结时可一次全部收回。另外，预计项目投产后，前5年每年可获得40万元的营业收入，并发生38万元的总成本；后5年每年可获得60万元的营业收入，发生25万元的变动成本和15万元的付现固定成本。所得税税率为25%。

问题：计算该项目投资在项目计算期内各年的现金净流量。

分析提示：（1）建设期现金净流量。

$NCF_0 = -550\ 000 - 200\ 000 = -750\ 000$（元）

$NCF_1 = -550\ 000$（元）

$NCF_2 = -200\ 000$（元）

（2）经营期现金净流量。

固定资产年折旧额 $= \dfrac{1\ 100\ 000 - 100\ 000}{10} = 100\ 000$（元）

无形资产年摊销额 $= \dfrac{200\ 000}{5} = 40\ 000$（元）

$NCF_{3\sim7} = 400\ 000 - 380\ 000 - 20\ 000 \times 25\% + 100\ 000 + 40\ 000 = 155\ 000$（元）

$NCF_{8\sim11} = 600\ 000 - 250\ 000 - 150\ 000 - 100\ 000 \times 25\% = 175\ 000$（元）

（3）经营期终结现金净流量。

$NCF_{12} = 175\ 000 + 100\ 000 + 200\ 000 = 475\ 000$（元）

教学互动3-1

互动问题：折现率与贴现率是同一个概念吗？

要求：（1）学生独立思考，课堂讨论，自由发表见解。

（2）教师组织讨论，对学生的典型见解进行点评。

3.1.3　项目投资非贴现评价法

项目投资决策评价方法可分为非贴现评价法和贴现评价法两大类。非贴现评价法运用非贴现指标进行评价。**非贴现指标**也称静态指标，即没有考虑资金时间价值因素的指标，主要包括投资利润率、投资回收期等指标。

1）投资利润率法

投资利润率是指项目投资方案的年平均利润额占平均投资总额的百分比。投资利润率的决策标准是：投资项目的投资利润率越高越好，低于无风险投资利润率的方案为不可行方案。投资利润率的计算公式为：

$$投资利润率 = \frac{年平均利润额}{平均投资总额} \times 100\% \tag{3-4}$$

上述公式中的分子是平均利润，不是现金净流量，不包括折旧等；分母可以用投资总额的50%来简单计算平均投资总额，一般不考虑固定资产的残值。

2）静态投资回收期法

投资回收期是指收回全部投资总额所需要的时间。投资回收期是一个非贴现的反指标，回收期越短，方案就越有利。在评价投资方案的可行性时，进行决策的标准是：投资回收期最短的方案为最佳方案。

（1）经营期年现金净流量相等

$$投资回收期=\frac{投资总额}{年现金净流量}$$ (3-5)

业务链接 3-1

投资回收期

新华公司某投资项目投资总额为 100 万元，建设期为 2 年，投产后第 1 年至第 10 年每年现金净流量为 25 万元。则该项目的投资回收期 $=2+\frac{100}{25}=6$ （年），投资回收期应包括建设期。

（2）经营期年现金净流量不相等

需计算逐年累计的现金净流量，然后用插入法计算出投资回收期。

$$投资回收期=累计现金净流量最后一次出现负值的年数+\frac{当年累计现金净流量绝对值}{下年现金净流量}$$ (3-6)

业务链接 3-2

投资回收期

新华公司某投资项目的预计现金净流量和累计现金流量的计算见表 3-1。

表 3-1 　　　　　　　　　**乙方案累计现金流量计算表**　　　　　　　　　单位：元

年　度	0	1	2	3	4	5
现金净流量	−15 000	4 250	3 950	3 650	3 350	8 050
累计现金净流量	−15 000	−10 750	−6 800	−3 150	200	8 250

新华公司该项目的投资回收期为：

$$投资回收期=3+\frac{|-3\ 150|}{3\ 350}=3.94（年）$$

同步思考 3-3

静态指标的优缺点有哪些？

理解要点：优点是静态指标的计算简单、明了、容易掌握。缺点是没有考虑资金的时间价值，投资利润率也没有考虑折旧的回收，而静态投资回收期也没有考虑回收期之后的现金净流量对投资收益的贡献。因此，该类指标一般只适用于方案的初选，或者投资后各项目间经济效益的比较。

3.1.4　项目投资贴现评价法

贴现评价法运用贴现指标进行评价。**贴现指标**也称动态指标，即考虑资金时间价值因素的指标。其主要包括净现值、现值指数、内含报酬率等指标。

1）净现值法

这种方法使用净现值作为评价方案优劣的指标。**净现值**（记作 NPV）是指特定方案未来现金流入的现值与未来现金流出的现值之间的差额。按照这种方法，所有未来现金流入和流出都要按预定贴现率折算为它们的现值，然后再计算它们之间的差额。净现值（NPV）的计算公式是：

$$\text{NPV} = \sum_{K=0}^{n} \frac{I_K}{(1+i)^K} - \sum_{K=0}^{n} \frac{O_K}{(1+i)^K} \tag{3-7}$$

式中：n——投资涉及的年限；I_K——第 K 年的现金流入量；O_K——第 K 年的现金流出量；i——预定的贴现率。

采用净现值法的决策标准是：如果投资方案的净现值≥0，该方案为财务可行方案；如果投资方案的净现值<0，该方案为财务不可行方案；如果几个方案的投资额相同，并且净现值皆≥0，那么净现值最大的方案为最优方案。

业务链接3-3

净现值

新华公司有三种投资方案，有关数据资料见表3-2，设 i=10%。

表3-2　　　　　　　　　　　　　　　　　投资方案现金净流量　　　　　　　　　　　　　　　单位：元

期　间	A方案		B方案		C方案	
	净收益	现金净流量	净收益	现金净流量	净收益	现金净流量
0		（20 000）		（9 000）		（12 000）
1	1 800	11 800	（1 800）	1 200	600	4 600
2	3 240	13 240	3 000	6 000	600	4 600
3			3 000	6 000	600	4 600
合　计	5 040	5 040	4 200	4 200	1 800	1 800

新华公司三种投资方案的净现值计算如下：

NPV（A）=（11 800×0.9091+13 240×0.8264）−20 000

　　　　=1 668.92（元）

NPV（B）=（1 200×0.9091+6 000×0.8264+6 000×0.7513）−9 000

　　　　=1 557.12（元）

NPV（C）=4 600×2.4868−12 000

　　　　=−560.72（元）

A、B 两种方案的投资净现值为正数，说明该方案的报酬率超过预定的贴现率10%；C方案净现值为负数，说明该方案的报酬率达不到预定的贴现率10%。因而，A、B 两方案可行，C 方案则不可行。

同步思考3-4

净现值法的优缺点有哪些？

理解要点：净现值法的优点：（1）考虑了货币的时间价值，增强了投资经济性的评价；（2）考虑了项目计算期的全部净现金流量，体现了流动性与收益性的统一；（3）考虑了投资的风险性。

净现值法的缺点：（1）当各项目投资额不等时，仅用净现值无法确定投资方案的优劣；（2）净现金流量的测定和贴现率的确定比较困难，而它们的正确性对计算净现值有重要影响。

2）现值指数法

这种方法使用现值指数作为评价方案优劣的指标。**现值指数**又被称为获利指数（记作PV），是指特定方案未来现金流入的现值与未来现金流出的现值之间的比率。现值指数的计算公式：

$$PV = \sum_{K=0}^{n} \frac{I_K}{(1+i)^K} \div \sum_{K=0}^{n} \frac{O_K}{(1+i)^K} \tag{3-8}$$

采用现值指数法的决策标准是：如果投资方案的现值指数≥1，该方案为财务可行方案；如果投资方案的现值指数<1，该方案为财务不可行方案；如果几个方案的投资额相同，并且现值指数皆≥1，那么现值指数最大的方案为最优方案。

业务链接3-4

现值指数

若采用现值指数法，根据【业务链接3-3】的资料，三种方案的现值指数如下：

PV（A）=21 668.92÷20 000=1.08

PV（B）=10 557.12÷9 000=1.17

PV（C）=11 439.28÷12 000=0.95

A、B两种方案的投资现值指数大于1，说明其收益超过成本，即投资报酬率超过预定的贴现率10%；C方案的现值指数小于1，说明该方案的报酬率达不到预定的贴现率10%。如果现值指数为1，说明贴现后现金流入等于现金流出，投资报酬率与预定贴现率相同。因而，A、B两种方案可行，C方案不可行。

现值指数法的优缺点与净现值法基本相同，但有一个重要的区别是，现值指数法可以弥补净现值法在投资额不同方案之间不能比较的缺陷，使投资方案之间可直接用现值指数进行对比。

3）内含报酬率法

这种方法使用方案本身的内含报酬率作为评价方案优劣的指标。**内含报酬率**又称内部收益率（记作IRR），是指能使未来现金流入的现值等于未来现金流出的现值的贴现率，或者说是使投资方案净现值为0的贴现率。内含报酬率的计算公式：

$$\sum_{K=0}^{n} \frac{I_K}{(1+IRR)^K} - \sum_{K=0}^{n} \frac{O_K}{(1+IRR)^K} = 0 \tag{3-9}$$

采用内含报酬率的决策标准是：如果投资方案的内含报酬率>资金成本，该方案为财务可行方案；如果投资方案的内含报酬率<资金成本，该方案为财务不可行方案；如果几个方案的投资额相同，并且内含报酬率皆大于资金成本，那么内含报酬率与资金成本之间的差额最大的方案为最优方案；如果几个方案的投资额不相同，并且内含报酬率皆大于资金成本，那么内含报酬率和资金成本之间的差额同投资额的乘积最大的方案为最优方案。

（1）经营期内各年现金流量不等时

内含报酬率（IRR）的计算，通常需要使用"逐步测试法"，先估计出一个贴现率，用它来计算投资方案的净现值。如果净现值为正数，说明方案本身的报酬率超过预计的贴现率，应提高贴现率再测试；如果净现值为负数，说明方案本身的报酬率低于预计的贴现率，应降低贴现率再测试。经过多次测试，寻找出使净现值接近于0的贴现率，即为方案本身的内含报酬率。

业务链接3-5

内含报酬率

根据【业务链接3-3】的资料，当预定的贴现率为10%时，NPV（A）＞0，说明A方案的报酬率大于10%，应提高贴现率再测试。

当 i=18%时：

NPV（A）= (11 800×0.8475+13 240×0.7182) −20 000

= −490.53（元）

当 i=16%时：

NPV（A）= (11 800×0.8621+13 240×0.7432) −20 000

= 12.75（元）

可见，当估计的贴现率为16%时，NPV（A）=12.75已接近于0，可以认为A方案的内含报酬率近似为16%。

如果对测试结果不满意，可用内插法求出精确的报酬率。原理如图3-1所示。

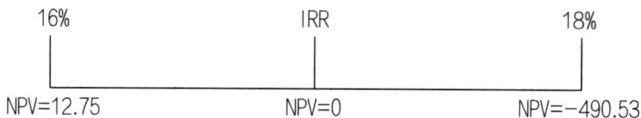

16%		IRR		18%
NPV=12.75		NPV=0		NPV=−490.53

图3-1　内插公式原理

计算公式如下：

$$IRR=i_1+\frac{NPV_1}{NPV_1-NPV_2}\times(i_2-i_1) \qquad (3-10)$$

式中：i_1——使净现值大于零的较低的贴现率；i_2——使净现值小于零的较高的贴现率；NPV_1——用较低的贴现率计算的净现值；NPV_2——用较高的贴现率计算的净现值。

将A方案测试的结果代入公式：

$$IRR（A）=16\%+\frac{12.75}{12.75+490.53}\times2\%=16.05\%$$

同理：

当 i=18%时：

NPV（B）= (1 200×0.8475+6 000×0.7182+6 000×0.6086) −9 000=−22.20（元）

当 i=16%时：

NPV（B）= (1 200×0.8621+6 000×0.7432+6 000×0.6407) −9 000=337.92（元）

$$IRR（B）=16\%+\frac{337.92}{22.20+337.92}\times2\%=17.88\%$$

（2）经营期内各年现金流量相等时

经营期内各年现金流量相等时，各期的现金流入为年金形式，内含报酬率可通过年金现值表来确定，不需要逐步测试。

业务链接3-6

内含报酬率

根据【业务链接3-3】的资料，投资方案C经营期内各年现金流量相等，求内含报酬率。

12 000＝4 600×（P/A，i，3）

（P/A，i，3）＝2.6087

查表：当n＝3、i＝7%时，1元的年金现值为2.6243；当n＝3、i＝8%时，1元的年金现值为2.5771。

IRR（C）＝7%＋$\frac{2.6243-2.6087}{2.6243-2.5771}$×1%＝7.33%

计算出方案的内含报酬率后，可根据企业的资金成本或要求的最低投资报酬率来对方案进行取舍。假设资金成本为10%，那么，由于IRR（A）和IRR（B）均大于10%，所以A、B两方案可行；而IRR（C）小于10%，所以C方案应放弃。

同步思考3-5

内含报酬率法的优缺点有哪些？

理解要点：内含报酬率法的优点是考虑了货币的时间价值，能从动态的角度直接反映投资项目的实际收益水平，且不受行业基准收益率高低的影响，比较客观。

内含报酬率法的缺点是计算过程较烦琐，当经营期大量追加投资时，又有可能导致多个IRR的出现，或偏高或偏低，缺乏实际意义。

同步思考3-6

各贴现评价指标之间存在什么关系？

理解要点：作为项目评价的动态贴现指标——净现值（NPV）、现值指数（PV）及内含报酬率（IRR）之间存在下列数量关系：

当NPV＞0时，PV＞1，IRR＞i；

当NPV＝0时，PV＝1，IRR＝i；

当NPV＜0时，PV＜1，IRR＜i；

但是，在这三个指标中，净现值（NPV）是绝对数，现值指数（PV）是相对数，它们都必须在贴现率已知的条件下才能进行项目的评价，而内含报酬率（IRR）的计算与贴现率无关，它只用来与预期的贴现率相比较，只有满足条件IRR＞i或者IRR＝i时，项目才可行。

教学互动3-2

互动问题：实证研究表明，规模相对较小的公司则更多地依赖于非折现现金流量指标，规模较大的公司倾向于使用折现现金流量指标，为什么？

要求：（1）学生独立思考，课堂讨论，自由发表见解。

（2）教师组织讨论，对学生的典型见解进行点评。

3.2   证券投资管理

证券投资是指购买股票、债券等有价证券以获取收益的投资行为。其可以分为股票投资、债券投资、基金投资和证券组合投资，主要通过计算证券的内在价值和到期收益率来进行投资决策。

3.2.1   证券投资概述

1）证券投资的含义

<u>证券投资</u>是指投资者将资金投资于股票、债券、基金及衍生证券等资产，从而获得收益的一种投资行为。

2）证券投资的特点

（1）证券投资具有高度的"市场力"，即流通变现的能力。证券有着十分活跃的二级市场，与实物资产相比，其转让快捷、简便。

（2）证券投资是对预期会带来收益的有价证券的风险投资，因为其受各种不同的因素影响较大，所以价值不稳定、投资风险大。

（3）投资和投机是证券投资活动中不可缺少的两种行为。

（4）二级市场的证券投资交易成本低，不会增加社会资本总量，而是在持有者之间进行再分配。

因此，证券投资可以暂时存放闲置资金，通过与筹集长期资金相配合，可以满足未来的财务需求、满足季节性经营对现金的需求，并且获得对相关企业的控制权。

3）证券投资的分类

证券投资按照其投资对象的不同，可以分为以下几种：

（1）债券投资

债券投资是指企业将资金投资于各种债券，如国债、公司债和短期融资券等。相对于股票投资，债券投资一般风险较小，能获得稳定收益，但要注意投资对象的信用等级。

（2）股票投资

股票投资是指企业购买其他企业发行的股票作为投资，如普通股、优先股股票。股票投资风险较大，收益也相对较高。

（3）基金投资

基金就是许多投资者将资金汇集，然后由基金公司的专家负责管理，用来投资于多家公司的股票或者债券。由于基金投资是由专家负责管理，风险相对较小，正越来越受广大投资者的青睐。

（4）证券组合投资

证券组合投资是指企业将资金同时投放于债券、股票等多种证券，这样可分散证券投资风险。组合投资是企业证券投资的常用方式，这样可以通过分散投资以降低风险。

4）证券投资的程序

（1）选择投资对象。

（2）开户、委托买卖。

（3）清算与交割。

（4）办理证券过户。

3.2.2 债券投资

1）债券投资的含义

债券投资是指投资者购买债券以取得资金收益的一种投资活动。

2）债券投资的目的

企业进行债券投资的目的是获得利息收入，或配合企业对资金的需求，调剂现金的余缺，使现金余额达到合理的水平。

3）债券估价

企业进行债券投资，必须正确估算债券的价值，根据债券在市场上的价格与价值的比较，确定是否进行债券投资。一般情况下，只有当债券价值大于债券价格时，进行投资才是有利的选择。因此，债券估价是进行债券投资的一个重要方法。债券的价值是指债券未来现金流入量的现值，债券给投资者带来的现金流入量包括债券的利息收入和到期归还的本金。下面是几个常见的估价模型。

（1）债券估价的基本模型

一般情况下，债券每期计算并支付利息、到期归还本金。按照这种模式，债券价值估算的基本模型是：

$$V=\frac{I_1}{(1+R)^1}+\frac{I_2}{(1+R)^2}+\cdots+\frac{I_n}{(1+R)^n}+\frac{M}{(1+R)^n}=\sum_{t=1}^{n}\frac{I_t}{(1+R)^t}+\frac{M}{(1+R)^n} \tag{3-11}$$

式中：V——债券价值；I_t——第t期的利息；M——到期的本金；R——折现率，投资者要求的必要报酬率，一般采用当时的市场利率；n——债券到期前的年数。

（2）债券估价的扩展模型

在进行债券估价时，应根据具体情况分析债券投资的现金流量，灵活运用债券估价的基本模型。

①每期计算并支付相等利息、到期归还本金的债券估价模型。

通常是固定利率债券，每期计算并支付利息、到期归还本金，这种债券价值的计算公式为：

$$V=I（P/A，R，n）+M（P/F，R，n） \tag{3-12}$$

同步案例3-3

债券投资决策

背景与情境： 某债券面值为100元，票面利率为6%，期限为3年，新华公司要对这种债券进行投资，当前的市场利率为5%。

问题： 债券的价格为多少时才能进行投资？

分析提示：

V=I×（P/A，R，n）+M×（P/F，R，n）

=100×6%×（P/A，5%，3）+100×（P/F，5%，3）

=6×2.7232+100×0.8638

=102.72（元）

即该种债券的价格必须低于102.72元才值得购买。

②一次还本付息且不计复利的债券估价模型。

我国很多债券属于一次还本付息且不计复利的债券，其估价计算公式为：

$$V=(M+I \cdot n) \cdot (P/F, R, n) \tag{3-13}$$

同步案例3-4

债券投资决策

背景与情境： 假设新华公司拟购买一份面值为100元，期限为5年，票面利率为6%，不计复利的债券，当前市场利率为8%。

问题： 该债券发行价为多少时，企业才能购买？

分析提示：

$$V=(M+I \cdot n) \cdot (P/F, R, n)$$
$$=(100+100×6\%×5) × (P/F, 8\%, 5)$$
$$=130×0.6806$$
$$=88.48（元）$$

即该种债券的价格必须低于88.48元才值得购买。

③零息债券的估价模型。

有些债券以折现方式发行，到期按面值偿还，这种债券被称为"零息债券"，其估价计算公式为：

$$V=M(P/F, R, n) \tag{3-14}$$

业务链接3-7

债券价值

假设新华公司准备购买某债券，该债券面值为100元，10年期，以折现方式发行，到期按面值偿还，当时市场利率为10%，其价值为：

$$V=M(P/F, R, n)$$
$$=100× (P/F, 10\%, 10)$$
$$=100×0.3855$$
$$=38.55（元）$$

即该种债券的价格必须低于38.55元才值得购买。

4）债券投资收益的衡量

债券的收益水平通常用到期收益率来衡量。**债券到期收益率**是指自企业债券购买日至到期日可获得的收益率。它是考虑资金时间价值，按复利计算的投资收益率，是指使债券投资未来现金流入的现值等于债券买入价格时的贴现率，是净现值为零的贴现率，计算公式如下：

$$P=\frac{I_1}{(1+i)^1}+\frac{I_2}{(1+i)^2}+\cdots+\frac{I_n}{(1+i)^n}+\frac{M}{(1+i)^n} \tag{3-15}$$

式中：P——债券价格；I——每期利息；M——债券面值；n——到期的年数；i——折现率，债券到期收益率。

在上式中将贴现率i求解出来，即为债券到期收益率。

同步案例3-5

债券到期收益率计算

背景与情境： 假设新华公司拟 2016 年 4 月 1 日按平价购入 100 万元债券，票面利率为 6%，期限为 5 年，每年 4 月 1 日计算并支付一次利息。

问题： 计算其到期收益率。

分析提示： 根据上述资料，无法直接计算到期收益率，可采用逐步测试法计算。

$$100=100×6\%×(P/A, i, 5)+100×(P/F, i, 5)$$

用插值法计算得：

$$到期收益率=4\%+2\%×\frac{108.9-105}{108.9-100}=4.88\%$$

逐步测试法计算比较烦锁，我们可以通过简便计算法求得近似值：

$$到期收益率=\frac{I+(M-P)/N}{(M+P)/2} \tag{3-16}$$

式中：I——每年的利息；M——债券本金；P——债券的市场价格；N——年数。

将以上有关数据代入得：

$$到期收益率=\frac{6+(100-105)/5}{(100+105)/2}=4.88\%$$

由上述计算可以看出，如果债券的市场价格和债券面值不等，则债券的到期收益率和债券的票面利率就不同。

如果债券采取的不是定期支付利息，而是到期一次还本付息或采取其他方式付息，即使是平价发行，到期收益率与票面利率也可能不同。债券到期收益率是企业是否进行债券投资的一个评价标准，它反映企业债券投资的真实收益率。当到期收益率高于投资者要求的投资报酬率时，就可以进行该债券的投资，否则就应放弃这种投资。

3.2.3　股票投资

1）股票投资的含义

股票投资是指企业购买其他企业发行的股票以获取股利或股票买卖的价差收益并持有股票的一种投资活动。按照我国《公司法》的规定，目前各公司发行的都是不可赎回的、记名的、有面值的普通股，只有少量公司按照过去的规定发行过优先股，所以这里只介绍普通股股票投资的问题。

2）股票投资的目的

企业进行股票投资主要是基于两个目的：一是一般意义的证券投资，其目的是获取股利收入及股票买卖价差，或为了配合企业对资金的需求，调剂现金的余缺，使现金余额达到合理的水平；二是购买某一公司的大量股票以达到控制该公司的目的。由于目的不同，投资策略也不相同。在第一种情况下，企业不应把大量资金投资于某一种股票上，应采用证券组合投资以分散风险；在第二种情况下，企业应将资金集中投放在被投资公司股票上以实现控股的目的。

同步思考3-7

股票投资有哪些特点?

理解要点: (1) 股票投资是权益性投资;(2) 股票投资的风险大;(3) 股票投资的收益率高;(4) 股票投资的收益不稳定;(5) 股票价格的波动性大。

3) 股票估价

进行股票估价是为了确定股票的内在价值,投资时将股票价值与股票市价进行比较以确定该如何操作。一般情况下,只有当股票价值大于股票价格时,进行投资才是有利的选择。股票价值是指股票为投资者带来的未来现金流入的现值。股票给投资者带来的现金流入量包括两部分:股利收入和未来出售时的售价。下面是几种最常见的股票估价模型。

(1) 股票估价的基本模型

如果投资者永远持有某股票,该投资者只获得股利,是一个永续的现金流入,这些股利的现值就是股票价值:

$$P_0 = \frac{D_1}{(1+R_s)^1} + \frac{D_2}{(1+R_s)^2} + \cdots + \frac{D_n}{(1+R_s)^n} + \cdots = \sum_{t=1}^{\infty} \frac{D_t}{(1+R_s)^t} \tag{3-17}$$

式中:P_0——股票价值;D_t——第 t 期的股利;R_s——折现率、资本成本率或投资者的必要收益率;t——期数。

如果投资者不打算永久持有该股票,而是持有一段时间后出售,则投资该股票取得的未来现金流量是持有期间获得的股利收入和出售时的售价。但是,股票的未来售价又取决于股票未来可产生的预期股利,因而不论投资者是否永久持有股票,普通股的预期现金流量只包括未来的预期股利,其基本估价模型为:

$$P_0 = \sum_{t=1}^{\infty} \frac{D_t}{(1+R_s)^t} \tag{3-18}$$

进行股票估价需要对预期股利进行预测。股利的多少取决于股份公司的盈利及股利政策,可以根据历史资料的统计分析进行预测,如回归分析法、时间序列的趋势分析等。在上述股票估价模型中要求无限期地预计普通股的每期股利(D_t),实际上是不可能做到的。因此,运用的模型都是各种简化办法,如每年股利相等或固定比率增长等。

(2) 长期持有、股利零成长股票的估价模型

假设每年股利固定不变,即预期股利增长为零,则所获取的股利收入是一个永续年金,在这种情况下,股票价值为:

$$P_0 = \frac{D}{R_s} \tag{3-19}$$

业务链接3-8

股票价值

假设新华公司购买 A 股票,每年分配股利 2 元,该公司要求的最低报酬率为 16%,则 A 股票的价值为:

$$P_0 = \frac{2}{16\%} = 12.50 \text{（元）}$$

（3）长期持有、股利固定增长股票的估价模型

实际上，股份公司股票的股利不应当是固定不变的，而应当是逐年递增的。固定成长股票是指股份公司每年向股东支付的股利是稳定增长的。

假设股份公司今年的股利为 D_0，预期未来股利增长率为 g，则 t 年的股利应为：

$$D_t = D_0 \times (1+g)^t$$

根据股票估价的基本模型，固定成长股票的价值为：

$$P_0 = \sum_{t=1}^{\infty} \frac{D_0 \times (1+g)^t}{(1+R_s)^t}$$

通常情况下 $R_s > g$，则上式可简化为：

$$P_0 = \frac{D_1}{R_s - g} \tag{3-20}$$

业务链接3-9

股票价值

假设新华公司拟投资购买 A 股票，该股票上年每股股利为 2 元，预计以后每年以 12% 的增长率增长。该公司要求的最低报酬率为 16%，那么当 A 股票的价格为多少时，该公司才能购买？

$$P_0 = \frac{2 \times (1+12\%)}{16\% - 12\%} = 56 \text{（元）}$$

只有当证券市场上 A 股票在 56 元以下时，该公司才能投资购买，否则，就无法获得 16% 的报酬率。

（4）非固定成长股票估价模型

在实际中，有些公司的股利是不固定的。例如，股利在一段时期内高速增长，在另一段时期内正常增长或固定不变。在这种情况下，要分段计算才能确定股票价值，其步骤为：

第一步，计算出非固定增长期间的股利现值。

第二步，根据固定增长股票估价模型，计算固定增长期结束时的股票价值，并求其现值。

第三步，将上述两个步骤求得的现值加在一起，所得的就是阶段性增长股票的价值。

同步案例3-6

股票投资决策

背景与情境： 假设新华公司准备购买凌锋公司的股票，预期凌锋公司的股票未来5年高速增长，年增长率为 20%，在此之后转为正常增长，年增长率为 6%。普通股投资的必要收益率为 15%，最近支付股利 2 元。当前该股票的价格为 20 元。

问题： 凌锋公司股票是否值得购买？

分析提示： 第一步，计算高速增长期的股利现值，见表3-3。

表 3-3 股利现值表 金额单位：元

年　份	股利（D）	复利现值系数 R=15%	现　值
第 1 年	2×（1+20%）=2.4	0.8696	2.087
第 2 年	2×（1+20%）^{2}=2.88	0.7561	2.178
第 3 年	2×（1+20%）^{3}=3.456	0.6575	2.272
第 4 年	2×（1+20%）^{4}=4.147	0.5718	2.371
第 5 年	2×（1+20%）^{5}=4.977	0.4972	2.475
合　计	—	—	11.383

第二步，计算第 5 年年底的股票价值并折算成现值。

$$P_5=\frac{D_6}{R_s-g}=\frac{4.977\times(1+6\%)}{15\%-6\%}=58.62（元）$$

$$PV=\frac{58.62}{(1+15\%)^5}=29.145（元）$$

第三步，计算股票价值。

$$P_0=11.383+29.145\approx40.53（元）$$

第四步，判断是否值得购买该股票。

因为当前的股票价格（20 元）低于其价值（40.53 元），所以值得购买。

4）股票投资收益的衡量

股票投资的预期报酬率是指预期股利收益率和预期资本利得收益率之和。预期股利收益率是指投资者预期的股票利息和红利收入之和与股票价格之比。资本利得收益率是指投资者预期获得的股票价差收入与投资者买入股票价格之比。

评价股票价值使用的是预期未来的报酬率，而不是过去的实际报酬率。

股票预期报酬率=预期股利收益率+预期资本利得收益率

只有股票的预期报酬率高于投资人要求的最低报酬率，投资才是有利的。最低报酬率是投资的机会成本，通常用市场利率来衡量。

3.2.4　基金投资

1）投资基金的含义

投资基金是一种利益共享、风险共担的集合投资方式，即通过发行基金股份或受益凭证等有价证券聚集众多的不确定投资者的出资，交由专业投资机构经营运作，以规避投资风险并谋取投资收益的证券投资工具。

2）投资基金的分类

（1）根据组织形态的不同，可分为契约型基金和公司型基金

契约型基金又称为单位信托基金，是指把受益人（投资者）、管理人、托管人三者作为基金的当事人，由管理人与托管人通过签订信托契约的形式发行受益凭证而设立的一种

基金。契约型基金由基金管理人负责基金的管理操作；由基金托管人作为基金资产的名义持有人，负责基金资产的保管和处置，对基金管理人的运作实行监督。

公司型基金是指按照《公司法》以公司形态组成的，以发行股份的方式募集资金的一种基金。通常，投资者购买该公司的股份即为认购基金，也就成为该公司的股东，凭其持有的基金份额依法享有投资收益。

（2）根据变现方式的不同，可分为封闭式基金和开放式基金

封闭式基金是指基金的发起人在设立基金时，限定了基金单位的发行总额，筹集到这个总额后，基金即宣告成立，并进行封闭，在一定时期内不再接受新的投资。基金单位的流通采取在交易所上市的办法，通过二级市场进行竞价交易。

开放式基金是指基金发起人在设立基金时，基金单位的总数是不固定的，可视经营策略和发展需要追加发行。投资者也可根据市场状况和各自的投资决策，或者要求发行机构按现期净资产值扣除手续费后赎回股份或受益凭证，或者再买入股份或受益凭证，增加基金单位份额的持有比例。这种基金通过柜台进行交易。

3）基金的价值

基金的价值主要由基金净资产的现有市场价值决定。由于投资基金不断变换投资组合，未来收益较难预测，再加上资本利得是投资基金的主要收益来源，变幻莫测的证券价格使得对资本利得的准确预计变得非常困难，因此，基金的价值主要是由基金资产的现有市场价值决定的。

基金单位净值是指在某一时点每一基金单位或基金股份所具有的市场价值，是评价基金价值的最直观指标。

基金单位净值=基金净资产价值总额÷基金单位总份数

基金净资产价值总额=基金资产总额−基金负债总额

其中，基金负债包括以基金名义对外融资借款以及应付给投资者的分红、应付给基金管理人的经理费等。

业务链接3-10

基金单位净值

某基金于 2014 年 9 月 1 日发行，发行时的基金单位净值为 1 元，至 2016 年 9 月 1 日，该基金的总资产市值为 120 亿元，负债总额为 10 亿元，当日共有基金份额 80 亿份，则基金净资产价值总额为 110 亿元（120−10），基金单位净值为 1.375 元（110÷80）。

4）基金的报价

基金的报价理论上是由基金的价值决定的。基金单位净值越高，基金的交易价格就越高。但对于不同种类的基金，其报价又有所不同。

5）基金收益率

基金收益率用以反映基金增值的情况，它是通过基金净资产的价值变化来衡量的。

$$基金收益率=\frac{年末持有份数×基金单位净值年末数}{年初持有份数×基金单位净值年初数}-\frac{年初持有份数×基金单位净值年初数}{年初持有份数×基金单位净值年初数} \quad (3\text{-}21)$$

公式中，分子实际上就是年末基金净值总额与年初基金净值总额之差，即基金净值总额的增加量，分母为基金年初净值总额。因此，基金收益率就是基金净值总额的增长率。

从另外一个角度来看，分母的年初净值总额相当于购买基金的本金投资，分子相当于基金的收益，这样，基金收益率也就相当于一般所谓的投资收益率或投资报酬率。

同步思考3-8

基金投资有哪些优缺点？

理解要点：基金投资的优点是：（1）能够在不承担太大风险的情况下获得较高收益；（2）具有专家理财优势和资金规模优势。基金投资的缺点是：（1）无法获得很高的投资收益；（2）在大盘整体大幅度下跌的情况下，投资人可能承担较大风险。

3.2.5　证券投资组合

1）证券投资组合的含义

证券投资组合是指在进行证券投资时，不是将所有的资金都投向单一的某种证券，而是有选择地投向一组证券。

2）证券投资组合的基本原则

证券投资组合的基本原则是：在同样的风险水平下，投资者应选择收益较高的组合；在相同收益水平下，投资者应选择风险最小的组合。证券投资组合的核心和关键是有效地分散投资，因为通过分散投资，将投资广泛地分布在不同的投资对象上，可以降低个别证券的风险，从而降低总风险。分散投资主要包括以下几点：投资行业的分散；投资企业的分散；投资时间的分散；投资地区的分散等。总之，只要在股票投资中能有效地进行投资组合，就能在降低风险的同时获取较大的利益。

3）证券投资组合的方法

进行证券投资组合的方法有很多，但最常见的方法通常有以下几种：选择足够数量的证券进行组合；把风险大、风险中等、风险小的证券放在一起进行组合；把投资收益呈负相关的证券放在一起进行组合等。

4）证券投资组合的策略

（1）保守型投资组合

保守型投资组合是投资者选择较高股息的股票作为主要投资对象的投资组合。这种投资组合的主要依据是，由于将资金投向具有较高股息的股票，在经济稳定增长的时候，能够获取较好的投资回报；即使行情下跌，投资者仍能够获取较为可观的股息红利。

保守型投资组合的资金分布是将80%左右的资金用于购买股息较高的投资股，以领取股息与红利，而只将20%左右的资金用做投机操作。

保守型投资组合策略主要适于在经济稳定增长的时期采用，在经济结构的转型期与衰退期要谨慎使用。因为，在经济结构的转型期与衰退期，原先投资价值较高的投资股，有可能由于经济结构的转型和经济不景气，使发行这些股票的公司的利润大幅度下降甚至是转盈为亏，这样就会使所持股票价值大幅下降，从而使投资者蒙受损失。

（2）投机型投资组合

投机型投资组合是投资者选择价格起落较大的股票作为主要投资对象的投资组合。

投机型投资组合的资金分布是将80%左右的资金用于购买价格波动频繁且涨跌幅度很大的股票，而将20%左右的资金用于买进其他比较稳定的投资股，或对前者进行追买和降低成本价。由于这种组合方式的投机比重很大，故称作投机型投资组合。

采用投机型投资组合策略的投资者通常以"见涨抢进、见跌卖出"的追价方式买卖股票。由于此种方式对买卖进出较为敏感，故经常能在股价上涨之初，买到日后涨幅很高的黑马股票，给投资者带来极为可观的差价收益；而见跌卖出的结果，也能使其在股价持续下跌时，不至于亏损太多。

采用此种组合方式进行投资的人如若判断正确，往往比其他组合方式收益更丰；但倘若判断失误，当刚追价买到某种股票时，股价却大幅下跌，或者是刚追价卖出，股价却迅速上涨，这种状况又极易给投资者带来惨重的损失。

此外，采用投机型投资组合策略进出股市频繁，累计缴纳的手续费的数额也较为可观，其操作成本就十分高昂。投机型投资组合策略不适宜初涉股市的投资者，中小额投资者应谨慎使用。

（3）随机应变型投资组合

随机应变型投资组合是投资者根据股市走向变化而灵活调整证券组合的投资技巧。当看好股市走向时，则将资金的大部分投资在股票上，而后看跌股市走向时，则将大部分资金转入购买公债等风险较小的证券或持有现金以待买入时机。

5）证券投资组合的风险收益

证券组合收益是投资者因承担不可分散的风险而要求的超过时间价值的那部分额外收益。可用以下公式计算：

$$R_p = \beta_p \cdot (K_m - R_F) \tag{3-22}$$

式中：R_p——证券组合的风险收益率；β_p——证券组合的β系数；K_m——所有股票的平均收益率，也称市场收益率；R_F——无风险收益率，一般用政府公债的利息率来衡量。

同步案例3-7

证券组合的风险收益

背景与情境：某公司持有由A、B、C三种股票构成的证券组合，它们的β系数分别是2.0、1.0和0.5，它们在证券组合中所占的比重分别是60%、30%和10%，股票的市场收益率为14%，无风险收益率为10%。

问题：确定该种证券组合的风险收益率。

分析提示：首先，确定证券组合的β系数。

$$\beta_p = \sum_{t=1}^{n} X_i \cdot \beta_i$$

=60%×2.0+30%×1.0+10%×0.5=1.55

式中：X_i——各种证券组合所占的比重。

其次，计算该证券组合的风险收益率。

$R_p = \beta_p \cdot (K_m - R_F)$

=1.55×（14%-10%）=6.2%

教学互动3-3

互动问题： 在风险分散过程中，是否证券组合中证券数目越多，分散风险的效应就越明显？

要求：（1）学生独立思考、课堂讨论、自由发表见解。

（2）教师组织讨论，对学生的典型见解进行点评。

职业道德与企业伦理3-1

Vincent Duhamel：职业道德在投资里扮演的角色

背景与情境： 2005年中国国际金融论坛于12月15日至16日在上海国际会议中心召开。本次论坛的主题为"开放合作、创新发展与风险监管——中国金融迎接2006年"。以下为美国CFA协会Vincent Duhamel在论坛上的部分精彩发言：

我们投资市场的道德现状是怎样的呢？这是我们从《纽约时报》上摘取的卡通画，可以看到，在纽约市场上，到处都是丑闻、流言，银行家、经纪人和其他的职业高级人士都卷入了丑闻中。他们经常隐蔽事实、披露假信息，即使是最大、最受尊重的企业都会出现各式各样的问题。如果大家考虑到道德准则的话，信任是我们第一个能够想到的问题，信任是道德标准的基础。道德和信任是一个涉及完整性的问题，对资本市场来讲或者是任何金融市场来讲，它的运作都是吸收更多的信任和诚信度的参与，在内部交易的过程中都要体现出信任和道德原则。

我们都知道，违背信任的后果是非常严重的。我们要做些什么使市场重新建立呢？第一，要把客户排在首位，客户始终是排在第一位的，也就是我们要确保做适合、正确的事情，遵守道德准则。第二，维持独立性和客观性，避免出现你所做出的决定是由某一种主观意愿所支配的现象，这是不应该的。第三，避免利益的冲突。第四，公众交易，因为这些能够给我们带来更多的机遇和发展的空间。第五，负责任的精神和谨慎的判断能力。同时，我们也有一整套的系统和规范，来帮助我们的利益参与者不作出任何出格的行为。

因此，投资市场的道德标准可归纳为：第一是监管；第二是客户；第三是全球标准的建立。

谢谢大家的聆听！

资料来源　佚名.Vincent Duhamel：职业道德在投资里扮演的角色［EB/OL］.（2005-12-16）.http://finance.sina.com.cn.

问题： Vincent Duhamel认为应如何建立投资者信心？

分析提示： 第一，要把客户排在首位，客户始终是排在第一位的，也就是我们要确保做适合、正确的事情，遵守道德准则。第二，维持独立性和客观性，避免出现你所做出的决定是由某种主观意愿决定的现象，这是不应该的。第三，正确引导，将市场发展趋势、投资风险等告知投资者，由投资者作出选择。

第4章
营运资金管理

学习目标

通过本章学习，应该达到以下目标：

理论目标：学习和掌握营运资金的含义、特点、管理目标，现金的含义、管理目标、企业持有现金的动机与成本，应收账款的含义、管理目标、功能与成本，存货的含义、管理目标、功能、成本与经济批量等陈述性知识；能用其指导"营运资金管理"的相关认知活动。

实务目标：学习和掌握营运资金管理要求，最佳现金持有量的确定方法与计算，现金的日常管理工作，应收账款的成本计算、信用政策和日常管理措施，存货经济进货批量的确定，存货的日常管理方法，"业务链接"等程序性知识；能用所学实务知识规范"营运资金管理"的相关技能活动。

案例目标：运用"营运资金管理"的理论与实务知识研究相关案例，培养和提高在特定业务情境中分析问题与决策设计的能力；能结合本章教学内容，依照"职业道德与会计伦理"的行业规范或标准，分析会计行为的善恶，强化职业道德素质。

实训目标：参加"营运资金管理"业务胜任力的实践训练。在了解和掌握本实训所涉及的"能力与道德领域"相关技能点的"规范与标准"的基础上，通过切实体验"营运资金管理"各实训任务的完成，系列技能操作的实施，各项目实训报告的准备、撰写、讨论与交流等有质量、有效率的活动，培养"营运资金管理"的专业能力，强化"与人交流"、"数字应用"和"解决问题"等职业核心能力（中级），并通过"认同级"践行"职业观念"、"职业态度"、"职业良心"和"职业守则"等行为规范，促进健全职业人格的塑造。

引例　美国安然公司破产

背景与情境： 美国安然公司成立于1958年，总部设在美国休斯敦，曾是一家位于美国得克萨斯州休斯敦市的能源类公司。在2001年宣告破产之前，安然公司拥有约21 000名雇员，是世界上最大的电力、天然气以及电信公司之一。2000年披露的营业额达1 010亿美元之巨。公司连续6年被《财富》杂志评选为"美国最具创新精神公司"。然而，真正使安然公司在全世界声名大噪的却是其持续多年精心筹划，乃至制度化、系统化的财务造假丑闻，而这个丑闻也最终导致这个拥有上千亿美元资产的公司在2001年短短几周的时间里轰然"倒塌"。安然欧洲分公司于2001年11月30日申请破产，美国本部于两日后同样申请破产保护。其破产前的资产规模为498亿美元，并负担着312亿美元的沉重债务。

一夜之间，在全球拥有3 000多家子公司、名列《财富》杂志"美国500强"第7名、掌控着美国20%的电能和天然气交易、被誉为"华尔街宠儿"的安然公司在全世界的惊讶声中轰然崩塌。它的倒下，成了破产案中的典范。

安然公司破产的原因可谓冰冻三尺，非一日之寒。原因是多方面的，但其中使其陷入危机的最直接原因是因为现金及信用不足而导致的流动性不足。安然公司虽拥有遍布全球的发电厂和输油管线，但却没有足够的现金及信用偿还债务，无法保证公司的流动性，公司不能正常运转。财务危机爆发时，安然也曾许诺其资产流动处于稳定态势，但是其现金还是在不到3周的时间内耗尽。安然公司的个案，使美国监管部门开始密切注意那些具有巨额利润但营运现金收入很少的公司。

讨论：（1）企业营运资金管理是否重要？（2）如何进行营运资金管理？

营运资金管理在企业财务管理中具有非常重要的作用。对营运资金进行有效管理可以最大限度地提高企业资金的使用效率，提高企业资产的收益率，并最大限度地降低企业资金的风险。其具体包括现金管理、应收账款管理和存货管理三方面内容。

4.1　营运资金管理概述

为了实现营运资金管理目标，企业财务人员需明确营运资金的特点和管理要求。

1）营运资金的含义和特点

（1）营运资金的含义

营运资金是指流动资产减去流动负债后的余额。营运资金的管理包括流动资产的管理和流动负债的管理两个部分，这也是企业日常财务管理的重要内容。企业的流动资产是指可以在一年或者超过一年的一个营业周期内变现或运用的资产，主要包括现金、有价证券、应收款项、存货等。流动负债是指将在一年或者超过一年的一个营业周期内必须清偿的债务，主要包括短期借款、应付账款、应付票据、预收账款、应交税费、应付职工薪酬等。

（2）营运资金的特点

①营运资金周转的短期性。

②营运资金数量的波动性。

③营运资金实物形态的变动性。

④营运资金来源的灵活多样性。

2）营运资金管理目标和要求

（1）营运资金管理目标

营运资金管理是对企业流动资产和流动负债的管理，其重点是保证企业能按时偿付各种到期债务，为企业的日常生产经营活动提供足够的资金，防止资金调度与资金运用出现问题。

营运资金因其较强的流动性而成为企业日常生产经营活动的基础。由于现实工作中企业的现金流入量与现金流出量是不同步和不确定的，企业必须持有一定数量的营运资金。但企业应合理控制营运资金的持有数量，既要防止营运资金不足，也要避免营运资金过多。良好的营运资金管理要求企业从盈利性和风险性两个角度出发做出两类基本性的决策：流动资产的最佳投资水平以及为维持这一最佳水平而进行的短期融资和长期融资的适当组合。

（2）营运资金管理要求

①合理确定营运资金的需要数量。

企业经营所需的营运资金数量多少与企业的生产经营状况密切相关。企业生产经营活动活跃时，流动资产和流动负债都会有所增加，而生产经营活动萎缩时，流动资产和流动负债也会相应减少。因此，企业财务管理人员要根据企业生产经营活动的实际状况，合理确定所需的流动资产与流动负债的数量。

②合理确定营运资金的来源构成。

流动资产、流动负债以及二者之间的关系能较好地反映企业的短期偿债能力。流动负债是在短期内需要偿还的债务，而流动资产则是在短期内可以转化为现金的资产。因此，如果一个企业的流动资产比较多，流动负债比较少，说明企业短期偿债能力较强；反之较弱。但是如果企业的流动资产太多，流动负债太少，也是不正常现象，可能是流动资产闲置、流动负债利用不足所致。

③加速营运资金周转，提高营运资金的利用效果。

营运资金周转，是指企业的营运资金从现金投入生产经营开始，到最终转化为现金为止的过程。在其他因素不变的情况下，加速营运资金的周转，也就相应地提高了资金的利用效果。因此，企业要千方百计地加速存货、应收账款等流动资产的周转，以有限的资金投入取得最优的经济效益。

4.2 现金管理

现金是企业不可或缺的重要资产，在一定条件下，甚至会决定企业是否能够持续经营下去。现金管理的过程就是在现金的流动性与收益性之间进行权衡选择的过程。现金管理的内容主要包括合理确定现金持有量和对日常的现金收支进行控制。

1）现金管理目标

现金是指在生产过程中暂时停留在货币形态的资金，包括库存现金、银行存款、银行本票、银行汇票等。现金是企业流动性最强的资产，具有普遍的可接受性，但盈利性差。现金管理的目标是在保证企业生产经营活动所需现金的同时，降低企业闲置的现金的数量，提高资金收益率。现金管理的内容主要包括合理确定现金持有量和对日常的现金收支进行控制。

2）企业持有现金的动机

（1）交易动机

企业为了满足日常业务需要而持有现金，如购买原材料、支付工资、缴纳税款、偿还到期债务等。企业在日常经营活动中经常得到收入，也经常发生支出，两者不可能同步同量。收入多于支出，形成现金置存；收入少于支出，需要借入现金。企业必须维持适当的现金余额才能使业务活动正常进行下去。

（2）预防动机

企业有时会出现料想不到的开支，如发生自然灾害、生产事故、意外发生的财务困难等，现金流量的不确定性越大，预防性现金的数额也就越大；反之企业现金流量的可预测性强，预防性现金数额则可小些。此外，预防性现金数额还与企业的借款能力有关，如果企业能很容易地随时借到短期资金，也可以减少预防性现金的数额；否则，则应扩大预防性现金数额。

（3）投机动机

为把握市场投资机会、获得较大收益而持有现金。这种获利机会具有时间短、收益高的特点。比如，遇有廉价原材料、其他资产供应等不寻常的购买机会，便可用手头现金大量购入；再比如，在适当时机购入价格有利的股票和其他有价证券等。

3）企业持有现金的成本

（1）持有成本

现金的**持有成本**即机会成本，是指企业因保留一定现金余额而增加的管理费用，以及丧失的再投资收益。

现金的机会成本是指企业因持有现金而丧失的再投资收益，一般是指将现金投资于有价证券所能获得的收益，或者是企业向外筹集资金的资金成本，是企业要求的最低报酬率。现金作为企业的一项资金占用，是有代价的，这种代价就是它的机会成本，或者称为资金成本。假定某企业的资金成本为10%，年均持有100万元的现金，则该企业每年现金的机会成本为10万元。现金持有额越大，机会成本越高。机会成本属于变动成本，与现金持有量成正比例关系。企业为了经营业务的需要，拥有一定的现金是必要的，但现金拥有量过高，机会成本代价就会大幅度上升，从而降低企业的收益。

企业拥有现金会发生管理费用，如管理人员工资、安全措施费等。这些费用是现金的管理成本。管理成本是一种固定成本，在一定范围内与现金持有量之间无明显的比例关系，因此可以作为决策无关成本。

（2）转换成本

现金的**转换成本**是指企业用现金购入有价证券以及转让有价证券换取现金时付出的交易费用，即现金同有价证券之间相互转换的成本，如委托买卖佣金、委托手续费、证券过户费、实物交割手续费等。

转换成本中有的具有变动成本性质，如委托买卖佣金或手续费通常是按照委托成交金额计算的。在证券总额既定的条件下，无论变现次数怎样变动，所需支付的委托成交金额总是相同的。因此，那些依据委托成交额计算的转换成本与证券变现次数关系不大，属于决策无关成本。这样，与证券变现次数密切相关的转换成本便只包括其中的固定性交易费用。固定性转换成本与现金持有量成反比例关系。

（3）短缺成本

现金的**短缺成本**是指在现金持有量不足而又无法及时通过有价证券变现加以补充时给企业造成的损失，包括直接损失与间接损失。

企业因缺乏必要的现金而导致不能应付业务开支所需，会使企业蒙受损失或为此付出代价。例如，由于现金短缺而无法购进急需的原材料，从而使企业的生产经营中断，给企业造成损失，这是直接的损失；由于现金短缺而无法按期支付货款或不能按期归还货款，将给企业的信用和企业形象造成损害，这是间接损失。现金的短缺成本随现金持有量的增加而下降，随现金持有量的减少而上升，现金持有量与短缺成本呈反向变动关系。明确与现金有关的成本及各自的特性，有助于从成本最低的角度出发确定最佳现金持有量。

4）最佳现金持有量

最佳现金持有量是企业在正常的生产经营情况下所保持现金的最低余额。在现金管理中，企业除了做好日常收支，加速现金流转速度外，还需控制好现金持有规模，也就是在权衡风险与报酬的基础上，为企业制定一个一定时期最佳的现金持有量，这是企业现金管理的重要内容。确定最佳现金持有量的方法有很多，主要为成本分析模式和存货模式。

（1）成本分析模式

成本分析模式是通过分析持有现金的成本，寻找持有成本最低的现金持有量。在成本分析模式下，确定现金最佳持有量主要考虑因持有一定量的现金而产生的机会成本及短缺成本，而不予考虑管理费用和转换成本。因此，这种模式下的最佳现金持有量就是持有现金而产生的机会成本与短缺成本之和最小时的现金持有量。

机会成本是企业因持有现金而丧失的再投资收益。与现金持有量成正比例变动关系，可用公式表示为：

机会成本=平均现金持有量×有价证券利率（或报酬率）　　　　　　　　　　（4-1）

短缺成本是因企业缺乏必要的现金，不能应付业务开支所需，而使企业蒙受损失或为此付出的代价。短缺成本与现金持有量呈反向变动关系。

机会成本与短缺成本在现金持有总成本中呈此增彼减的关系。现金的成本同现金持有量之间的关系如图4-1所示。

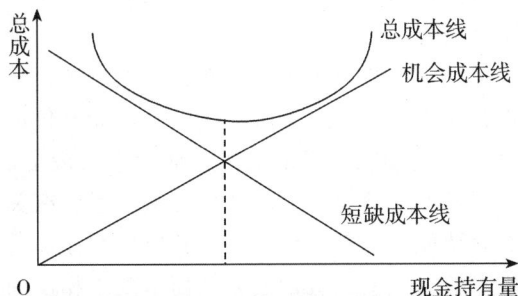

图4-1　持有现金的成本

从图4-1可以看出，机会成本线向右上方倾斜，短缺成本线向右下方倾斜，由于各项成本同现金持有量的关系不同，总成本线便是一条抛物线，该抛物线的最低点即持有现金的最低总成本，这一点对应的横轴上的量，即最佳现金持有量。

同步案例 4-1

最佳现金持有量

背景与情境： 大华公司现有 A、B、C、D 四种现金持有方案，有关成本资料见表 4-1。

表 4-1　　　　　　　　　　　　现金持有量备选方案表　　　　　　　　　　金额单位：元

项　目	A	B	C	D
平均现金持有量	100 000	200 000	300 000	400 000
机会成本率	10%	10%	10%	10%
短缺成本	48 000	25 000	10 000	5 000

问题： 根据表 4-1，运用成本分析模式确定大华公司最佳现金持有量。

分析提示： 根据表 4-1，可以计算出四种方案的相关总成本，计算结果见表 4-2。

表 4-2　　　　　　　　　　　　最佳现金持有量测算表　　　　　　　　　　　单位：元

方　案	现金持有量	机会成本	短缺成本	相关总成本
A	100 000	10 000	48 000	58 000
B	200 000	20 000	25 000	45 000
C	300 000	30 000	10 000	40 000
D	400 000	40 000	5 000	45 000

通过分析比较表 4-2 中各方案的总成本可知，C 方案的相关总成本最低，300 000 元为最佳现金持有量。

（2）存货模式

存货模式又称鲍莫模式，是由美国经济学家 William J.Baumol 首先提出的。他认为公司现金持有量在许多方面与存货相似，存货经济批量模型可用于确定目标现金持有量，并以此为出发点，建立了鲍莫模型。

存货模式的着眼点也是现金有关成本最低。在存货模型中，只考虑现金的机会成本和转换成本，转换成本是指企业用现金购入有价证券以及转让有价证券换取现金时付出的交易费用，即现金同有价证券之间相互转换的成本，而不考虑现金的管理费用和短缺成本。这是因为在一定范围内，现金的管理费用与现金持有量一般没有关系，所以属于决策无关成本；同时，由于现金的短缺成本具有不确定性，其成本往往不易计量，所以在此也不予考虑。机会成本和转换成本随着现金持有量的变动而呈现出相反的变动趋向。如果现金的持有量大，则现金的机会成本高，转换成本低；反之，现金持有量小，则现金的机会成本低，转换成本高。这就要求企业必须对现金与有价证券的分割比例进行合理安排，从而使机会成本与转换成本保持最佳组合。能够使现金管理的机会成本与固定性转换成本之和保持最低的现金持有量，即最佳现金持有量。

在运用存货模式确定最佳现金持有量时，是以下列假设为前提的：

①企业所需要的现金可通过证券变现取得，且证券变现的不确定性很小；

②企业预算期内现金需要总量可以预测；

③现金的支出过程比较稳定、波动较小，而且每当现金余额降至0时，均可以通过部分证券变现得以补足；

④证券的利率或报酬率及每次固定性交易费用可以获悉。

如果以上这些条件基本能得到满足，企业便可利用存货模式来确定现金的最佳持有量。

现金管理相关总成本=持有机会成本+转换成本

$$TC=\frac{Q}{2}K+\frac{T}{Q}F \tag{4-2}$$

式中：TC——现金管理总成本；Q——最佳现金持有量；K——有价证券利息率；T——特定时期内的现金总需求量；F——每次转换有价证券的固定成本。

对自变量Q求导后可得出：

$$Q=\sqrt{\frac{2TF}{K}} \tag{4-3}$$

将上式中的Q代入现金管理总成本的公式，可得到此时的最低总成本：

$$TC=\sqrt{2TFK} \tag{4-4}$$

同步案例4-2

最佳现金持有量

背景与情境：大华公司预计全年需要现金200 000元，现金与有价证券的转换成本为每次400元，有价证券的年利率为10%。

问题：试计算大华公司的最佳现金持有量。

分析提示：$Q=\sqrt{\frac{2TF}{K}}=\sqrt{\frac{2\times200\,000\times400}{10\%}}=40\,000$（元）

同步思考4-1

若企业的现金需求量波动大且难以预知，作为财务总监，你将采取什么样的方式确定资金需求量？

理解要点：最佳现金持有量确定的模式主要是成本分析模式和存货分析模式。如果企业的现金需求量波动大就难以通过上述两种模式进行确定，此时应考虑采用另一种模式确定，即随机模式。它是在现金需求量难以预知的情况下进行现金持有量控制的方法。企业可以根据历史经验和现实需要，测算出一个现金持有量的控制范围，即制定出现金持有量的上限和下限，将现金量控制在上下限之内。当现金量达到控制上限时，用现金购入有价证券，使现金持有量下降；当现金量降到控制下限时，则抛售有价证券换回现金，使现金持有量回升。若现金量在控制的上下限之内，便不必进行现金与有价证券的转换，保持它们各自的现有存量。随机模式建立在企业的现金未来需求总量和收支不可预测的前提下，因此，计算出来的现金持有量比较保守。

5）现金的日常管理

企业在确定了最佳现金持有量后，还应采取各种措施，加强现金的日常管理，以保证现金的安全、完整，最大程度地发挥现金的效用。加强企业现金日常管理可以提高现金使用效率，加速现金的周转速度，有效控制现金支出。为达到这一目的，应当注意做好以下几方面的工作：

（1）力争现金流量同步

如果企业能尽量使它的现金流入与现金流出发生的时间趋于一致，就可以使其所持有的交易性现金余额降到最低水平。这就是所谓的现金流量同步，是保证企业现金收支平衡的基本前提，更是提高企业现金管理水平的重要措施。

（2）使用现金浮游量

从企业开出支票，收票人收到支票并存入银行，至银行将款项划出企业账户，中间需要一段时间。现金在这段时间的占用称为现金浮游量。在这段时间里，尽管企业已开出了支票，却仍可动用在活期存款账户上的这笔资金。不过，在使用现金浮游量时，一定要控制好使用时间，否则会发生银行存款的透支。

（3）加速收款速度

缩短应收账款的时间，减少应收账款资金的占用，是现金管理的重要内容，但应收账款可以扩大销售规模，增加销售收入。问题在于，如何能够做到既利用应收账款吸引顾客，又缩短收款时间。这需要在两者之间找到适当的平衡点，并实施妥善的收账策略。

（4）推迟应付账款的支付

推迟应付账款的支付，是指企业在不影响自己信誉的前提下，尽可能地推迟应付账款的支付，充分运用供货方所提供的信用优惠。如遇企业急需现金，甚至可以放弃供货方的折扣优惠，在信用期的最后一天支付款项。当然，这要权衡折扣优惠与急需现金之间的利弊得失。

教学互动4-1

互动问题：获得2001年度诺贝尔经济学奖的斯蒂格利茨在研究保险市场时，发现了一个经典的例子：在美国一所大学里，学生自行车被盗的比率约为10%。有几个有经营头脑的学生发起了对自行车进行保险的活动，保费为保险标的的15%。按常理，这几个有经营头脑的学生应获得5%左右的利润。但在该保险运作一段时间后，这几个学生发现自行车被盗比率迅速提高到15%以上。何以如此？

要求：（1）学生独立思考，课堂讨论，自由发表见解。

（2）教师组织讨论，对学生的典型见解进行点评。

4.3 应收账款管理

企业为了实现应收账款管理目标，需明确应收账款的功能和成本，进而考虑信用政策制定对企业收益和成本的影响，作出合理决策。

1）应收账款管理目标

应收账款是指企业因对外销售产品、材料、供应劳务及其他原因，应向购货单位或接受劳务的单位及其他单位收取的款项。

应收账款是企业的一项资金投放，是为了扩大销售和盈利而进行的投资。而投资必然要发生成本，这就需要在应收账款信用政策所增加的盈利和这种政策的成本之间作出权衡，只有当应收账款所增加的盈利超过所增加的成本时，才应当实施应收账款赊销；如果应收账款赊销有着良好的盈利前景，就应当放宽信用条件增加赊销量。

2）应收账款的功能

（1）促进销售的功能

在激烈的市场竞争中，赊销是促进销售的一种重要方式。企业在销售产品时，可以采用的方式一般有两种，即现销和赊销。现销方式的最大优点是应计现金流入量与实际现金流入量完全吻合，既能避免呆坏账损失，又能及时地将收回的现金投入再增值过程，因此是企业最理想的一种销售结算方式。但是，在激烈的市场竞争条件下，仅靠这种方式是很难获取竞争优势的。采用赊销方式，在向顾客提供商品的同时，还向顾客提供了可以在一定期限内无偿使用的资金，即商业信用资金，这对顾客具有较大的吸引力。因此，赊销作为一种重要的促销手段，越来越受到企业的青睐。

（2）减少存货的功能

赊销可以加速产品销售的实现，加快产成品向销售收入的转化速度，从而降低存货中的产成品数额。这有利于缩短产成品的库存时间，降低产成品的库存管理成本。因此，当产成品存货较多时，企业可以采用优惠的信用条件进行赊销，尽快实现产成品存货向销售收入的转化，变持有存货为持有应收账款，节约各项存货支出。

3）应收账款的成本

（1）机会成本

应收账款的**机会成本**是指企业的资金投放在应收账款上而必然放弃其他投资机会所丧失的收益。例如，投资于有价证券便会有投资收益，其实质是应收账款占用资金的应计利息。这一成本可用企业投资报酬率或有价证券收益率来计算，它的大小通常与企业的赊销额、平均收现期、变动成本率、资金成本率等因素相关。其计算公式为：

应收账款机会成本＝应收账款占用资金×资金成本

应收账款占用资金也就是企业维持赊销业务所需要的资金，资金成本率一般可按有价证券利息率来计算。维持赊销业务所需要的资金可按下列步骤来计算：

第一步，计算应收账款平均余额。

应收账款平均余额＝日销售平均余额×平均收账天数   （4-5）

第二步，计算应收账款占用资金。

应收账款占用资金＝应收账款平均余额×变动成本率   （4-6）

变动成本率是变动成本占销售收入的比率。假设企业的成本水平稳定，也就是说企业的单位变动成本和固定成本总额保持不变，那么随着赊销业务的扩大，只有变动成本随之上升，企业在应收账款上占用的资金才随之变动。

同步案例4-3

应收账款机会成本

背景与情境：大华公司预测的年度赊销额为4 680 000元，应收账款平均收账天数为60天，变动成本率为60%，资金成本率为10%。

问题：试计算该公司应收账款的机会成本。

分析提示：应收账款平均余额=（4 680 000÷360）×60=780 000（元）

应收账款占用资金=780 000×60%=468 000（元）

应收账款机会成本=468 000×10%=46 800（元）

同步思考4-2

应收账款的机会成本主要受什么因素影响？

理解要点：应收账款的机会成本主要取决于应收账款的收账速度。在正常情况下，应收账款收账天数越少，一定数量所维持的赊销额就越大；应收账款收账天数越多，维持相同赊销所需要的资金数量就越大。而应收账款机会成本在很大程度上取决于企业维持赊销业务所需要资金的多少。

（2）管理成本

应收账款的**管理成本**是指企业因管理应收账款而发生的各种费用。应收账款的管理成本是应收账款成本的重要组成部分，主要包括对客户的资信调查费用、应收账款账簿记录费用、收账费用，以及其他费用。

（3）坏账损失

应收账款的**坏账损失**是指应收账款基于商业信用而产生，存在无法收回的可能性，由此给应收账款持有企业带来的损失。这种成本一般同应收账款数量成正比，即应收账款越多，坏账损失也越多。

4）信用政策

信用政策即应收账款的管理政策，是指企业为了对应收账款投资进行规划与控制而确立的基本原则与行为规范，包括信用标准、信用条件和收账政策三方面内容。应收账款赊销的效果好坏，依赖于企业的信用政策。制定合理的信用政策，是加强应收账款管理、提高应收账款投资收益的重要前提。

（1）信用标准

信用标准是指客户获得企业的交易信用所应具备的最低条件，通常以预期的坏账损失率表示。如果客户达不到信用标准，便不能享受企业的信用优惠或只能享受较低的信用优惠。企业的信用标准必须合理，如果过高会使企业客户减少，虽然违约风险和收账费用降低了，但同时不利于企业销售收入的扩大和竞争能力的提高；相反，信用标准过低，虽然有利于企业扩大销售、提高市场竞争力和占有率，但同时也会导致坏账损失风险加大和收账费用增加。因此，企业在制定或选用信用标准时，必须权衡风险、收益和成本三者之间的关系，要考虑以下三个基本因素：

①同行业竞争对手的情况。

面对竞争对手，企业首先应考虑的是如何在竞争中处于优势地位，保持并不断扩大市场占有率。如果同行业竞争对手的实力很强，企业欲取得或保持优势地位，就需采取相对较低的信用标准；反之，其信用标准可以相应严格一些。

②企业承担违约风险的能力。

企业承担违约风险的能力强弱，对信用标准的选择也有着重要的影响。当企业具有较强的违约风险承担能力时，就可以以较低的信用标准提高竞争力，争取客户，扩大销售；反之，如果企业承担违约风险的能力比较脆弱，就只能选择严格的信用标准以尽可能降低违约风险的程度。

③客户的资信程度。

企业在设定某一客户的信用标准时，往往先要评估其赖账的可能性。这可以通过"5C"系统来进行。所谓"5C"系统，就是评估客户信用品质的5个方面，即品质（Character）、能力（Capacity）、资本（Capital）、抵押（Collateral）、条件（Conditions）。

A.品质。

品质是指客户的信誉，即履行偿债义务的可能性。企业必须设法了解客户过去的付款记录，看其是否有按期如数付款的一贯做法，以及与其他供货企业的关系是否良好。品质反映了客户履约或违约的可能性，是信用评价体系中的首要因素。

B.能力。

能力是指客户的偿债能力，即其流动资产的数量及与流动负债的比例。同时，还应注意客户流动资产的质量，看是否存在存货过多、过时或质量下降，以及影响其变现能力和支付能力的情况。

C.资本。

资本是指客户的财务实力和财务状况，表明客户可能偿还债务的背景。该指标主要是根据有关的财务比率来测定客户净资产的大小及其获利的可能性。

D.抵押。

抵押是指客户拒付款项或无力支付款项时能被用做抵押的资产。这对于不知底细或信用状况有争议的客户尤为重要。一旦收不到这些客户的款项，便以抵押品抵补。如果这些客户能提供足够的抵押，就可以考虑向他们提供相应的信用。

E.条件。

条件是指可能影响客户付款能力的经济环境，包括一般经济发展趋势和某些地区的特殊发展情况。比如，万一出现经济不景气，其会对客户的付款产生什么影响，客户会如何做，等等。这需要了解客户在过去困难时期的付款历史。

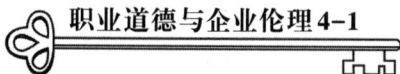

职业道德与企业伦理4-1

四川长虹巨额亏损

背景与情境： 在2003年3月6日，四川长虹曾就媒体报道公司在美国遭巨额诈骗进行了澄清：公司在美国遭巨额诈骗纯属捏造，报道情况与公司的实际不符；当时公司的生产经营一切正常，应收账款情况正常。在这之后的一年多时间里，四川长虹与美国进口商APEX公司的彩电出口业务一直照常进行。2004年12月28日，四川长虹董事会审议并一致通过公司拟对APEX公司应收账款计提坏账准备的决议。公告称，目前，美国进口商APEX公司由于受专利费、美国对中国彩电反倾销等因素的影响，出现了较大的亏损，全额支付公司欠款存在着较大困难。公司难以估计美国的彩电反倾销、其他外国公司征收高额专利费的影响，以及APEX的应收账款可能会因前述影响而产生的风险。据此，公司董事会决定按更为谨慎的个别认定法对该项应收账款计提坏账准备，按会计估计变更进行相应的会计处理。截至2004年12月25日，公司应收APEX账款余额46 750万美元，根据对APEX公司现有资产的估算，公司对APEX公司应收账款可能收回的资金在1.5亿美元以上，预计最大计提金额有3.1亿美元左右。同时，为了最大限度地减少损失，公司正积极努力地通过各种合法途径对该笔应收账款进行清收。在2004年12月28日的公告中，长虹公司对APEX公司应收账款和南方证券委托理财计提巨额减值准备。在发布了上市10年来的第一个预亏公告后，四川长虹（600839）2005年3月19日的公告称，经初步测算，公司2004年度按现行会计政策及谨慎性原则，对存货计提减值准备金额预计11亿元人民币左右。按照上述计提减值准备后，2004年度公司预计亏损37亿元人民币左右。

问题： 企业应如何评估客户的信用标准？

分析提示： 企业在设定某一客户的信用标准时，往往先要评估其赖账的可能性。这可以通过"5C"系统来进行。所谓"5C"系统，就是评估客户信用品质的5个方面，即品质（Character）、能力（Capacity）、资本（Capital）、抵押（Collateral）、条件（Conditions）。

（2）信用条件

信用条件是企业评价客户等级，决定给予或拒绝客户信用的依据。当企业根据信用标准决定给客户信用优惠时，就需要考虑具体的信用条件。信用条件是指企业接受客户信用订单时所提出的付款要求，主要包括信用期限、折扣期限及现金折扣率等。

①信用期限。

信用期限是企业允许顾客从购货到付款之间的时间间隔，或者说是企业给予顾客的付款期间。例如，若某企业允许顾客在购货后的50天内付款，则信用期限为50天。信用期限过短，不足以吸引顾客，在竞争中会使销售额下降；信用期限过长，对销售额增加固然有利，但只顾及销售增长而盲目放宽信用期限，所得的收益有时会被增长的费用抵消，甚至造成利润减少。因此，企业必须慎重研究，确定出恰当的信用期限。信用期限的确定，主要是分析改变现行信用期限对收入和成本的影响。延长信用期限，会使销售额增加，产生有利影响；与此同时，应收账款、收账费用和坏账损失增加，会产生不利影响。当前者大于后者时，可以延长信用期限，否则不宜延长。如果缩短信用期限，情况则与此相反。

同步案例4-4

信用期限是否改变

背景与情境： 大华公司2015年采用30天按发票金额付款的信用政策，2016年拟将信用期放宽至60天，仍按发票金额付款，即不给折扣，该公司投资的最低报酬率为15%，其他有关的数据见表4-3。

表4-3　　　　　　　　　　　　　　**信用期限备选方案表**　　　　　　　　金额单位：元

项 目　　　信用期限	30天	60天
销售量（件）	150 000	200 000
销售额（单价5元）	750 000	1 000 000
销售成本：		
变动成本（单价4元）	600 000	800 000
固定成本总额	60 000	60 000
可能发生的收账费用	5 000	6 000
可能发生的坏账损失	6 000	10 000

问题：根据以上资料，分析大华公司是否应改变信用期限？

分析提示：第一步，计算收益的增加。

销售的增加×单位边际贡献=（200 000-150 000）×（5-4）=50 000（元）

第二步，计算应收账款占用资金的机会成本的增加。

30天信用期机会成本=750 000÷360×30×4÷5×15%=7 500（元）

60天信用期机会成本=1 000 000÷360×60×4÷5×15%=20 000（元）

机会成本增加=20 000-7500=12 500（元）

第三步，计算收账费用和坏账损失增加。

收账费用增加=6 000-5 000=1 000（元）

坏账损失增加=10 000-6 000=4 000（元）

第四步，计算改变信用期的净损益。

改变信用期的净损益=收益增加-成本费用增加=50 000-（12 500+1 000+4 000）

　　　　　　　　=32 500（元）

由于收益的增加大于成本的增加，故应采用60天的信用期。

上述信用期分析的方法是比较简略的，可以满足制定一般的信用政策的需要。如有必要，也可以进行更细微的分析，如进一步考虑销货增加引起存货增加而多占用的资金，以及在信用期内提前付款给予现金折扣造成收入和成本的变化等。

②现金折扣政策。

现金折扣是企业对顾客在商品价格上所做的扣减。向顾客提供这种价格上的优惠，其主要目的在于吸引顾客为享受优惠而提前付款，缩短企业的平均收款期。另外，现金折扣也能吸引一些视折扣为减价出售的顾客前来购货，借此扩大销售量。

折扣的表示常采用如"5/10，3/20，N/30"这样一些符号形式。这三种符号的含义为：5/10表示10天内付款，可享受5%的价格优惠，即只需支付原价的95%，如原价为10 000元，只支付9 500元；3/20表示20天内付款，可享受3%的价格优惠，即只需支付原价的97%，若原价为10 000元，只支付9 700元；N/30表示付款的最后期限为30天，30天后付款无优惠。

企业采用什么程度的现金折扣，要与信用期限结合起来考虑。比如，要求顾客最迟不超过30天付款，若希望顾客20天、10天付款，能给予多大折扣？或者，给予5%、3%的折扣，能吸引顾客在多少天内付款？不论是信用期间还是现金折扣，都可能给企业带来收益，但也会增加成本，主要是价格折扣损失。当企业给予顾客某种现金折扣时，应当考虑折扣所能带来的收益与成本孰低，以权衡利弊，确定合理的现金折扣政策。

因为现金折扣是与信用期限结合使用的，所以确定折扣程度的方法与程序实际上与前述确定信用期限的方法与程序一致，只不过要把所提供的延期付款时间和折扣综合起来，计算各方案的延期与折扣能取得多大的收益增量，再计算各方案带来的成本变化，最终确定最佳方案。

同步案例4-5

是否给予现金折扣政策

背景与情境：大华公司预测2016年度赊销额为1 800万元，其信用条件是N/30，变动成本率为60%，资金成本率为10%。假设企业收账政策不变，固定成本总额不变。公司准备了三种信用条件的备选方案，有关数据见表4-4。

表4-4 信用条件备选方案表 金额单位：万元

项目 / 信用条件 / 方案	甲 N/30	乙 N/60	丙 N/90
年赊销额	1 800	2 160	2 400
应收账款平均收账天数	30	60	90
应收账款平均余额	1 800÷360×30=150	2 160÷360×60=360	2 400÷360×90=600
维持赊销业务所需资金	150×60%=90	360×60%=216	600×60%=360
坏账损失率	2%	3%	6%
坏账损失	1 800×2%=36	2 160×3%=64.8	2 400×6%=144
收账费用	20	36	86

根据以上资料，可计算如下指标分析三种方案的净收益，从而选择最优的方案，见表4-5。

表4-5 信用条件分析评价 金额单位：万元

项目 / 信用条件 / 方案	甲 N/30	乙 N/60	丙 N/90
年赊销额	1 800	2 160	2 400
变动成本	1 080	1 296	1 440
信用成本前收益（边际贡献）	720	864	960
信用成本：			
应收账款机会成本	90×10%=9	216×10%=21.6	360×10%=36
坏账损失	36	64.8	144
收账费用	20	36	86
小计	65	122.4	266
信用成本后收益	655	741.6	694

根据表4-5的分析可知，在这三种方案中，乙方案（N/60）的获利最大，比甲方案增加收益86.6万元，比丙方案（N/90）的收益要多47.6万元。因此，在其他条件不变的情况下，应选择乙方案。

大华公司为了加速应收账款的回收，决定在乙方案的基础上将赊销条件改为"2/10，1/10，N/60"，估计将有60%的客户会在10天内付款，15%的客户将在20天内付款。坏账损失率降为1.5%，收账费用降为30万元。

问题： 根据以上资料，分析大华公司采用现金折扣政策是否合理。

分析提示： 根据上述资料，有关指标可计算如下：

应收账款平均收账天数=60%×10+15%×20+（1-60%-15%）×60=24（天）

应收账款平均余额=2 160÷360×24=144（万元）

维持赊销业务所需资金（应收账款占用资金）=144×60%=86.4（万元）

应收账款机会成本=86.4×10%=8.64（万元）

坏账损失=2 160×1.5%=32.4（万元）

收账费用=30（万元）

现金折扣=2 160×（2%×60%+1%×15%）=29.16（万元）

信用成本后收益=2 160-1 296-8.64-32.4-30-29.16=763.8（万元）

由于采用现金折扣政策后收益为763.8万元，比未采用现金折扣增加收益22.2万元，因此企业采用现金折扣政策更为合理。

③收账政策。

收账政策是指企业针对客户违反信用条件、拖欠甚至拒付账款所采取的收账策略与措施。例如，对过期时间较短的顾客，可以措辞婉转地写信催款；对过期时间较长的顾客，需频繁地写信催讨并电话催询；对过期时间很长的顾客，可在催款时措辞严厉，必要时提请有关部门仲裁或提起诉讼等。催收账款要发生费用，某些催款方式的费用还会很高（如诉讼费）。一般说来，收账的花费越大、收账措施越有力，可收回的账款就越大，坏账损失也就越小。因此，制定收账政策是要在增加收账费用与减少坏账损失、减少应收账款机会成本之间进行权衡的，若前者小于后者，则说明制定的收账政策是可取的。有效、得当的收账政策的制定在很大程度上依赖于有关人员的经验。由于收账的优劣取决于应收账款总成本是否最小，因此可以通过比较各收账方案成本的大小对其加以选择。

影响企业信用标准、信用条件及收账政策的因素有很多，如销售额、赊销期限、收账期限、现金折扣、坏账损失、过剩生产能力、信用部门成本、机会成本、存货投资等的变化。这就使信用政策的制定更为复杂。一般来说，理想的信用政策就是企业采取或松或紧的信用政策时所带来的收益最大的政策。

教学互动4-2

互动问题： 牛根生于1999年创办了蒙牛乳业。在"一无工厂、二无奶源、三无市场"的困境下，以及还要与中国乳业巨头"伊利"相对抗的情况下，牛根生利用赊销方式开拓了蒙牛的市场，抢占了伊利忽视的市场份额，以内蒙古作为据点，然后向京津地区发展，最后成为覆盖全国、能够与伊利并驾齐驱的中国乳制品巨头。请问你对赊销有何感想？

要求： （1）学生独立思考，课堂讨论，自由发表见解。

（2）教师组织讨论，对学生的典型见解进行点评。

5）应收账款的日常管理

对于大多数企业来说，应收账款的存在很正常，有些企业应收账款的余额还比较大。应收账款是企业对外提供商业信用的结果，其中往往蕴涵着巨大的风险，因此，必须加强对企业应收账款的日常管理。采用有力的措施进行分析、控制，及时发现问题和解决问题。这些措施主要包括，应收账款的追踪分析、账龄分析、收现保证率分析。

①应收账款追踪分析。

一般来说，客户赊销产品后能否按期偿还货款，主要取决于以下三个因素：其一，客户的信用品质；其二，客户的财务状况；其三，客户是否可以实现该产品的价值转换或增值。其中，客户信用品质和财务状况是企业在赊销之前就必须注意分析的问题。在赊销之后，仍应进行追踪分析，因为这两个因素是有可能随时发生变化的。当发现客户的这两个因素有发生变化的可能性时，企业应采取果断的措施，尽快地收回应收账款，哪怕是只能暂时收回部分应收账款，并且应该对客户的信用记录进行相应的调整。第三个因素对客户能否及时支付应收账款也具有重大的影响。如果客户可以实现该产品的价值转换，尤其是可以实现该产品的价值增值，那么客户就会愿意及时付款。原因是一方面他此时有付款的能力，另一方面是他希望建立良好的信誉，为以后的交易打下基础。从这个意义上说，应收账款问题并不仅仅是交易双方的问题，常常会涉及第三方。在商品的流通过程中，有一个环节出了问题，将可能导致一系列的信用危机。所以，在进行应收账款的追踪分析时，应时刻关注客户及其交易伙伴的以上三个因素的变化，以便及时做出决策。当然，企业不可能也没有必要对全部的应收账款都进行追踪分析。企业应该将主要精力集中在那些交易金额大、交易次数频繁或信用品质有疑问的客户身上。

②应收账款账龄分析。

应收账款的账龄是指未收回的应收账款从产生到目前的整个时间。企业已发生的应收账款的账龄有长有短，有的在信用期内，有的已逾期。我们进行应收账款的账龄分析的重点是已逾期拖欠的应收账款。应收账款账龄分析，即应收账款账龄结构分析。所谓应收账款的账龄结构，是指各类不同账龄的应收账款余额占应收账款总体余额的百分比。在应收账款的账龄结构中，可以清楚地看出企业应收账款的分布和被拖欠情况，以便于企业加强对应收账款的管理。

一般来说，应收账款被拖欠的时间越长，催收的难度就越大，成为坏账的可能性也就越高。所以，将应收账款按账龄分类，尤其是按被拖欠的时间分类，密切关注应收账款的回收情况是加强应收账款日常管理的重要环节。

业务链接4-1

应收账款账龄分析

华泰企业应收账款账龄结构见表4-6。

表4-6 **应收账款账龄结构表**

应收账款账龄	金额（万元）	比重（%）
信用期内	600	60
逾期半年以内	200	20
逾期半年至一年	100	10
逾期一年至两年	50	5
逾期两年至三年	40	4
逾期三年以上	10	1
应收账款总计	1 000	100

表 4-6 表明，从总体上看，该企业逾期的应收账款为 400 万元，占 40%，比重较大，所以应引起财务管理人员的高度重视。

对企业应收账款的账龄结构确定以后，如果发现逾期的应收账款比重较大，首先应分析产生这种情况的原因。如果属于企业信用政策的问题，应立即进行信用政策的调整；其次，应具体分析拖欠客户的情况，搞清这些客户发生拖欠的原因是什么，拖欠的时间有多长，拖欠的金额有多少；最后，针对不同的情况采取不同的收账方法，制订经济可行的收账方案。同时，对尚未过期的应收账款也不应放松管理，防止发生新的逾期拖欠。

③应收账款收现保证率分析。

应收账款收现保证率是指在一定会计期间内必须收现的应收账款占全部应收账款的比重。所谓的必须收现的应收账款是指在一定会计期间内，为了保证企业正常的现金流转，特别是满足具有刚性约束的纳税及偿付不能展期的到期债务的需要，而必须通过应收账款收现来补充的现金，其数值等于当期必要现金支付总额（CB）与当期其他稳定可靠的现金流入总额（CW）之间的差额。应收账款收现保证率计算公式为：

$$应收账款收现保证率=\frac{必须收现的应收账款}{全部应收账款} \tag{4-7}$$

当期其他稳定可靠的现金流入总额是指除应收账款收现以外，可以取得的其他稳定可靠的现金流入数额，主要包括短期有价证券变现净额、可随时取得的银行贷款额等。企业当期现金支付需要量与当期应收账款之间存在着密切的关系，企业的应收账款的回收是企业现金的主要来源，但是应收账款的收现期却往往不稳定，其与现金的需要时间也往往不一致。所以，必须确定一个应收账款收现的最低标准，以保证企业的现金需要。应收账款收现保证率的设置正是这种需要的产物。

4.4 存货管理

企业为了实现存货管理目标，需明确存货的功能和成本，进而考虑企业的存货经济批量，并抓好存货的日常管理。

1）存货管理目标

存货是指企业在生产经营过程中为销售或者耗用而储备的物资，包括各类材料、商品、在产品、半成品、产成品等。存货在流动资产中所占的比重较大，存货管理水平的高低对企业生产经营的顺利与否具有直接的影响，并且最终会影响到企业的收益、风险和流动性的综合水平，因此，存货管理在整个流动资产管理中具有重要的地位。

存货管理的目标就是权衡存货产生的收益和发生的成本，合理地控制存货水平，在保证生产经营正常进行的前提下，尽量降低存货成本。

2）存货功能

（1）保证生产经营的需要

如果工业企业能在生产投料时随时购入所需的原材料，或者商业企业能在销售时随时购入该项商品，就不需要存货。但实际上，由于某些材料的市场供给短缺或企业距供货点较远而需要经过运输并可能出现意外情况，企业很少能做到随时购入生产或销售所需的各种物资，为了避免或减少出现停工待料、停业待货等事故，企业需要备有存货。

（2）节约购货成本

批量购进存货一般会比零星购进价格便宜，相关采购费用分摊减少。

3）存货成本

存货具有维持均衡生产、降低进货成本等许多功能，企业持有存货必不可少，但是，并不是说存货持有越多越好，因为持有存货，必然会发生一定的成本支出。存货成本主要有进货成本、储存成本和缺货成本。

（1）进货成本

进货成本是指存货的取得成本，主要由存货进价和进货费用构成。

存货进价是指存货本身的价值，等于存货进货数量与单价的乘积，又称为购置成本。在一定时期进货总量既定、物价不变且无采购数量折扣的条件下，无论企业采购次数如何变动，存货进价成本通常是保持相对稳定的，属于决策的无关成本。

进货费用又称订货成本，是指企业为组织进货而支付的费用，如与存货采购有关的办公费、差旅费、邮资、电话费、运输费、检验费、入库搬运费等支出，也称为进货费用。订货成本有一部分与订货次数无关，如常设采购机构的基本开支等，称为订货的固定成本，这类固定性进货费用属于决策的无关成本；另一部分与订货次数有关，如差旅费、邮资、通信费用等，与进货次数成正比例变动，这类变动性进货费用属于决策的相关成本。

同步思考 4-3

存货的进价成本是否总是存货决策的无关成本？

理解要点：在一定时期进货总量既定、物价不变且无采购数量折扣的条件下，无论企业采购次数如何变动，存货的进价成本通常是保持相对稳定的，属于决策的无关成本。但如果存在数量折扣的情况，买得越多，价格越低，这样进价成本会降低，就与存货决策相关。

（2）储存成本

储存成本是指企业为持有存货而发生的费用，主要包括存货占用资金所应计的利息（即机会成本：若企业用现有资金购买存货，便失去了现金存放银行或投资于证券本应取得的利息，是为"放弃利息"；若企业借款购买存货，便要支付利息费用，是为"付出利息"）、仓库费用、存货破损变质损失、存货的保险费用等。储存成本按照与储存数额的关系也分为固定成本和变动成本。固定成本与存货数量的多少无关，如仓库折旧、仓库职工的固定月工资等，是决策无关成本；变动成本则与存货的数量有关，如存货资金的应计利息、存货的破损和变质损失、存货的保险费用等，属于决策的相关成本。

（3）缺货成本

缺货成本是指因存货不足而给企业造成的损失，主要包括材料供应中断造成的停工损失、产成品库存缺货造成的拖欠发货损失和丧失销售机会的损失，还应包括需要主观估计的商誉损失等有形和无形的损失。如果生产企业以紧急采购代用材料解决库存材料中断之急，那么缺货成本表现为紧急额外购入成本，而紧急额外购入的开支会大于正常采购的开支。缺货成本能否作为决策的相关成本，应视企业是否允许出现存货短缺的不同情形而定。若允许缺货，则缺货成本便与存货数量呈反向相关，即属于决策相关成本；反之，若企业不允许发生缺货情形，此时缺货成本为零，也就无需加以考虑。但实际工作中，缺货成本因其计量十分困难常常不予考虑，但如果缺货成本能够准确计量的话，也可以在存货决策中考虑缺货成本。

4）存货经济批量

实现存货管理的目标，关键在于确定一个最佳的存货数量，对存货数量加以控制，使存货的总成本最低。为此需要解决以下问题：在某一时期需要订购和储存多少货物；应该在何时订购；存货的成本是多少，能否控制；哪些存货项目应引起特别注意。

按照存货管理的目的，需要通过合理的进货批量和进货时间，使存货的总成本最低，这个批量叫作经济进货批量或经济订货量。**经济进货批量是指能使一定时期存货的总成本达到最低点的进货数量**。决定存货经济批量的成本因素主要包括变动性进货费用、储存变动成本以及允许缺货时的缺货成本。不同的成本项目与进货批量呈现不同的变动关系。减少进货批量，增加进货次数，可降低储存成本，但会导致进货费用与缺货成本的提高；相反，增加进货批量，减少进货次数，尽管有利于降低进货费用与缺货成本，但同时会影响储存成本的高低。因此，如何协调各项成本间的关系，使其总和保持最低水平，是企业组织进货过程中需解决的主要问题。

（1）经济进货批量的基本模型

经济进货批量基本模型的确定是以如下假设为前提的：①企业一定时期的进货总量可以较为准确地预测；②存货的耗用或者销售比较均衡；③存货的价格稳定，且不存在数量折扣，进货日期完全由企业自行决定，企业能够及时补充存货，即需要存货时便可立即取得存货；④仓储条件及所需现金不受限制；⑤不允许出现缺货情形；⑥所需存货市场供应充足，不会因买不到所需存货而影响其他方面。

在满足以上假设的前提下，存货的进价成本、进货的固定费用和储存的固定成本均为常量，因为不存在缺货，短缺成本也不是决策的相关成本。此时，经济进货批量考虑的仅仅是使进货的变动成本（简称进货费用）与储存变动成本（简称储存成本）之和最低。此时，经济进货批量下的存货总成本的计算公式可表示为：

存货相关总成本=相关进货费用+相关储存成本

$$TC = \frac{A}{Q} \times B + \frac{Q}{2} \times C \tag{4-8}$$

式中：TC——存货相关总成本；A——某种存货的全年需要量；B——平均每次的进货费用；Q——每次进货批量；C——存货的年度单位储存成本。

利用数学原理可求出经济进货批量的基本模型，并导出最低存货相关总成本等的计算公式如下，存货的经济批量计算公式：

$$Q = \sqrt{\frac{2AB}{C}} \tag{4-9}$$

经济进货批量的相关总成本计算公式：

$$TC = \sqrt{2ABC} \tag{4-10}$$

经济进货批量平均占用资金计算公式：

$$I=\frac{Qp}{2} \tag{4-11}$$

年度最佳进货批次计算公式：

$$N=\frac{A}{Q} \tag{4-12}$$

式中：I——经济进货批量平均占用资金；p——进货单价；N——年度最佳进货批次。

业务链接4-2

经济进货批量

假设大华公司每年需耗用甲材料720千克，该材料的单位采购成本20元，单位储存成本4元，平均每次进货费用40元，则计算有关数据如下：

$$Q=\sqrt{\frac{2AB}{C}}=\sqrt{\frac{2\times40\times720}{4}}=120（千克）$$

$$TC=\sqrt{2ABC}=\sqrt{2\times720\times40\times4}=480（元）$$

$$I=\frac{Qp}{2}=\frac{120}{2}\times20=1\ 200（元）$$

$$N=\frac{A}{Q}=\frac{720}{120}=6（次）$$

（2）实行数量折扣条件下经济进货批量模型

在实际工作中，购买存货通常还存在着数量优惠，购买越多，企业可获得的价格优惠就越大。因此，在存在商业折扣的情况下，计算经济进货批量时，既要考虑存货的进货和储存成本，又要考虑存货的买价。因为此时的存货进价成本已经与进货数量的大小有了直接的联系，属于决策的相关成本，存货的总成本应等于进价、进货费用及储存成本之和。

享受数量折扣条件下经济进货批量模型计算的基本步骤是：首先按照基本模型确定出无数量折扣情况下的经济进货批量及其总成本，然后考虑不同批量的进价成本差异因素，通过比较，确定成本总额最低的进货批量，即为有数量折扣时的经济进货批量。

业务链接4-3

经济进货批量

大华公司乙材料的年需要量为4 000千克，每千克单价为20元。销售方规定：客户每批购买量达1 000千克时价格可优惠2%；购买量达2 000千克时价格可优惠3%。已知每批订货成本为60元，单位材料的年储存成本3元。则：

第一步，计算在没有折扣时（进货批量1 000千克以下）经济进货批量：

$$Q=\sqrt{\frac{2AB}{C}}=\sqrt{\frac{2\times4\ 000\times60}{3}}=400（千克）$$

$$TC=4\ 000\times20+\sqrt{2\times4\ 000\times60\times3}=81\ 200（元）$$

第二步，计算进货批量为1 000千克时（可享受2%的价格优惠）经济进货批量：

$$TC=4\ 000\times20\times（1-2\%）+\frac{4\ 000}{1\ 000}\times60+\frac{1\ 000}{2}\times3=80\ 140（元）$$

第三步，计算进货批量为2 000千克时（可享受3%的价格优惠）经济进货批量：

$$TC=4\ 000×20×（1-3\%）+\frac{4\ 000}{2\ 000}×60+\frac{2\ 000}{2}×3=80\ 720（元）$$

第四步，比较得出结论：

通过以上结果比较可知，成本总额最低的经济进货批量为 1 000 千克。

（3）允许缺货时的经济进货模式

允许缺货的情况下，企业对经济进货批量的确定，就不仅要考虑进货费用与储存费用，而且还必须对可能的缺货成本加以考虑，即能够使三项成本总和最低的批量就是经济进货批量。但实际中，缺货成本的计量往往比较困难。企业应根据缺货后对企业造成的损失来进行估计，比如材料供应中断造成的停工损失、成品供应中断导致延误发货的信誉损失以及丧失销售机会等的损失。

5）存货的日常管理

存货日常管理的目标是在保证企业生产经营正常进行的前提下尽量减少库存，防止积压。实践中常用的方法有存货储存期管理和存货 ABC 分类管理。

（1）存货储存期管理

为了加快存货的流转，企业应该尽量缩短存货的储存期，尤其是应该缩短产品或商品的储存期。这是因为储存存货会占用资金和增加仓储管理费，而且在市场变化很快的情况下，储存期过长有可能导致企业的产品或商品滞销而给企业带来巨大的损失。因此，尽力缩短存货储存期，加速存货周转，是提高企业经济效益、降低企业经营风险的重要手段。

企业持有存货而发生的费用，按照其与储存时间的关系可以分为固定储存费用与变动储存费用两类。前者与存货储存期的长短无直接关系。后者则与存货储存期的长短有密切关系，如存货资金占用费、存货储存管理费等。它们与利润存在以下关系：

利润=毛利-销售税金及附加-固定储存费-变动储存费　　　　　　　　　　(4-13)

利润=毛利-销售税金及附加-固定储存费-每日变动储存费×储存期

$$存货保本期=\frac{毛利-销售税金及附加-固定储存费}{每日变动储存费}$$

$$存货保利储存期=\frac{毛利-销售税金及附加-固定储存费-目标利润}{每日变动储存费}　　　　(4-14)$$

对存货储存期的管理，可以及时为经营决策者提供存货的储存状态信息。这样，决策者就可以对不同的存货采取相应的措施。一般来说，凡是已过保本期的产品或商品大多属于积压滞销的存货，企业应该采取降价促销的办法，尽快将其推销出去；对超过保利期但未过保本期的存货，应当分析原因，找出对策，力争在保本期内将其销售出去；对于尚未超过保利期的存货，企业应当密切监督，防止发生过期损失。企业每隔一段时间应对各类产品的销售状况做出总结，调整企业未来的产品结构，提高存货的周转速度和投资效益。

同步案例4-6

存货储存期管理

背景与情境：华群商品流通企业购进甲商品 3 000 件，单位进价（不含增值税）50 元，单位售价 70 元（不含增值税），经销该商品的固定费用为 30 000 元。销售税金及附加2 000元，每日变动储存费为200元。

问题：①计算该批存货的保本储存期；②若该企业欲获得20 000元的利润，计算其保利储存期；③若该存货实际储存期为60天，计算其可获得的利润。

分析提示：①存货保本储存期=［（70-50）×3 000-2 000-30 000］÷200=140（天）

②保利储存期=［（70-50）×3 000-2 000-30 000-20 000］÷200=40（天）

③实际储存期介于保本储存期与保利储存期之间，但比较接近保利储存期，销售情况较好，可以获利16 000元（20 000-200×20）。

（2）存货ABC分类管理

一般来说，企业的存货品种繁多、数量巨大。如何对这些存货加强管理是财务管理工作的重要课题。19世纪意大利经济学家巴雷特首创了ABC控制法，存货ABC分类管理就是这种方法在存货管理中的具体应用。**存货ABC分类管理**就是将存货按照一定的标准分成A、B、C三类，然后，按照各类存货的重要程度分别采取不同的方法进行管理。这样，企业就可以分清主次，突出管理重点，提高存货管理的整体效率。存货的划分标准主要有两个：一是存货的金额，二是存货的品种数量，以存货的金额为主。其中：A类存货标准是存货金额很大，存货的品种数量很少；B类存货标准是存货金额较大，存货的品种数量较多；C类存货标准是存货金额较小，存货的品种数量繁多。

虽然每个企业的生产特点不同，每个企业存货的具体划分标准各不相同，但一般来说，存货的划分标准大体如下：

A类存货金额占整个存货金额比重的70%左右，品种数量占整个存货品种数量的10%左右；B类存货金额占整个存货金额比重的20%左右，品种数量占整个存货品种数量的20%左右；C类存货金额占整个存货金额比重的10%左右，品种数量占整个存货品种数量的70%左右。

将存货划分成A、B、C三类后，再采取不同的管理方法。A类存货应进行重点管理，经常检查这类存货的库存情况，严格控制该类存货的支出。由于该类存货的品种数量很少，而占用企业资金很多，所以企业应对其按照每一个品种分别进行管理；B类存货的金额相对较大，数量也较多，可以通过划分类别的方式进行管理，或者按照其在生产中的重要程度和采购难易程度分别采用A类或C类存货的管理方法，C类存货占用的金额比重很小，品种数量又很多，可以只对其进行总量控制和管理。

存货的ABC分类方法和步骤如下：

第一步，计算每一种存货在一定时期内的资金占用额；

第二步，计算每一种存货资金占用额占全部资金占用额的百分比，并按大小顺序排列，编成表格；

第三步，根据事先确定的标准，将存货分成A、B、C三类，并用图表形式表示出来。

业务链接4-4

存货的ABC分类管理

大华公司有20种材料，总金额为2 000 000元，按金额多少的顺序排列后，根据上述原则划分成A、B、C三类，具体情况见表4-7。

表 4-7   存货资金占用表

材料品种 （编号）	金额 （元）	类别	各类存货所占的		各类存货占用资金的	
			品种	比重（%）	金额（元）	比重（%）
1	800 000	A	2	10	1 400 000	70
2	600 000					
3	150 000	B	4	20	400 000	20
4	120 000					
5	80 000					
6	50 000					
7	30 000	C	14	70	200 000	10
8	25 000					
9	22 000					
10	21 000					
11	20 000					
12	18 000					
13	13 500					
14	13 000					
15	10 500					
16	7 000					
17	6 000					
18	5 500					
19	4 500					
20	4 000					
合计	2 000 000		20	100	2 000 000	100

　　从表 4-7 可以看出：编号 1 和 2 两种材料属于 A 类存货，编号 3~6 共 4 种材料属于 B 类存货，编号 7~20 共 14 种材料属于 C 类存货。通过对存货进行 ABC 分类，可以使企业分清主次，采取相应的对策进行有效的管理、控制。企业在组织经济进货批量、储存期分析时，对 A、B 两类存货可以按品种、类别进行分析，对 C 类存货只需要加以灵活掌握即可。此外，企业还可以运用 ABC 分类法，通过研究各类消费者的消费倾向、档次等，对各档次存货的需要量（额）加以估算，并购进相应数量的存货，从而使企业存货的购进与销售工作有效地建立在市场调查的基础上，收到良好的控制效果。

教学互动 4-3

互动问题：丰田汽车公司在存货管理上善于运用 ABC 分类管理法，把不同的物料分为几大类，依照公司设定的原则，在数量上分别对各类货品实施控制。这种分类管理法，依据由后向前推进的订货方式，以保证"准时化生产"，进而杜绝了浪费现象，使得产品的生产数量与销售数量尽可能保持一致，实现了生产的"零库存"。请问你对此有何感想？

要求：（1）学生独立思考，课堂讨论，自由发表见解。

（2）教师组织讨论，对学生典型见解进行点评。

第5章
财务成果与评价

学习目标

通过本章学习，应该达到以下目标：

理论目标：学习和掌握利润的概念、作用，股利理论，各种股利政策的优缺点，股票分割的概念、作用，股本回购的影响和方式，财务报表分析的基本内容等陈述性知识；能用其指导"财务成果与评价"的相关认知活动。

实务目标：学习和掌握目标利润预测的步骤、方法及相关计算，利润分配的基本原则，利润分配应考虑的因素，股利政策的选择，利润分配程序及股利分配方案确定，股本回购的法律规定与动机，财务报表分析的步骤、基本方法与相关计算，企业偿债能力指标、盈利能力指标、发展能力指标、营运能力指标的计算与分析，企业财务综合分析方法，"业务链接"等程序性知识；能用所学实务知识规范"财务成果与评价"的相关技能活动。

案例目标：运用"财务成果与评价"的理论与实务知识研究相关案例，培养和提高在特定业务情境中分析问题与决策设计的能力；能结合本章教学内容，依照"职业道德与会计伦理"的行业规范或标准，分析会计行为的善恶，强化职业道德素质。

实训目标：参加"财务成果与评价"业务胜任力的实践训练。在了解和掌握本实训所及"能力与道德领域"相关"技能点"的"规范与标准"的基础上，通过切实体验"财务成果与评价"各实训任务的完成，系列技能操作的实施，各项目实训报告的准备、撰写、讨论与交流等有质量、有效率的活动，培养"财务成果与评价"的专业能力，强化"信息处理"、"解决问题"和"革新创新"等职业核心能力（中级），并通过"认同级"践行"职业观念"、"职业情感"、"职业态度"和"职业作风"等行为规范，促进健全职业人格的塑造。

引例　万科的杜邦财务分析

背景与情境：2008年3月伊始，万科东莞房价优惠再创新高，"银行购房团"得到了7折的优惠价格，这是万科掀起降价风潮以来，在二线城市降价幅度最大的一次。万科集团执行副总裁肖莉接受记者的专访时表示：

"快速开发，快速销售，是万科一贯坚持的策略。"

"在利润率和周转率之间，万科一直偏重的是后者。过去的经营业绩已经证明这一发展模式的合理性。"

"快速周转的开发和销售模式，仍然具有强有力的刚性需求支撑。"

"对投资者来说，真正重要的指标是净资产收益率。万科的策略一向是追求尽可能快的周转速度，以及在此基础上合理的利润率。我们目前的定价策略也是基于这一原则，在合理的利润率和周转率之间寻求平衡。对股东们来说，这也是最符合他们利益的选择。"

结合万科副总裁答记者的专访，请思考以下问题：

1）为什么对投资者来说，真正重要的指标是净资产收益率？

2）"快速开发，快速销售"的策略，将会通过哪个财务指标体现出来？

3）引起企业净资产收益率增减变化的主要因素是什么？

4）杜邦财务分析能否反映出企业的财务策略和经营策略？

从引例中可以看出，企业应深入细致地剖析相关的财务指标，洞悉其背后的经济意义；同时，财务分析能为企业的发展提供管理建议，有助于企业制定经营策略。

5.1　利润分配管理

5.1.1　利润的概念和作用

1）利润的概念

企业的利润是指企业在一定会计期间的经营成果，在数额上表现为企业在一定会计期间内实现的收入减去费用后的净额。在不同的情况下，利润的概念也不完全一样，下面介绍几种利润的概念。

（1）营业利润

按照2006年财政部颁布的《企业会计准则第30号——财务报表列报》的要求，营业利润的计算公式如下：

$$\frac{营业}{利润}=\frac{营业}{收入}-\frac{营业}{成本}-\frac{营业}{税金}-\frac{销售}{费用}-\frac{管理}{费用}-\frac{财务}{费用}-\frac{资产}{减值损失}+\frac{公允价值}{变动净收益}+\frac{投资}{收益} \tag{5-1}$$

营业利润是企业最基本经营活动的成果，也是企业一定时期获得利润最主要、最稳定的来源。

（2）利润总额

利润总额是指企业在所得税前一定时期内经营活动的总成果。其计算公式为：

$$利润总额=营业利润+营业外收入-营业外支出 \tag{5-2}$$

（3）净利润

净利润是指利润总额减去所得税以后的余额，一般也称为税后利润。其计算公式为：

$$净利润=利润总额×（1-所得税税率） \tag{5-3}$$

净利润是一个企业经营的最终成果，它是归企业所有者的利润，对实现所有者财富或股东财富最大化目标具有十分重要的意义。

（4）毛利

毛利是营业收入减去营业成本后的净额。其计算公式为：

$$毛利=营业收入-营业成本 \tag{5-4}$$

毛利反映了企业产品售价与产品成本之间的关系。如果毛利比较高，说明企业盈利能力比较强；如果毛利比较低，表明企业盈利能力弱。毛利在一定程度上反映了产品本身的获利能力。

（5）息税前利润

息税前利润是指扣除利息费用和所得税之前的利润。其计算公式为：

$$息税前利润=税后利润+所得税+利息费用 \tag{5-5}$$

息税前利润能比较好地反映企业的盈利水平。由于它不受企业资金结构、所得税税率及其他有关因素的影响，所以能比较好地反映企业的经营管理水平，便于不同企业之间的比较。

（6）目标利润

目标利润是企业未来一定期间必须经过努力才能够达到的利润水平，它是企业经营目标的重要组成部分。

2）利润的作用

企业实现的利润越多，企业对社会的贡献就越大，企业自身也会得到更快的发展。对企业而言，利润主要有以下作用：利润是衡量企业生产经营水平的一项综合性指标；利润是企业实现财务管理目标的基础；利润是企业扩大再生产的资金来源的重要保障。

5.1.2　目标利润预测

目标利润预测的根本目的是在考虑企业生存发展对利润的需求的基础上，结合企业的主客观条件，提出企业未来一定期间从事生产经营活动应实现的利润目标。由于目标利润是需要经过努力之后才能达到的利润水平，所以在进行目标利润管理的过程中，一般需要遵循以下步骤：确定保本点，预测利润，规划最优的目标利润，为保证目标利润实现而对目标销售量、销售额和销售单价进行预测，进行利润敏感性分析。

1）预测利润

预测利润一般可根据企业销售预测中预计的计划期经营活动水平（销售量）和成本水平，采用本量利分析法进行预测，然后再规划最优的目标利润。

本量利分析是指对成本、业务量、利润三者的相互关系的分析。**本量利分析法**是通过分析有关产品的产销数量、销售价格、销售税金、变动成本和固定成本等因素与利润的关系，来计算并确定企业目标利润的一种方法。

本量利分析法预测目标利润的计算公式为：

$$P=（p-b）×q-a \tag{5-6}$$

式中：P——目标利润；p——单位产品售价；b——单位变动成本；q——预计销售量；a——固定成本总额。

同步案例5-1

西北公司的利润预测

背景与情境： 西北公司今年生产并销售一种产品800件，销售单价100元，单位变动生产成本78元，单位变动销售税金为销售额的2%，固定成本总额为10 000元。经生产与销售部门预计，明年销售量将比今年增加20%，产品售价与成本水平保持不变。

问题： 该产品的保本点销售量为多少？该产品明年的预计利润为多少？

分析提示： 保本点销售量=10 000÷（100-100×2%-78）=500（件）

预计利润=（100-100×2%-78）×800×（1+20%）-10 000=9 200（元）

2）确定目标利润

对计划期可能实现的利润进行预测以后，就可以把企业的目标利润确定下来。它主要是企业管理当局根据本单位在计划期的实际生产能力、生产技术条件、材料物资供应情况、运输条件，以及市场预测等因素而提出来的最优化的战略目标。

（1）比例预测法

比例预测法就是根据历史上企业利润与有关财务指标的变动趋势，来预测计划期目标利润的一种方法。常用的比例预测法有营业利润率法、成本利润率法、资金利润率法和利润增长率法等。

①营业利润率法。营业利润率是利润与销售净收入的比值。利用这种比率预测利润的前提是：营业收入的预测已完成且较准确；营业利润率指标较稳定且能反映企业未来的经营趋势。其计算公式为：

目标利润=预计产品营业收入×基期营业利润率   (5-7)

同步思考5-1

西北公司2015年营业利润率为3%，预计2016年产品营业收入总额可达到3 000万元。公司正在讨论2016年目标利润的基数。如何快速地为西北公司确定目标利润的基数？

理解要点： 可以用营业利润率法计算目标利润，作为公司下一年度目标利润的基数。

西北公司的目标利润=3 000×3%=90（万元）

②成本利润率法。成本利润率是利润与成本的比值，对于不可比产品目标利润，可以按成本利润率计算，其计算公式为：

$$\frac{\text{不可比产品}}{\text{目标利润}}=\frac{\text{计划年度不可比}}{\text{产品成本总额}}×\frac{\text{不可比产品}}{\text{应销比例}}×\frac{\text{不可比产品预计}}{\text{成本利润率}}$$ (5-8)

同步思考5-2

西北公司计划在下一年度生产新产品，计划成本总额为80万元，预计产销比例为95%，目标成本利润率为10%，该公司新产品的目标利润可以确定为多少？

理解要点： 由于新开发的产品没有历史的营业利润率可以作为分析依据。因此，可以用成本利润率法来确定新产品的目标利润。

新产品目标利润=80×95%×10%=7.6（万元）

③资金利润率法。资金利润率是利润与资金平均占用额的比值。资金利润率法是根据企业投资额应获得的相应报酬来预测目标利润的一种方法。其计算公式为：

目标利润=预计资金占用总额×核定的资金利润率　　　　　　　　　　　　　　(5-9)

同步思考5-3

西北公司上年实际占用资金总额800万元，计划在下一年度为扩大销售，追加营运资金200万元，企业预期资金利润率为10%，该公司计划期的目标利润可以确定为多少？

理解要点： 可以用资金利润率法来确定西北公司的目标利润。

西北公司目标利润=（800+200）×10%=100（万元）

④利润增长率法。利润增长率法是在基期实际利润的基础上，根据以往利润增长率的变动趋势与幅度，并考虑到预测期可能发生的变动情况，确定预计利润增长率，从而求得目标利润的方法。其计算公式为：

目标利润=基期实际利润总额×（1+预计利润增长率）　　　　　　　　　　　　(5-10)

同步思考5-4

西北公司2015年实际利润总额为100万元，公司制定的年利润增长目标为6%，请问该公司2016年的目标利润可以确定为多少？

理解要点： 可以用利润增长率法来确定西北公司2016年的目标利润。

该公司2016年目标利润=100×（1+6%）=106（万元）

由于比例预测法简便易行，因此在企业预测目标利润时被广泛使用。但这种方法只适合于产品销售结构简单、销售价格和成本比较稳定，即利润率变动不大的企业。

（2）上加法

所谓上加法，是指根据企业自身发展、不断积累以及努力提高股东分红水平等的需要，估算企业净收益，预测目标利润的一种方法。其计算公式为：

企业留存收益=盈余公积+未分配利润　　　　　　　　　　　　　　　　　　(5-11)

净利润=留存收益÷（1-股利支付率）　　　　　　　　　　　　　　　　　　(5-12)

目标利润=净利润÷（1-所得税税率）　　　　　　　　　　　　　　　　　　(5-13)

同步案例5-2

确定西北公司的目标利润（上加法）

背景与情境： 西北公司计划在下一年度按净利润的10%和5%提取法定盈余公积。同时，按当年净利润的40%向投资者分配利润，并希望能新增未分配利润36万元，所得税税率为25%。

问题： 若要达到上述目标，则西北公司在下一年度的目标利润应为多少？

分析提示： 下一年度应实现的净利润=36÷（1-10%-5%-40%）=80（万元）

下一年度应实现的目标利润=80÷（1-25%）=106.67（万元）

3）目标利润的规划

为了保证目标利润的实现，需要从多方面采取措施，我们可以利用本量利分析法进行目标利润规划，确保目标利润的实现。

同步案例5-3

制订实现目标利润的规划方案

背景与情境：西北公司目前年产A产品2 500件，销售单价80元，单位变动成本60元，全年专属固定成本50 000元。目前，该产品处于既不盈利也不亏损的状态。为了实现10 000元的目标利润，公司管理层集中讨论了各种可以实现的途径，各部门提出以下思路与措施：一是降低销售单价，扩大销售量；二是降低销售单价，扩大销售量，降低单位变动成本；三是降低变动成本，压缩固定成本。

问题：各部门的对策是否可以实现产品的目标利润，如何协调？

分析提示：一种产品目标利润的实现，需要依靠各个部门的共同努力才能达到目标，而企业的资源是有限的，各部门的能力也是有差异的。因此，在制订实现目标的规划方案时，还需要结合不同部门的实际情况进行综合平衡、协调。其协调的基本工具可以用本量利分析法。分析过程如下：

思路一：降低销售单价，扩大销售量

企业管理层提出，公司可以采取薄利多销的办法，拟降价10%，则要实现目标利润，销售量应达到：

$$q=\frac{P+a}{p-b}=\frac{10\,000+50\,000}{80\times(1-10\%)-60}=5\,000\,（件）$$

可见，在当前条件下，要靠降价来实现目标利润，A产品的销量要提高到5 000件。

思路二：降低销售单价，扩大销售量，降低单位变动成本

经多方讨论，公司的销售单价只能降8%，销售部门能实现销售量3 000件，管理层进一步提出第二种措施，在降价的同时，降低单位变动成本。

$$b=\frac{p\times q-a-P}{q}=\frac{80\times(1-8\%)\times3\,000-50\,000-10\,000}{3\,000}=53.60\,（元）$$

也就是说，在现有条件的基础上，A产品的销售单价降低8%，销售量增加到3 000件，单位变动成本要降到53.60元，才能保证目标利润实现。

思路三：降低变动成本，压缩固定成本

经采购、制造车间讨论，单位变动成本最多只能降到55元。因此，管理当局应考虑能否压缩固定成本。

若要实现目标利润，固定成本应为：

a=（p-b）×q-P=［80×（1-8%）-55］×3 000-10 000=45 800（元）

也就是说，A产品在降价8%，销售量达到3 000件，单位变动成本降至55元的基础上，固定成本还得压缩4 200元（50 000-45 800）才能实现目标利润。

5.1.3 利润分配的基本原则

利润分配是指对企业净利润的分配。作为一项重要的财务活动，企业的利润分配应当遵循以下原则：

1）依法分配原则

企业利润分配必须依法进行。公司的法定公积金不足以弥补以前年度亏损的，在依照

前款规定提取法定公积金之前，应当先用当年利润弥补亏损。

股东会、股东大会或者董事会违反前款规定，在公司弥补亏损和提取法定公积金之前向股东分配利润的，股东必须将违反规定分配的利润退还公司。

公司持有的本公司股份不得分配利润。

同步案例 5-4

利润分配的有关规定

背景与情境：江北公司前三年发生巨额亏损，在 2015 年度扭亏为盈，为了满足股东分红的意愿，董事会决定在弥补亏损和提取法定公积金之前向股东分配利润。

问题：董事会提出的利润分配方案是否合法？

分析提示：《公司法》第 167 条规定，公司分配当年税后利润时，应当提取利润的 10% 列入公司法定公积金。公司法定公积金累计额为公司注册资本的 50% 以上的，可以不再提取。

2）资本保全原则

企业的利润分配是对投资者投入资本的增值部分所进行的分配，不是投资者资本金的返还。企业的利润分配必须遵循资本保全原则。

3）兼顾各方利益原则

企业的利润分配应当兼顾各方面的利益。投资者作为企业的所有者，依法享有净利润的分配权。企业债权人在向企业投入资金时承担了一定的风险，因此，企业的利润分配不能损害债权人的利益；企业员工是企业净利润的直接创造者，企业利润分配应当考虑员工的长远利益。因此，企业在进行利润分配时，应当统筹兼顾，维护各方利益。

4）分配与积累并重原则

企业的利润分配必须坚持分配与积累并重的原则。分配可以满足投资者当前的利益需求；积累不仅为企业扩大再生产筹措了资金，同时也增强了企业抗风险的能力，有利于保障投资者的长远利益。

5）投资与收益对等原则

企业进行利润分配应当遵循收益大小与投资比例相适应的原则。企业在向投资者分配利润时，应本着平等一致的原则，按照投资者投入资本的比例来进行分配，不允许发生任何一方多占多分的现象。

同步案例 5-5

投资与收益对等的规定

背景与情境：江北公司前三年发生巨额亏损，在 2015 年度扭亏为盈，为了满足股东分红的意愿，董事会决定在弥补亏损和提取法定公积金之前向股东分配利润。向公司法律顾问咨询，顾问说违反《公司法》的规定，因此董事会放弃了该分配预案。随即，董事会又提出按股东对公司的贡献程度大小作为分红依据。

问题：该分配依据是否符合投资与收益对等的规定，是否合法？

分析提示：《公司法》第 167 条和第 35 条规定，公司弥补亏损和提取公积金后所余税后利润，有限责任公司依照股东实缴的出资比例分配红利，股份有限公司按照股东持有的股份比例分配。但是，全体股东约定或章程规定不按出资比例、持股比例分配的除外。

5.1.4 利润分配应考虑的因素

企业的利润分配政策虽然是由企业管理者制定的，但实际上，管理者在做决策时会受到诸多因素的影响，使决策人只能根据当时的环境状况做出相应的选择。制约企业利润分配政策的因素主要有以下几个方面：

1）法律因素

（1）资本保全约束

资本保全约束要求公司股利的发放不能侵蚀资本，即当企业没有可供分配的利润时，不得派发股利。根据资本保全约束，企业派发的股利只能来源于当期利润或留存收益，不能来源于资本公积和实收资本。资本保全的目的在于防止企业任意减少资本结构中的所有者权益的比例，以保护债权人的利益。

（2）偿债能力约束

公司在采用现金分红时，会导致企业现金流出，而大量的现金支出必然会影响到公司的偿债能力。因此，在确定收益分配数量时，一定要考虑现金股利对公司偿债能力的影响，以确保在现金股利分配后公司仍能保持较强的偿债能力。

（3）资本积累约束

资本积累约束要求公司在分配利润时，必须按一定的比例和基数提取各种公积金。另外，它要求在进行股利分配时，贯彻"无利不分"的原则，即当企业出现年度亏损时，一般不进行利润分配。即使出于维护企业形象的考虑，动用以前年度的留存收益进行分配，其条件也必须是先弥补所有亏损后再进行，而且仍要保留一定数额的留存收益。

（4）超额累积利润约束

这是规定企业不能过度地进行利润积累。由于投资者接受股利收入所缴纳的个人所得税要高于进行股票交易所获取的资本利得所缴纳的税金，因此对于股份制企业而言，它可以通过积累利润使股价上涨的方式来帮助股东避税。有些国家的税法明确规定，对公司超额累积利润加征不合理留利税，以防止少数股东通过操纵股利分配达到逃避个人所得税的目的。

职业道德与企业伦理5-1

有限责任公司故意"不分红"可能被起诉

背景与情境： 江北公司的大股东利用其对公司的控制权，长期不向股东分配利润，并以商业秘密为由不允许中小股东查阅公司财务状况。

问题： 江北公司大股东的做法是否合理、合法？

分析提示： 中小股东无法像股份有限公司股东那样可以通过自由转让股份退出公司。江北公司大股东所为，致使中小股东的利益受到严重损害，其做法不合理，也不合法。其行为违反了职业道德与会计伦理的基本要求。

修订后的《公司法》规定，公司连续五年不向股东分配利润，而公司该五年连续盈利，并且符合本法规定的分配利润条件的，对股东会该项决议投反对票的股东可以请求公司按照合理的价格收购其股权。自股东会会议决议通过之日起六十日内，股东与公司不能达成股权收购协议的，股东可以自股东会会议决议通过之日起九十日内向人民法院提起诉讼。

2）公司因素

（1）现金流量稳定性

企业在进行利润分配时，必须充分考虑企业的现金流量，而不仅仅考虑企业的净利润。由于会计核算方法的选择以及权责发生制的核算要求，使得实务中有些项目增加了企业净利润，却没有相应地增加企业可供分配的现金，因此企业缺乏足够的现金用于利润分配。一般而言，如果一个公司的现金来源稳定，未来盈余有保障，则它的分红能力也较强。

（2）未来投资机会

利润分配政策要受到企业未来投资机会的影响。企业预期未来有良好的投资机会时，往往少发股利，而将大部分盈余用于投资；如果缺乏良好的投资机会，则倾向于支付较高的股利。

（3）未来筹资

一般来说，股利支付水平越高，留存收益越少，公司不能到期还债的风险就越大，就越有可能侵害到债权人的利益。因此，债权人通常会在借款合同、债券契约，以及租赁合同中加入关于借款公司股利发放的限制性条款，以限制公司股利的发放。企业出于未来负债筹资的考虑，一般均能自觉恪守这些限制性条款，以协调企业与债权人的关系。

（4）筹资成本考虑

留存收益与发行新股相比，具有成本低的优点；与举债相比，具有便捷及财务风险低的优点。因此，很多企业将留存收益作为首选的筹资渠道，特别是在负债资金较多、资本结构欠佳的时期。另外，当存在较强的通货膨胀预期时，企业一般采取偏紧的利润分配政策。因为当预期会有通货膨胀，企业未来的利率将会上升时，企业的筹资成本将增加。

3）股东因素

（1）控制权

企业支付较高的股利，就会导致留存收益减少，这又意味着将来发行新股的可能性加大；而发行新股必然稀释企业的控制权，这是企业原有的持有控制权的股东们所不愿看到的局面。

（2）稳定的收入和避税

一方面，一些依靠股利维持生活的股东，往往要求企业支付稳定的股利，若企业留存较多的利润，将会受到这部分股东的反对。另一方面，一些获得高股利收入的股东出于避税的考虑（股利收入的所得税高于股票交易的资本利得税），往往反对企业发放较多的股利。

（3）规避风险

在某些股东看来，通过增加留存收益引起股价上涨来获得资本利得是有风险的，而目前所得股利是确定的，即使是现在较少的股利，也强于未来较多但是存在较大风险的资本利得，因此他们往往要求较多地支付股利。

4）其他因素

除了法律因素、公司因素、股东因素会对企业利润分配政策的制定产生影响外，在实际工作中，还有一些其他事项也会对企业的利润分配政策产生影响，主要有：

（1）债务合同约束

公司的债务合同，特别是长期债务合同，往往有限制公司现金支付程度的条款，这使得公司只能采取低股利政策。

（2）通货膨胀的考虑

在通货膨胀的情况下，公司折旧基金的购买力水平下降，会导致没有足够的资金来源重置固定资产，这时盈余会被当作弥补折旧基金购买力水平下降的资金来源。因此，在通货膨胀时期，公司股利政策往往偏紧。

5.1.5　股利理论

股利分配是指公司制企业向股东分配股利。股利分配是企业利润分配的一部分。股利分配作为财务管理的一部分，同样要考虑其对公司价值的影响。在股利分配对公司价值的影响这一问题上，主要有以下观点：

1）股利相关论

股利相关论认为，公司的股利分配对公司市场价值有影响。其主要观点有：

（1）股利重要论

股利重要论，也称"在手之鸟"理论。该理论认为用留存收益再投资带给投资者的收益具有很大的不确定性，并且投资风险将随着时间的推移而进一步增大。因此，投资者更喜欢现金股利，而不大喜欢将利润留给公司。股利支付可以减少投资报酬中的不确定性和风险。这种不确定性的减少和消亡，使人们在投资报酬的选择上偏向股利支付。未来的资本利得就像林中的鸟一样不一定能抓得到，而眼中的股利则犹如手中的鸟一样飞不掉，"二鸟在林，不如一鸟在手"。

（2）信号传递理论

信号传递理论认为，在信息不对称的情况下，公司可以通过股利政策向市场传递有关公司未来盈利能力的信息。一般说来，如果公司连续保持较为稳定的股利支付率，那么投资者就可能对公司未来的盈利能力与现金流量抱有较为乐观的预期。不过，公司以支付现金股利的方式向市场传递信息，通常也要付出较为高昂的代价。例如，公司因分派现金股利造成现金流量短缺，资金周转困难。

（3）所得税差异理论

在许多国家的税法中，长期资本利得所得税税率要低于普通所得税税率。因为股利税率比资本利得的税率高，投资者自然喜欢公司少支付股利而将较多的收益保存下来以作为再投资用，以期提高股票价格，把股利转化为资本利得。即使资本利得与股利收入的税率相同，由于股利所得税在股利发放时征收，而资本利得所得税在股票出售时征收，对股东来说，资本利得也有推迟纳税的效果。同时，为了获得较高的预期资本利得，投资者将愿意接受较低的股票必要报酬率。根据这种理论，股利决策与企业价值也是相关的，只有采取低股利和推迟股利支付的政策，才有可能使公司的价值达到最大。

（4）代理理论

代理理论认为，股利政策有助于减缓管理者与股东之间的代理冲突，股利政策是协调股东与管理者之间代理关系的一种约束机制。较多地派发现金股利至少具有以下几点好处：在一定程度上可以抑制公司管理者过度地扩大投资或进行特权消费，从而保护外部投资者的利益；可以通过资本市场的监督来减少代理成本。

2）股利无关论

股利无关论是由美国经济学家弗兰科·莫迪利安尼（Franco Modigliani）和财务学家默顿·米勒（Merton Miller）（简称莫米）于1961年提出的。

股利无关论认为，在一定的假设条件限定下，股利政策不会对公司的价值或股票的价格产生任何影响。一个公司的股票价格完全由公司的投资决策的获利能力和风险组合决定，而与公司的利润分配政策无关。该理论是建立在完全市场理论之上的，假定条件包括：市场具有强式效率；不存在任何公司或个人所得税；不存在任何筹资费用；公司的投资决策与股利决策彼此独立。

5.1.6　股利政策的选择

股利政策是指在法律允许的范围内，可供企业管理当局选择的有关净利润分配事项的方针及对策。确定或选择正确的利润分配政策对企业具有特别重要的意义。一方面，分配政策在一定程度上决定了企业对外再投资能力。如果企业分配政策得当，除了能直接增加企业积累能力外，还能够吸引投资者对企业投资，增强其投资信心，从而为筹资提供基础。另一方面，分配政策在一定程度上还决定了企业市场价值的大小。如何确定较好的分配政策，并保持一定程度上的连续性，有利于提高企业的财务形象，从而提高企业发行在外股票的价格和企业的市场价值。

在进行股利分配的实务中，公司经常采用的股利政策有以下几种：

1）剩余股利政策

剩余股利政策是指公司生产经营所获得的净收益应先满足公司的权益资本需求，如果还有剩余，则派发股利；如果没有剩余，则不派发股利。另外，由于很多公司有自己的最佳目标资本结构，公司的股利政策不应当破坏最佳目标资本结构。换句话说，股利支付与否受到企业的投资机会和资本结构的影响。

（1）剩余股利政策实施的基本步骤

①根据公司的投资计划确定公司的最佳资金需求。

②根据公司的目标资本结构及最佳资金需求计算所需要的权益资本数额。

③尽可能用留存收益来满足权益资本增加数额。

④留存收益在满足公司权益资本增加需求后，如果有剩余，再用剩余部分来发放股利。

业务链接5-1

中原公司剩余股利政策

假设中原公司2015年的税后净利润为4 000万元，2016年的投资计划需要资金

2 500万元。公司目标资本结构为：权益资本占60%，债务资本占40%，公司发行在外的普通股股数为5 000万股。公司拟采用剩余股利政策。公司董事局正在讨论2015年分配预案。

按照目标资本结构的要求，则：

公司投资方案所需的权益资本数额=2 500×60%=1 500（万元）

公司2015年度可以向投资者发放的股利数额=4 000-1 500=2 500（万元）

假设该公司当年流通在外的普通股为5 000万股，则：

每股股利=2 500÷5 000=0.50（元）

（2）剩余股利政策的优缺点

剩余股利政策使留存收益优先保证再投资的资金需要，能够保持公司最佳的资本结构，从而有助于降低再投资的资金成本，实现企业价值的最大化。但是，该政策使得每年股利发放额随着公司投资机会和盈利水平的波动而波动，既不利于投资者安排收入与支出，也不利于公司树立良好的形象，因此它一般适用于公司的初创阶段。

2）固定或稳定增长股利政策

固定或稳定增长股利政策是指公司将每年派发的股利固定在某一特定水平或是在此基础上维持某一固定比率逐年稳定增长。因此，只有在确信公司未来的盈利增长不会发生逆转时，公司才会宣布实施固定或稳定增长股利政策。在固定或稳定增长股利政策下，首先应确定的是股利分配额，而且该分配额一般不随资金需求的波动而波动。

（1）固定或稳定增长股利政策的主要优点

①有利于公司在资本市场上树立良好的形象，增强投资者对公司未来发展的信心，进而有利于稳定公司股价。

②有利于吸引那些打算做长期投资的股东，这部分股东希望其投资的股利能够成为其稳定的收入来源，以便安排各种经常性的消费和其他支出。

（2）固定或稳定增长股利政策的主要缺点

①股利支付与公司盈利水平相脱离，即不论公司盈利多少，均要按固定的乃至固定增长的比率派发股利。

②在公司的发展过程中，难免会出现经营状况不好或短暂的困难时期，如果这时仍执行固定或稳定增长的股利政策，那么派发的股利金额将大于公司实现的盈利，这必将侵蚀公司的留存收益，甚至侵蚀公司现有的资本，最终影响公司正常的生产经营活动。

所以，固定或稳定增长股利政策一般适用于经营比较稳定或正处于成长期的企业。但是，它很难被长期采用。

业务链接5-2

中原公司固定或稳定增长股利政策

接上例，假设中原公司2014年实现的净利润为4 000万元，分配现金股利1 600万元，提取盈余公积500万元。在不考虑目标资本结构的前提下，公司拟执行固定或稳定增长股利政策。

由于采用固定或稳定增长股利政策，因此前后两期的股利金额应相等，即：

2015年度应分配的现金股利=上年分配的现金股利=1 600万元

每股股利=1 600÷5 000=0.32（元）

可用于2016年投资的留存收益=4 000-1 600=2 400（万元）

2016年投资需要额外筹集的资金额=2 500-2 400=100（万元）

3）固定股利支付率政策

固定股利支付率政策是指公司将每年净收益的某一固定百分比作为股利分派给股东。这一百分比通常称为股利支付率，股利支付率一经确定，一般不得随意变更。在这一股利政策下，只要公司的税后利润一经计算确定，所派发的股利也就确定了。

业务链接5-3

中原公司固定股利支付率政策

假设中原公司若2014年实现的净利润为4 000万元，分配现金股利1 600万元，提取盈余公积500万元。公司拟执行固定股利支付率政策。

由于采用固定股利支付率政策，因此2015年的股利支付政策与2014年相同，即：

该公司2014年股利支付率=1 600÷4 000×100%=40%

2015年度应分配的现金股利=4 000×40%=1 600（万元）

（1）固定股利支付率政策的主要优点

①股利与公司盈余紧密配合，体现了"多盈多分，少盈少分，无盈不分"的利润分配原则。

②每年按固定的比例从税后利润中支付现金股利，从企业支付能力的角度来看，这是一种稳定的股利政策。

（2）固定股利支付率政策的主要缺点

①传递的信息容易成为公司的不利因素。大多数公司每年的收益很难保持稳定不变，如果公司每年收益状况不同，固定股利支付率政策将导致公司每年的股利分配额频繁变化，而股利通常被认为是公司未来发展的信号，那么波动的股利向市场传递的是公司未来收益前景不明确、不可靠等信息，很容易给投资者留下公司经营状况不稳定、投资风险较大的不良印象。

②容易使公司面临较大的财务压力。公司盈利水平高，并不一定代表公司有充足的现金派发股利。因此，如果公司在现金流量状况不稳定的情况下仍采用固定比率派发股利，就很容易给公司造成较大的财务压力。

③缺乏财务弹性。股利支付率是公司股利政策的主要内容，在不同阶段，根据公司财务状况制定不同的股利政策，会更有效地实现公司的财务目标。而固定股利支付率政策由于采用固定的股利支付率，因此缺乏财务弹性。

④合适的固定股利支付率的确定难度大。如果固定股利支付率确定得较低，就不能满足投资者对投资收益的要求；如果固定股利支付率确定得较高，又会给公司带来巨大的财务压力。另外，在公司发展需要大量资金时，固定股利支付率政策又加大了公司的财务负担。

由于公司每年面临的投资机会、筹资渠道都会发生变化，一成不变按固定比率发放股利的公司在实际中并不多见。固定股利支付率政策比较适合那些处于稳定发展阶段且财务状况也较稳定的公司。

4）低正常股利加额外股利政策

低正常股利加额外股利政策是指公司事先设定一个较低的正常股利额，每年除了按正常股利额向股东发放现金股利外，还在公司盈利情况较好、资金较为充裕的年度向股东发放高于每年正常股利的额外股利。

（1）低正常股利加额外股利政策的主要优点

①具有较大的财务弹性。公司每年可以根据其具体情况，选择不同的股利发放水平，具有较大的灵活性和弹性。

②有助于稳定股价，增强投资者的信心。

由于该政策既吸收了固定股利政策保障股东投资收益的优点，又摒弃了固定股利政策对公司所造成的财务压力方面的不足，所以在资本市场上颇受投资者和公司的欢迎。

（2）低正常股利加额外股利政策的主要缺点

①由于盈利波动使得公司的额外股利不断发生变化，时有时无，这容易给投资者造成公司收益不稳定的感觉。

②公司在较长时期持续发放额外股利，可能会被股东误认为是一种"正常股利"，而一旦取消了这部分额外股利，传递出去的信号可能会使股东认为这是公司财务状况恶化的表现，进而可能会出现公司股价下跌的不良后果。

所以，低正常股利加额外股利政策一般适用于盈利水平随着经济周期波动较大的公司或行业。

以上股利政策在执行过程中各有利弊，公司应结合自身的实际情况采取切合实际的股利政策。公司在制定股利政策时，应将股利政策的稳定性放在首位，在既要保证公司发展所需资金，又要保护股东利益的前提下，选择恰当的股利政策。

教学互动5-1

互动问题：股权激励制度起源于19世纪50年代的美国。当时的家族企业出现了难以克服的缺陷：很难保证每一代都有优秀的人才，于是职业经理人应运而生。"股权激励"制度的出现，将股东与经营层利益捆绑，促使经营层通过获得企业经营收入的方式成为企业的所有者之一。1952年，美国菲泽尔公司设计并推出了世界上第一个股票期权计划。1956年，美国潘尼苏拉报纸公司第一次推出员工持股计划（ESOP）。1974年，美国国会通过《职工退休收入保障法》。1984年，美国国会通过《1984年税收改革法》。员工持股计划在美国始于1974年。目前全美国已经有超过10 000个员工持股计划；参加人数超过了1 000万！1997年，美国实施股票期权计划的上市公司达到53%。时至今日，美国90%的高科技企业和80%以上的上市公司都实施了股权激励。美国的股权激励对我国有何启示？

要求：（1）学生独立思考，课堂讨论，自由发表见解。

（2）教师组织讨论，对学生典型见解进行点评。

5.1.7 利润分配程序及股利分配方案确定

1）利润分配程序

根据《公司法》的规定，公司税后利润分配的顺序是：

（1）弥补以前年度亏损

公司的法定公积金不足以弥补以前年度亏损的，在提取法定公积金之前，应当先用当年利润弥补亏损。

（2）提取法定盈余公积

根据《公司法》的规定，法定盈余公积的提取比例为当年税后利润（弥补亏损后）的10%；公司法定盈余公积累计额达到公司注册资本的50%以上的，可以不再提取。法定盈余公积可用于弥补亏损、扩大公司生产经营或转增资本，但公司用法定盈余公积转增资本后，法定盈余公积的余额不得低于转增前公司注册资本的25%。

（3）提取任意盈余公积金

根据《公司法》的规定，公司从税后利润中提取法定盈余公积金后，经股东会或者股东大会决议，还可以从税后利润中提取任意盈余公积金。

（4）向投资者分配利润

根据《公司法》的规定，公司弥补亏损和提取盈余公积后所余税后利润，可以向股东（投资者）分配股利（利润），其中有限责任公司股东按照实缴的出资比例分取红利，但全体股东约定不按照出资比例分取红利的除外；股份有限公司按照股东持有的股份比例分配，但股份有限公司章程规定不按持股比例分配的除外。

根据《公司法》的规定，股东会、股东大会或者董事会违反相关规定，在公司弥补亏损和提取法定盈余公积之前向股东分配利润的，股东必须将违反规定分配的利润退还公司。另外，公司持有的本公司股份不得分配利润。

2）股利分配方案的确定

确定股利分配方案需要考虑以下几个方面的内容：

（1）选择股利政策

股利政策不仅会影响股东的利益，也会影响公司的正常运营以及未来的发展。因此，制定恰当的股利政策就显得尤为重要。另外，各家公司都有自己的发展阶段和不同的理财环境，在不同的发展阶段和理财环境下，公司的获利能力、现金流量、融资能力、对资金的需求是完全不同的。因此，公司在制定股利政策时，还要使股利政策与公司所处的发展阶段和理财环境相适应。一般情况下，公司在不同发展阶段和理财环境下所采用的股利政策可用表5-1来描述。

表5-1　　　　　　　　　　**不同发展阶段和理财环境下股利政策的选择**

公司发展阶段	理财环境	适用的股利政策
初创阶段	公司经营风险高，有投资需求且融资能力差	剩余股利政策
高速发展阶段	公司发展快速，投资需求大	低正常股利加额外股利政策
稳定增长阶段	公司业务稳定增长，投资需求减少，净现金流入量增加，每股收益呈上升趋势	固定或稳定增长股利政策
成熟阶段	公司盈利水平稳定，通常已经积累了一定的留存收益和资金	固定股利支付率政策
衰退阶段	公司业务锐减，获利能力和现金获得能力下降	剩余股利政策

资料来源　财政部会计资格评价中心. 财务管理［M］. 北京：中国财政经济出版社，2008.

（2）确定股利支付水平

股利支付水平通常用股利支付率来衡量。股利支付率是当年发放股利与当年净利润之比，或每股股利除以每股收益。

是否对股东派发股利以及股利支付率的高低，取决于企业对下列因素的权衡：企业所处的成长周期；企业的投资机会；企业的筹资能力及筹资成本；企业的资本结构；股利的信号传递功能；借款协议及法律限制；股东偏好；通货膨胀等。

（3）确定股利支付方式

按照公司对其股东支付股利的不同方式，股利可以分为不同的种类。其中，常见的有以下四类：

①现金股利，即以现金支付的股利，它是股利支付最常见的方式。采用这种方式时，公司除了要有足够的留存收益之外，还要有足够的现金。

②财产股利，即以现金以外的其他资产支付的股利，主要是以公司所拥有的其他公司的有价证券（如公司债券、公司股票等）作为股利发放给股东。

③负债股利，即以负债方式支付的股利，通常是以公司的应付票据作为股利支付给股东，有时也以发行公司债券的方式向股东支付股利。

财产股利和负债股利实际上都是现金股利的替代方式，但目前这两种股利方式在我国公司实务中极少使用。

④股票股利，即以增发股票的方式支付的股利，我国公司实务中通常也称其为"红股"。股票股利对公司来说，它不会导致公司现金流出，也不会导致公司财产减少，而只是将公司的留存收益转化为股本；但它会增加公司流通在外的股票数量，从而降低股票的每股价值，同时也会改变股东权益的内部构成。

同步案例5-6

股票股利对所有者权益及每股净资产的影响

背景与情境： 中原公司2015年流通在外的普通股为5 000万股，每股面值1元。公司拟发放40%的股票股利，即每10股送4股。

问题： 公司采用股票股利分配后对公司所有者权益及每股净资产有何影响？

分析提示： 发放股票股利后，公司净资产总额没有发生变化，但会引起普通股股本、未分配利润项目的变化。同时，因股票数量增加，会引起每股净资产下降，也会引起股票价格下降，见表5-2。

表5-2　　　　　　　　　　　　**股票股利对所有者权益的影响**

所有者权益项目	发放前	计算过程	发放后
普通股股数（万股）	5 000	增加5 000×40%=2 000	7 000
普通股价值（万元）	5 000	增加5 000×40%×1=2 000	7 000
资本公积（万元）	5 000		5 000
盈余公积（万元）	4 500		4 500
未分配利润（万元）	3 000	减少5 000×40%×1=2 000	1 000
股东权益合计（万元）	17 500		17 500
每股净资产（元）	3.50(17 500÷5 000)	普通股股数增加	2.50(17 500÷7 000)

注：我国按股票面值计算股票股利价格。

从表面上看，股票股利不直接增加股东的财富，也不增加公司的价值，但对股东和公司都有特殊意义。

对于股东而言，发放股票股利有以下好处：有时发放股票股利后，其股价并不成比例下降，这可使股东得到股票价值相对上升的好处；投资者往往认为，发放股票股利预示着公司将会有较大发展，公司的盈利能力将有大幅度提高，这种心理会稳定住股价甚至会使股价略有上升；有些国家税法规定，出售股票所需交纳的资本利得的税率比收到现金股利所需交纳的所得税税率低，这使得股东可以从中获得纳税上的好处。

对于公司而言，发放股票股利有以下意义：公司留存了大量现金，便于进行再投资，有利于公司长期发展；在盈余和现金股利不变的情况下，发放股票股利可以降低每股价值，从而吸引更多的投资者；发放股票股利可以降低公司股票的市场价格，促进公司股票的交易和流通；股价较低，便于今后发行股票筹资等。

3）股利的发放

公司在选择了股利政策，确定了股利支付水平和方式后，应当进行股利的发放。公司股利的发放必须遵循相关的要求，按照日程安排来进行。股份有限公司向股东支付股利，其过程主要经历：股利宣告日、股权登记日、除权日和股利支付日。

股利宣告日是公司董事会将股利支付情况予以公告的日期。公告中将宣布每股支付的股利、股权登记期限、股利支付日期等事项。股权登记日是有权领取股利的股东资格登记截止的日期。只有在股权登记日前在公司股东名册上登记的股东，才有权分享股利。除权日是股票和领取股利的权利相互分离的日期。在这一天，股利权利不再从属于股票，所以这一天或以后购入该公司股票的投资者，不再享有该公司已宣布发放的股利。股利支付日是向股东发放股利的日期。

5.1.8　股票分割和股票回购

1）股票分割

股票分割是将一股股票拆分成多股股票的行为。股票分割对公司的资本结构不会产生任何影响，一般只会使发行在外的股票总数增加，而资产负债表中股东权益各账户（股本、资本公积、留存收益）的余额都保持不变，股东权益的总额也保持不变。但股票分割会引起流通中的股票数量增加，从而会引起每股净资产下降，这也会引起股票价格下降。

同步案例 5-7

股票分割对所有者权益及每股净资产的影响

背景与情境：中原公司 2015 年流通在外的普通股为 5 000 万股，每股面值 2 元。公司拟按 1：5 进行股票分割，即 1 股拆分成 5 股，每股面值将降为 0.40 元。

问题：股票分割后对公司净资产和每股净资产有何影响？

分析提示：进行股票分割后公司所有者权益各项目均没有发生变化，但是会引起流通在外的普通股数量增加，从而引起每股净资产下降，这也会引起股票价格下降。股票分割对所有者权益的影响见表 5-3。

表 5-3 股票分割对所有者权益的影响

所有者权益项目	分割前	分割后
普通股股数（万股）	5 000	25 000（5 000×5）
普通股价值（万元）	10 000（5 000×2）	10 000（25 000×0.40）
资本公积（万元）	5 000	5 000
盈余公积（万元）	4 500	4 500
未分配利润（万元）	3 000	3 000
股东权益合计（万元）	22 500	22 500
每股净资产（元）	4.50（22 500÷5 000）	0.90（22 500÷25 000）

在实务中，股票分割具有以下作用：股票分割会使流通中的股票数量增加，从而使每股净资产下降，这将会引起公司股票每股市价降低，将吸引更多的投资者成为公司的股东；有助于提高投资者对公司的信心；股票分割可以为公司发行新股做准备。

2）股票回购

（1）股票回购及其法律规定

股票回购是指上市公司出资将其发行的流通在外的股票以一定价格购买回来，予以注销或作为库存股的一种资本运作方式。

我国《公司法》规定，公司不得收购本公司股份。但是，有下列情形之一的除外：减少公司注册资本；与持有本公司股份的其他公司合并；将股份奖励给本公司职工；股东因对股东大会做出的公司合并、分立决议持异议，要求公司收购其股份的。

（2）股票回购的动机

①提高每股收益。股票回购将减少流通在外的普通股，使得每股净资产升高，也会因此而提高每股收益，从而提升企业形象；同时，也会使股票价格上升。

②改变公司的资本结构。通过股票回购，并将回购的股票予以注销，企业权益资本将减少，从而提高债务资本的比例。因此，当公司认为权益资本在资本结构中所占的比例较大时，公司会为了调整资本结构而进行股票回购，从而在一定程度上降低了整体资金成本，提高了净资产报酬率。

③稳定或提高公司的股价。由于信息不对称和预期差异，证券市场上的公司股票价格可能被低估，而过低的股价将会对公司产生负面影响。因此，如果公司认为其股价被低估时，可以通过股票回购，向市场和投资者传递公司真实的投资价值信息，从而达到稳定或提高公司股价的目的。

④防止敌意收购。股票回购可以使公司流通在外的股份数变少，股价上升，从而使收购方要获得控制公司的法定股份比例变得更加困难；同时，股票回购可能会使公司的流动资金大大减少，财务状况恶化，这样的结果也会减少对方收购公司的兴趣。

（3）股票回购的影响

①股票回购对上市公司的影响。股票回购需要大量资金支付回购的成本，容易造成资金紧张，资产流动性降低，影响公司的后续发展；同时，公司进行股票回购，无异于股东

退股和公司资本的减少，在一定程度上削弱了对债权人利益的保障。此外，股票回购容易导致公司操纵股价。公司回购自己的股票，容易导致其利用内幕消息进行炒作，或操纵财务信息，从而加剧公司行为的非规范化，使投资者蒙受损失。

②股票回购对股东的影响。对投资者来说，与现金股利相比，股票回购不仅可以节约个人税收，而且具有更大的灵活性。因为需要现金的股东可以选择卖出股票，而不需要现金的股东则可继续持有股票。但是，假如回购价格过高，则回购结束后，公司股价将会出现回归性的下降，这样对继续持有股票的股东不利。

（4）股票回购的方式

①公开市场回购。公开市场回购是指公司在股票的公开交易市场上按照公司股票当前市场价格回购股票。采取这种方式容易推高股价，增加回购成本，而且交易税和交易佣金会大大增加公司回购成本。

②要约回购。要约回购是指公司在特定期间向市场发出的以高出股票当前市场价格的某一价格，回购既定数量股票的要约。这种方式赋予所有股东向公司出售其所持股票的均等机会。要约回购通常被市场认为是更积极的信号，因为要约价格存在高出股票当前价格的溢价。当然，溢价的存在，也使得要约回购的执行成本较高。

③协议回购。协议回购是指公司以协议价格直接向一个或几个主要股东回购股票。协议价格一般低于当前的股票市场价格，尤其是在卖方首先提出的情况下。但有时公司也以超常溢价向其认为有潜在威胁的非控股股东回购股票，显然这将损害继续持有股票的股东的利益。

5.2　财务报表分析

5.2.1　企业财务报表分析概述

1）财务报表分析的意义

财务报表分析是以企业财务报表及其他相关资料为主要依据，对企业的财务状况、经营成果和现金流量情况进行评价和剖析的过程。财务报表分析可以为企业经营者的决策提供依据；可以为政府、税收、金融等部门的监督提供依据；可以为投资者的投资决策提供信息；可以及时发现企业在经营过程中存在的问题，实现即时控制，保证企业管理目标的实现。

2）财务报表分析的一般步骤

（1）明确分析目的

明确分析目的是分析工作的起点。不同的分析目的，所需的资料及评价的指标都是不一样的。

（2）拟定分析提纲

确定分析目的以后，就要拟定分析提纲，以便根据分析提纲收集有关信息，确保分析的系统性、全面性；同时，拟定分析提纲也便于收集相应的分析资料，做好分析前的准备工作。

（3）收集分析资料

资料准备是财务报表分析的重要阶段。资料收集不完整或材料准备不充分，必将导致分析不深入，进而影响分析质量。

（4）进行具体分析

具体分析是财务报表分析的核心阶段。在分析时，可以根据分析目的对各个部分进行深入分析，以获得各部分的分析结论，进而得出整体的分析结论。

（5）归纳分析结论，撰写分析报告

对各部分进行深入、具体的分析以后，还需要进一步研究各个部分之间的联系，以得出全面的、系统的分析结论。撰写分析报告是财务报表分析的最后一个环节，它是在分析结论的基础上进行加工整理而形成的。在撰写分析报告的过程中，要做到简明扼要，重点突出，层次清楚，通俗易懂。分析报告有助于决策者正确利用各项信息进行经营决策。

3）财务报表分析的基本内容

财务报表分析的主体包括所有者、经营者、债权人、经理人员、政府部门等利益相关者。不同的主体出于不同的分析目的考虑，分析的侧重点也不一样；也就是说，他们进行财务报表分析的内容也不一样。所有者作为企业的股东，十分关心其资本的保值和增值情况，因而比较重视企业盈利能力的分析；债权人关注的是其能否按期收回本息，因此侧重于企业偿债能力的分析；税务、工商管理、证券管理、会计监管等政府部门阅读财务报表是为了履行自己的监督管理职责，对报表的关注点也因其身份不同而存在差异；经营者为了更好地发展企业，需要进行内容广泛的财务分析，如资产营运能力、偿债能力、盈利能力、发展能力等。

不同的分析主体有着不同的分析目的。一般而言，财务分析的目的可以概括为：评价过去的经营业绩；衡量现在的财务状况；预测未来的发展趋势。财务分析的具体内容包括营运能力分析、盈利能力分析、偿债能力分析和发展能力分析四个方面，这四者是相辅相成的关系。

同步案例5-8

江南公司的三张报表告诉我们什么信息

背景与情境：假如你到江南公司进行毕业前的岗位实习，该公司的财务负责人交给你2015年的资产负债表、利润表、现金流量表，分别见表5-4、表5-5、表5-6。

表5-4　　　　　　　　　　　　　**资产负债表**

2015年12月31日　　　　　　　　　　　　　　　　　　　单位：万元

资　产	期末余额	年初余额	负债和所有者权益	期末余额	年初余额
流动资产：			流动负债：		
货币资金	4 080	3 200	短期借款	4 820	3 380
以公允价值计量且其变动计入当期损益的金融资产	160	240	以公允价值计量且其变动计入当期损益的金融负债	64	0
应收票据	120	80	应付票据	1 240	1 120
应收账款	1 540	1 220	应付账款	2 020	2 080
预付款项	560	216	预收款项	160	144
应收利息	0	0	应付职工薪酬	80	48
应收股利	0	0	应交税费	480	200
其他应收款	336	320	应付利息	16	16
存货	4 000	3 600	其他应付款	88	88
持有待售资产	0	0	持有待售负债	0	0
其他流动资产	16	0	其他流动负债	0	0
一年内到期的非流动资产	0	0	一年内到期的非流动负债	400	2 640

续表

资　产	期末余额	年初余额	负债和所有者权益	期末余额	年初余额
流动资产合计	10 812	8 876	流动负债合计	9 368	9 716
非流动资产：			非流动负债：		
可供出售金融资产	0	0	长期借款	1 640	1 972
持有至到期投资	0	0	应付债券	100	100
长期应收款	0	0	长期应付款	0	0
长期股权投资	320	360	专项应付款	0	0
投资性房地产	0	0	预计负债	0	0
固定资产	8 500	8 920	递延所得税负债	0	0
在建工程	960	712	其他非流动负债	240	160
工程物资	72	56	非流动负债合计	1 980	2 232
固定资产清理	0	0	负债合计	11 348	11 948
生产性生物资产	0	0	所有者权益：		
油气资产	0	0	实收资本（或股本）	2 620	2 620
无形资产	1 040	620	资本公积	1 120	1 040
商誉	0	0	减：库存股	0	0
递延所得税资产	160	120	盈余公积	960	640
其他非流动资产	0	0	未分配利润	5 816	3 416
非流动资产合计	11 052	10 788	所有者权益（或股东权益）合计	10 516	7 716
资产总计	21 864	19 664	负债和所有者权益（或股东权益）总计	21 864	19 664

表 5-5　　　　　　　　　　　　　　　　**利润表**

2015 年度　　　　　　　　　　　　　　　　　　　　　　　　　单位：万元

项　目	期末余额	年初余额
一、营业收入	24 000	15 300
减：营业成本	17 500	11 500
营业税金及附加	120	90
销售费用	593	580
管理费用	1 250	880
财务费用	873	740
资产减值损失	200	150
加：公允价值变动收益	-32	0
投资收益	72	60
其中：对联营企业和合营企业的		
投资收益	0	0
二、营业利润	3 504	1 420
加：营业外收入	128	40
减：营业外支出	112	96
其中：非流动资产处置损失	0	0
三、利润总额	3 520	1 364
减：所得税费用	800	400
四、净利润	2 720	964
五、其他综合收益的税后净额	0	0
六、综合收益总额	0	0
七、每股收益（元）		
（一）基本每股收益	3.22	0.18
（二）稀释每股收益	3.22	0.18

表 5-6   **现金流量表**

2015 年度   单位：万元

项　目	本期金额	上期金额
一、经营活动产生的现金流量：		
销售商品、提供劳务收到的现金	26 160	12 620
收到的税费返还	232	704
收到其他与经营活动有关的现金	592	112
经营活动现金流入小计	26 984	13 436
购买商品、接受劳务支付的现金	16 800	9 980
支付给职工以及为职工支付的现金	1 112	880
支付的各项税费	1 320	680
支付其他与经营活动有关的现金	720	720
经营活动现金流出小计	19 952	12 260
经营活动产生的现金流量净额	7 032	1 176
二、投资活动产生的现金流量：		
收回投资收到的现金	1 920	0
取得投资收益收到的现金	80	200
处置固定资产、无形资产和其他长期资产收回的现金净额	16	8
处置子公司及其他营业单位收到的改善净额	0	0
收到其他与投资活动有关的现金	128	192
投资活动现金流入小计	2 144	400
购建固定资产、无形资产和其他长期资产支付的现金	3 040	912
投资支付的现金	2 720	0
取得子公司及其他营业单位支付的现金净额	0	0
支付其他与投资活动有关的现金	24	160
投资活动现金流出小计	5 784	1 072
投资活动产生的现金流量净额	-3 640	-672
三、筹资活动产生的现金流量：		
吸收投资收到的现金	208	0
取得借款收到的现金	15 200	12 000
收到其他与筹资活动有关的现金	0	0
筹资活动现金流入小计	15 408	12 000
偿还债务支付的现金	14 000	11 040
分配股利、利润或偿付利息支付的现金	3 600	720
支付其他与筹资活动有关的现金	160	0
筹资活动现金流出小计	17 760	11 760
筹资活动产生的现金流量净额	-2 352	240
四、汇率变动对现金及现金等价物的影响	-160	-24
五、现金及现金等价物净增加额	880	720
加：期初现金及现金等价物余额	3 200	2 480
六、期末现金及现金等价物余额	4 080	3 200

问题：你将如何阅读、评价该公司的财务状况、经营成果和资金使用情况？

分析提示：资产负债表是根据"资产=负债+所有者权益"这一会计恒等式编制的，它可以告知我们公司资产总额变化的具体原因；利润表是根据"收入-费用=利润"这一会计公式编制的，它可以告知我们公司利润的来源及构成；现金流量表中的现金流量可以划分为经营活动产生的现金流量、投资活动产生的现金流量和筹资活动产生的现金流量三种，它可以告知我们公司各年度资金的使用来源与去向。此外，"资产=负债+所有者权益"这一基本公式也可以扩展为"资产=负债+所有者权益+收入-费用"，由此，我们可以根据该公式将三张报表进行综合分析，验证各张报表的分析结论的合理性，最终得出一个初步的综合分析评价。

5.2.2 财务报表分析的基本方法

1）趋势分析法

趋势分析法是通过观察连续数期的会计报表，比较、分析某些项目或指标的增减变化情况，判断其发展趋势，并对未来的结果做出预测的一种财务分析方法。

同步案例5-9

江南公司营业收入的变化趋势分析

背景与情境：江南公司2011—2015年实现利润情况（部分）见表5-7。

表5-7　　　　江南公司2011—2015年实现利润情况（部分）　　　　单位：万元

项目 \ 年份	2015年	2014年	2013年	2012年	2011年
一、营业收入	24 000	15 300	13 000	10 100	9 000
减：营业成本	17 500	11 500	10 300	8 050	7 500
营业税金及附加	120	90	70	60	50
销售费用	593	580	450	300	368
管理费用	1 250	880	820	490	616
财务费用	873	740	600	360	80
资产减值损失	200	150	104	0	0
加：公允价值变动收益	-32	0	0	0	0
投资收益	72	60	8	-8	-12
二、营业利润	3 504	1 420	664	832	374
加：营业外收入	128	40	44	24	64
减：营业外支出	112	96	56	32	16
三、利润总额	3 520	1 364	652	824	422
减：所得税费用	800	400	400	224	240
四、净利润	2 720	964	252	600	182

问题：请分析评价该公司近5年来营业收入和营业利润的增长情况。

分析提示：一要评价增长的趋势；二要评价增长的速度。从表5-7中可以看出，该公司5年来营业收入和营业利润均有较大的增长；但增长的速度如何，需要通过对一定指标的计算才能得出结论。

如果我们进一步计算趋势百分比，还能更加清晰地反映出各年各项指标的变动程度。趋势百分比的计算可以采用定基动态比率或环比动态比率。

（1）定基动态比率

定基动态比率是以某一时期的数额为固定的基期数额而计算出来的动态比率。其计算公式为：

$$定基动态比率=分析期数额÷固定基期数额×100\%$$ （5-14）

（2）环比动态比率

环比动态比率是以每一分析期的前期数额为基期数额而计算出来的动态比率。其计算公式为：

$$环比动态比率=分析期数额÷前期数额×100\%$$ （5-15）

定基动态比率能说明某种客观现象在较长时期内总的发展方向和速度；而环比动态比率由于受各期比较基数变动的影响，计算结果容易发生上下波动，因此会影响对分析指标变动趋势的判断，但它可以说明增长速度的变化情况。

业务链接5-4

江南公司定基动态比率与环比动态比率的计算与分析

江南公司的财务负责人要求我们以2011年为比较基期，计算江南公司各年度营业收入的定基动态比率和环比动态比率，评价该公司近5年营业收入的增长趋势及其增长速度的变化情况。

根据定基动态比率分析可知，江南公司近5年的营业收入呈持续增长趋势；结合环比动态比率分析可知，江南公司的营业收入在2014年度虽然也在增长，但增长速度有所减缓，而2015年增长速度加快，见表5-8。

表5-8　　　　　　　　　　江南公司2011—2015年营业收入增长率

项目 ＼ 年份	2015年	2014年	2013年	2012年	2011年
营业收入（万元）	24 000	15 300	13 000	10 100	9 000
营业收入定基动态比率	267%↑	170%↑	144%↑	112%↑	100%
营业收入环比动态比率	157%↑	118%↓	129%↑	112%↑	

2）结构分析法

结构分析法是将会计报表中的某个总体指标作为100%，计算出其各组成项目占该总体指标的百分比，并对各个项目百分比的增减变动进行分析比较，以此来判断有关项目的变化趋势的一种财务分析方法。这种比较方法可以用于发现存在显著变化的项目，为进一步分析指明方向。

　　企业在正常经营中，各时期财务报表中的各项目一般都会有一个相对稳定的比例关系。这些项目比例关系的异常变化，都应引起分析者的注意。

　　在采用结构分析法时，必须注意以下问题：用于进行对比的各个时期的指标，在计算口径上必须一致；需要剔除偶发性项目的影响，使作为分析的数据能反映企业正常的经营状况；应用例外原则，对有显著变动的项目进行重点分析，分析其变动产生的原因，以便采取对策，趋利避害；注意比较的基数，当基数发生变化时，其构成的比重也将随之发生变化。

业务链接 5-5

江南公司利润表结构百分比分析

　　江南公司 2011—2015 年实现利润情况见表 5-7。要求以营业收入作为基数，计算利润表的结构百分比，计算结果见表 5-9。

表 5-9　　　　　　　　　　　　江南公司利润表结构百分比分析

年份 项目	2015年	2014年	2013年	2012年	2011年
一、营业收入	100.00%	100.00%	100.00%	100.00%	100.00%
减：营业成本	72.92%↓	75.16%↓	79.23%↓	79.70%↓	83.33%
营业税金及附加	0.50%	0.59%	0.54%	0.59%	0.56%
销售费用	2.47%↓	3.79%	3.46%	2.97%	4.09%
管理费用	5.21%↓	5.75%	6.31%	4.85%	6.84%
财务费用	3.64%↓	4.84%	4.62%	3.56%	0.89%
资产减值损失	0.83%	0.98%	0.80%	0.00%	0.00%
加：公允价值变动收益	-0.13%	0.00%	0.00%	0.00%	0.00%
投资收益	0.30%	0.39%	0.06%	-0.08%	-0.13%
二、营业利润	14.60%↑	9.28%↑	5.10%↓	8.25%↑	4.16%
加：营业外收入	0.53%	0.26%	0.34%	0.24%	0.71%
减：营业外支出	0.47%	0.63%	0.43%	0.32%	0.18%
三、利润总额	14.66%↑	8.91%	5.01%	8.17%	4.69%
减：所得税费用	3.33%	2.61%	3.08%	2.22%	2.67%
四、净利润	11.33%↑	6.30%	1.93%	5.95%	2.02%

从表5-9可以看出，江南公司近年来的营业成本占营业收入的比率呈现出下降趋势，销售费用、管理费用、财务费用的比重与上年相比有所减少。这些因素是导致该公司2015年净利润上升的主要原因，也是需要我们深入分析的重点项目。

同步思考5-5

根据表5-9可知，江南公司的营业成本占营业收入的比率呈现出下降的趋势，请分析哪些因素会导致企业营业成本率的变动？

理解要点： 根据本量利分析中"利润=（单价－单位变动成本）×销售量－固定成本"这一基本公式可知，产品销售品种结构变动、生产成本变动、产品产量变动、生产方式变动和产品销售价格波动等因素的变化，均会引起营业成本率的变动。

3）比率分析法

比率分析法是指利用财务报表中两项相关数值的比率揭示企业财务状况和经营成果的一种分析方法。根据分析的目的和要求的不同，比率分析指标主要有以下三种：

（1）构成比率

构成比率又称结构比率，是某个经济指标各个组成部分的数值与总体数值的比率，反映部分与总体的关系。其计算公式为：

构成比率=某个体组成部分的数值÷总体数值×100%   (5-16)

例如，流动资产、固定资产和无形资产占资产总额的百分比，以及应收账款、存货占流动资产的百分比等，都属于构成比率。利用构成比率，可以考察总体中某个部分的形成和安排是否合理。

（2）效率比率

效率比率是某项经济活动中所费与所得的比率，反映投入与产出的关系。利用效率比率指标，可以考察经营成果，评价经济效益。

例如，将利润项目与营业收入、资产总额、净资产等项目加以对比，可以计算出营业利润率、资产报酬率以及净资产收益率等利润率指标，进而从不同角度观察比较企业盈利能力的高低及增减变化情况。

（3）相关比率

相关比率是根据经济活动客观存在的相互依存、相互联系的关系，以某个项目和与其有关但性质不同的项目加以对比所得的比率，反映有关经济活动的相互关系。例如，将流动资产与流动负债加以对比计算出流动比率，将经营活动现金净流量与流动负债加以对比计算出经营现金流动负债比率，据以判断企业的短期偿债能力。

比率分析法的优点是计算简便，而且可以使某些指标在不同规模的企业之间进行比较，甚至也可以在一定程度上超越行业间的差别进行比较。

同步思考5-6

分析判断流动比率、资产负债率、销售毛利率三种指标所属的类别。

理解要点： 根据对不同比率的计算公式中构成因素的分析，我们可以确定流动比率为相关比率，资产负债率为构成比率，销售毛利率为效率比率，具体见表5-10。

表5-10 比率分析中的各种财务指标的类别

财务指标	基本公式	2015年	2014年	2013年	指标类别
流动比率	流动资产÷流动负债×100%	115%	91%	95%	相关比率
资产负债率	负债总额÷资产总额×100%	51.90%	60.76%	65.43%	构成比率
销售毛利率	(营业收入−营业成本)÷营业收入×100%	27.08%	24.84%	20.77%	效率比率

4）因素分析法

因素分析法是依据分析指标与其影响因素的关系，从数量上确定各因素对分析指标的影响方向和影响程度的一种分析方法。每一个指标的高低都受若干因素的影响。采用因素分析法进行分析，可以衡量各个因素影响程度的大小，有利于分清变动原因和各责任人的责任。

运用因素分析法的一般程序是：确定某项指标由哪些因素构成；确定各个因素与该指标的关系，是加减关系还是乘除关系；采用适当的方法分解因素；确定各个因素对指标的影响程度。

如果各个因素与某项指标为加或减的关系时，可采用因素列举法进行分析。

同步案例5-10

江南公司N值变化原因分析

背景与情境：假设江南公司2014年、2015年的N值均为6，影响N值的因素有A、B、C三个因素，它们之间的关系为N=A×B×C，各年的数据见表5-11。该公司有关负责人认为，公司这两年的N值均为6，说明这两年的经营状况、经营环境均相似。

表5-11 江南公司N值的影响因素

年 度	N值	影响因素A	影响因素B	影响因素C
2014	6	1	2	3
2015	6	3	2	1

问题：请分析江南公司有关负责人的观点是否正确，为什么？

分析提示：若用连环替代法分析N值变化的原因，就会发现这两年企业面临的经营状况和经营环境是不一样的。运用连环替代法，可以计算各因素变动对N值的影响。

①基期指标：1×2×3=6

②第一次替代：3×2×3=18

则A因素的影响程度为：②−①=18−6=12

③第二次替代：3×2×3=18

则B因素的影响程度为：③−②=18−18=0

④第三次替代：3×2×1=6

则C因素的影响程度为：④−③=6−18=−12

全部因素的影响程度为：12+0+（−12）=0

因素分析法既可以全面分析各个因素对某一经济指标的影响，又可以单独分析某个因素对经济指标的影响，在财务分析中的应用颇为广泛。但是，在采用因素分析法时要注意以下问题：因素分解的关联性；因素替代的顺序性；顺序替代的连环性；计算结果的假定性。

应当指出的是，在实际工作中，财务报表分析往往是以上几种基本分析方法的综合运用。只有这样，才能使分析人员对企业的财务状况、经营成果、现金流量情况及其经营管理状况等有较为全面和深入的了解，从而为企业制定各种经济决策提供可靠的依据。

5.2.3　企业偿债能力指标的计算与分析

企业偿债能力是指企业用其资产偿还短期债务与长期债务的能力。若从静态角度讲，就是用企业资产清偿企业债务的能力；若从动态角度讲，就是企业用资产和经营过程创造的收益偿还债务的能力。企业偿债能力分析指标包括短期偿债能力指标和长期偿债能力指标。

1）短期偿债能力指标的计算与分析

短期偿债能力是指企业流动资产对流动负债及时足额偿还的保证程度，是衡量企业当前财务能力，特别是流动资产变现能力的重要标志。衡量企业短期偿债能力的指标主要有流动比率、速动比率和现金流动负债比率三项指标。

（1）流动比率

流动比率是指企业流动资产与流动负债的比率。它表明企业每1元流动负债有多少流动资产作为偿还保证。流动比率是衡量企业短期债务清偿能力最常用的比率，是衡量企业短期财务风险的指标。其计算公式为：

$$流动比率=流动资产÷流动负债×100\% \tag{5-17}$$

一般认为，流动比率越高，企业偿还短期债务的流动资产保证程度越强。但是，流动比率不宜过高也不宜过低。国际上通常认为，流动比率的下限为100%，而流动比率等于200%时较为适当。

过高的流动比率，说明企业有较多的资金滞留在流动资产上未能加以更好的运用，这会影响资金的使用效率，进而会影响企业的盈利能力。而且，过高的流动比率也并不一定意味着企业有足够的现金或存款用来偿债，它有可能是存货积压或应收账款过多等原因所致。若流动比率过低，则表明企业流动资产存量不足，难以如期偿还债务。

需要注意的是，不同企业或同一企业在不同时期的流动比率通常是有明显差别的。因此，不能用统一的标准来评价各企业流动比率合理与否。近年来，由于企业的经营方式和金融环境发生了很大变化，流动比率有降低的趋势，许多成功企业的流动比率都低于2。

业务链接5-6

江南公司流动比率的计算与分析

江南公司的管理当局拟对公司的短期筹资能力进行评估，要求公司财务人员根据表5-4，将流动资产与流动负债进行对比，以评估企业的短期偿债能力。

根据表5-4可得：

期末流动比率=10 812÷9 368×100%=115%

期初流动比率=8 876÷9 716×100%=91%

计算结果表明，江南公司每1元的流动负债，就有1.15元的流动资产与之对应。可以说，该公司的流动负债有1.15倍的保障。与期初相比，每1元流动负债提供的流动资产保障提高了0.24元（1.15-0.91），短期偿债能力较上期提高了。但是其短期偿债能力在行业内所处的水平，则需要参照行业标准值才能进行分析判断；其能否顺利地再向银行进行短期筹资，也需要参照银行审贷的标准进行判断。

（2）速动比率

流动资产中各构成要素的流动性存在较大的差异，其中的货币资金、交易性金融资产和各种应收账款等可以在较短时间内变现，若拥有较多数量的该类资产，则企业的短期偿债能力也相对较强；而存货、预付款项、一年内到期的非流动资产及其他流动资产等，由于变现能力弱且不稳定，在一定程度上影响了企业的短期偿债能力。

速动比率是企业一定时期的速动资产同流动负债的比率。速动资产是指流动资产减去存货、预付账款、一年内到期的非流动资产和其他流动资产等变现能力较差且不稳定的项目后的余额。其计算公式为：

$$速动比率=速动资产÷流动负债×100\% \tag{5-18}$$

在剔除流动资产中变现力差且不稳定的项目后，该指标能更加准确、可靠地反映企业实际的短期债务偿还能力。

一般情况下，该指标越高，表明企业偿还流动负债的能力越强。国际上通常认为，速动比率为100%时较为适当。如果该指标小于100%，则企业将面临较大的偿债风险；如果该指标大于100%，尽管债务偿还的安全性很高，但却会因企业现金及应收账款资金占用过多而增加企业的机会成本，从而影响企业的盈利能力。

业务链接5-7

江南公司速动比率的计算与分析

江南公司的管理当局在了解公司的流动比率指标后，考虑到公司还有部分积压的存货、预付账款等变现困难的资产，认为流动比率不能谨慎地反映出公司的短期偿债能力，要求公司财务人员提出更为可靠的分析指标。

财务人员分析之后，决定用速动比率来评价公司的短期偿债能力，根据表5-4可得：

期末速动比率=（4 080+160+120+1 540+336）÷9 368×100%=67%

期初速动比率=（3 200+240+80+1 220+320）÷9 716×100%=52%

计算结果表明，若从静态的角度分析，江南公司扣除存货等变现能力较差资产后的流动资产只能偿还67%的流动负债；但与年初相比，短期偿债能力有所得高。

运用该指标分析江南公司短期偿债能力时，还应结合应收账款的规模、周转速度和行业进行综合分析。除此之外，如果企业存货流转顺畅，变现能力较强，即使速动比率较低，而流动比率相对较高，企业仍有望偿还到期的债务。

（3）现金流动负债比率

偿还短期债务所需的资金主要来自于经营活动的现金流量。经营活动产生的现金净流量与流动负债的比率称为**现金流动负债比率**。该指标是从现金流量角度来反映企业当期偿付短期债务的能力。其计算公式为：

$$现金流动负债比率=经营现金净流量÷流动负债×100\% \tag{5-19}$$

其中，经营现金净流量指一定时期内，由企业经营活动所产生的现金及现金等价物的流入量与流出量的差额。

公式中的"经营现金净流量"，通常使用现金流量表中的"经营活动产生的现金流量净额"，它代表了企业经营活动产生现金的能力。由于经营现金净流量中已经扣除了经营活动自身所需的现金流出，因此它是可以用来偿债的现金流量。

公式中的"流动负债"，通常取资产负债表中的"流动负债"的年初余额与期末余额的平均数；为了计算简便，也可以使用期末余额。

该指标值较大，表明企业经营活动中产生的现金净流量较多，能够保障企业按时偿还到期债务。但也不是越大越好，太大则有可能意味着企业的流动资金利用不充分，收益能力不强。

业务链接5-8

江南公司现金流动负债比率的计算与分析

江南公司管理当局在了解公司的速动比率指标后，认为速动资产中有一部分是来自于公司的举债收入，因此想了解公司经营活动产生的现金流量对短期债务的保障程度。

现金流动负债比率可以满足公司管理者的要求，根据表5-4可得：

期末现金流动负债比率=7 032÷9 368×100%=75%

期初现金流动负债比率=1 176÷9 716×100%=12%

计算结果表明，本年经营活动带来的现金净流量只能偿还75%的流动负债，与期初相比，有了显著提高。

此外，作为一个极短期的债权人，很可能会对现金比率感兴趣。其计算公式为：

现金比率=（货币资金+交易性金融资产）÷流动负债×100%   （5-20）

2）长期偿债能力指标的计算与分析

长期偿债能力是指企业偿还长期负债的能力。衡量企业长期偿债能力的指标主要有资产负债率、产权比率、利息保障倍数等。

（1）资产负债率

资产负债率是指企业负债总额对资产总额的比率。资产负债率表示企业总资产中有多少资金是通过负债筹集的，能够反映企业资产对债权人权益的保障程度。其计算公式为：

资产负债率=（负债总额÷资产总额）×100%   （5-21）

资产负债率是衡量企业负债水平及其风险程度的重要指标。一般情况下，资产负债率越低，表明企业长期偿债能力越强。但是，这并不是说资产负债率越低越好，因为不同的分析主体有不同的分析标准。

从债权人的角度来说，资产负债率越低，表明企业所有者的权益比率越大，企业的财力越强，偿债能力也就越强，债权风险也就越低。因此，对债权人来讲，资产负债率越低越好。

从投资者的角度来说，企业通过举债所筹措的资金与投资者自身提供的资本在企业经营中具有同样的资产报酬率。在资产报酬率超过借入资金成本率时，负债比率越高，企业获利也越大。但是，过高的资产负债率往往表明企业的债务负担重，资金实力不强，存在较高的财务风险，万一经营环境恶化，企业将面临倒闭的危险。

此外，由于企业的长期偿债能力与盈利能力密切相关，因此在评价企业的长期偿债能力时，应结合企业的盈利能力指标进行综合分析。

比较保守的观点认为，资产负债率一般不应高于50%，而国际上通常认为资产负债率达到60%时比较适当。当然，如果单纯从偿债能力角度分析，则资产负债率越低越好。

资产负债率还代表着企业未来的举债能力。资产负债率低的企业，举债相对容易；如果资产负债率高到一定程度，就没有人愿意向企业提供贷款了，这表明企业的举债能力已经用尽。

业务链接5-9

江南公司资产负债率的计算与分析

江南公司的财务负责人想了解公司一年来的债务水平及资金的来源，以作为其筹资决策的依据。

资产负债率可以反映公司的债务水平及资金的来源，根据表5-4可得：

期末资产负债率=11 348÷21 864×100%=51.90%

期初资产负债率=11 948÷19 664×100%=60.76%

计算结果表明，期末该公司每100元的资产中，有51.90元来自于负债。从偿债能力来讲，该公司期末比期初的偿债能力提高了。但是，这个结论是否合理，需要进一步分析该公司的财务杠杆是否有正面效应，才能做出合理的判断。

（2）产权比率

产权比率，也称资本负债率，是负债总额与所有者权益总额的比率。它是企业财务结构稳健与否的重要标志，反映企业所有者权益对债权人权益的保障程度。其计算公式为：

产权比率=负债总额÷所有者权益总额×100%　　　　　　　　　　　（5-22）

一般情况下，产权比率越低，表明企业的长期偿债能力越强，债权人权益的保障程度越高，财务风险越小。但是，当企业的资产报酬率大于借入资金成本率时，负债经营有利于提高企业的经营业绩。因此，企业应结合盈利能力来评价产权比率的合理性。

业务链接5-10

江南公司产权比率的计算与分析

江南公司的财务负责人通过资产负债率了解了公司的债务水平及资金的来源后，该负责人想进一步了解债务资金与自有资金的对比关系，以及自有资金对债务资金的保障程度，以便于对财务结构的稳健性做出评价。

产权比率是负债总额与自有资金的比值，根据表5-4可得：

期末产权比率=11 348÷10 516×100%=107.91%

期初产权比率=11 948÷7 716×100%=154.85%

计算结果表明，期末该公司每100元的净资产对应107.91元的负债，负债资金超过了自有资金，显示企业即使将当前的净资产全部用以偿债，也不能偿还所有的债务。但与期初相比，净资产对债权人的保障有了明显提高，财务结构趋向稳健。

产权比率与资产负债率在评价企业偿债能力方面的作用是基本相同的，两者的主要区别是：资产负债率侧重于揭示资产对债务的物质保障程度以及资金的来源；产权比率则侧重于揭示财务结构的稳健程度以及自有资金对偿债风险的承受能力。

（3）利息保障倍数

利息保障倍数是指一定时期息税前利润与利息费用的比率。它反映获利能力对债务偿付的保证程度。其计算公式为：

利息保障倍数=息税前利润÷利息费用

$$=（净利润+所得税费用+利息费用）÷利息费用 \qquad (5-23)$$

通常，分析人员可以用利润表中的财务费用作为利息费用。当然，也可以根据报表附注资料确定更准确的利息费用。

利息保障倍数不仅反映了企业获利能力的大小，而且反映了获利能力对偿还到期债务的保证程度。它既是企业举债经营的前提依据，也是衡量企业长期偿债能力大小的重要标志。

一般情况下，利息保障倍数越高，表明企业长期偿债能力越强。若利息保障倍数大于1，则表明企业负债经营能够赚取比资金成本更高的利润；若利息保障倍数小于1，则表明企业赚取的利润低于资金成本，企业债务风险很大。

业务链接5-11

江南公司利息保障倍数的计算与分析

江南公司的财务负责人认为，只要公司能够按期足额支付到期的债务利息，就能维持当前的债务规模。因此，该负责人想测算公司当前的盈利水平能支持多大的债务规模或是维持当前债务规模所能承担的最高利率水平。

若公司能按期足额支付到期利息，就能保持当前的债务规模不变。因此，利息保障倍数能反映出企业举债的最大规模。根据表5-5可得：

期末利息保障倍数=（3 520+873）÷873=5.03

期初利息保障倍数=（1 364+740）÷740=2.84

计算结果表明，期末该公司的利息费用有5.03倍的收益作为保障。也就是说，若将企业所有盈利均用于支付利息的话，在资金成本率不变的情况下，企业还可以扩大5.03倍的债务。或者说，在维持当前债务规模不变的情况下，企业还能承受当前利率5.03倍的利率水平。与期初相比，该公司的偿债能力有了较大的提高。

5.2.4　企业营运能力指标的计算与分析

资产营运能力的强弱取决于资产的周转速度、资产运行状况、资产管理水平等多种因素。一般说来，资产周转速度越快，资产的使用效率越高，则资产的营运能力越强；反之，资产的营运能力越差。

1）资产营运能力指标的通用公式

资产的周转速度通常用资产周转率和资产周转期表示。

资产周转率是企业在一定时期内资产的周转额与资产平均余额的比率。它反映企业资产在一定时期的周转次数。周转次数越多，表明周转速度越快，资产营运能力越强。其计算公式为：

资产周转率（周转次数）=周转额÷资产平均余额 $\qquad (5-24)$

资产周转期是资产周转率的反指标，它是计算期天数与周转次数的商，反映资产周转一次所需的天数。周转天数越少，表明周转速度越快，资产营运能力越强。其计算公式为：

$$资产周转期（周转天数）=计算期天数÷周转次数$$
$$=计算期天数÷（周转额÷资产平均余额）\qquad(5-25)$$

其中：资产平均余额=（资产期初余额+资产期末余额）÷2

根据资产选择口径的不同，资产周转率指标又可以划分为总资产周转率、固定资产周转率、流动资产周转率、应收账款周转率、存货周转率等。

2）资产营运能力指标的计算与分析

（1）总资产周转率

总资产周转率是指企业一定期间的营业收入与总资产平均余额之间的比率。它反映企业全部资产的利用效率。其计算公式为：

$$总资产周转率（周转次数）=营业收入÷总资产平均余额\qquad(5-26)$$
$$总资产周转期（周转天数）=365÷（营业收入÷总资产平均余额）$$
$$=365÷总资产周转率\qquad(5-27)$$

总资产周转率越高，表明企业全部资产的利用效率越高；反之，如果该指标较低，则说明企业的经营效率较低，这将会影响企业获利能力的提高。根据公式可知，企业可以通过提高营业收入或处理多余的资产来提高总资产周转率。

业务链接5-12

江南公司总资产周转率和总资产周转期的计算与分析

江南公司的财务负责人要求我们根据表5-4和表5-5的资料，对公司整体资产的营运效率，即整体资产对营业收入的贡献能力进行分析。假设2013年的总资产期末余额为19 580万元。

对公司整体资产的营运效率进行分析，事实上就是计算该公司的总资产周转率。根据相关资料，该公司2014年和2015年的总资产周转率和总资产周转期的计算见表5-12。

表5-12　　　　　　**江南公司总资产周转率和总资产周转期计算表**　　　　金额单位：万元

年 份 项 目	2015年	2014年	2013年
营业收入	24 000	15 300	13 000
总资产期末余额	21 864	19 664	19 580
总资产平均余额	20 764	19 622	
总资产周转率（次）	1.16	0.78	
总资产周转期（天）	315.79	468.11	

计算结果表明，2015年江南公司每1元的资产能创造出1.16元的营业收入；或者说，该公司的总资产每年周转1.16次，即每隔315.79天周转1次。这比2014年有了较大提高。

值得注意的是，如果各期资金占用的波动性较大，则企业应采用更详细的资料进行计算；如果各期资金占用额比较稳定，波动性小，则计算期的平均资金占用额可以直接用"（期初数+期末数）÷2"这一公式计算。

从因素分析的角度来看，总资产周转率可以分解为流动资产周转率、固定资产周转率等指标。

（2）固定资产周转率

固定资产周转率是指企业一定期间的营业收入与固定资产平均净值的比率。它是衡量企业固定资产利用效率的一项指标。固定资产周转率越高，表明企业的固定资产利用效率越高，利用固定资产的效果越好。其计算公式为：

$$固定资产周转率（周转次数）=营业收入÷固定资产平均净值 \tag{5-28}$$

$$固定资产周转期（周转天数）=365÷（营业收入÷固定资产平均净值）$$
$$=365÷固定资产周转率 \tag{5-29}$$

业务链接5-13

江南公司固定资产周转率和固定资产周转期的计算与分析

江南公司的财务负责人对总资产周转率分析之后，想进一步了解引起总资产周转率提高的原因。该公司的资产主要由固定资产与流动资产构成，因此，该负责人要求我们对固定资产的利用效率进行剖析。假设江南公司2013年的固定资产期末净值为8 456万元。

根据相关资料，该公司2014年和2015年的固定资产周转率和固定资产周转期的计算见表5-13。

表5-13　　　　　　　　**江南公司固定资产周转率和固定资产周转期计算表**　　　　金额单位：万元

年　份 项　目	2015年	2014年	2013年
营业收入	24 000	15 300	13 000
固定资产期末净值	8 500	8 920	8 456
固定资产平均净值	8 710	8 688	
固定资产周转率（次）	2.76	1.76	
固定资产周转期（天）	132.46	207.26	

计算结果表明，2015年江南公司每1元的固定资产投资能创造出2.76元的营业收入；或者说，该公司的固定资产每年周转2.76次，即每隔132.46天周转1次。这比2014年有了较大提高。

值得注意的是，由于固定资产周转率指标的分母采用固定资产平均净值，因此在分析时，应注意折旧方法和折旧年限对计算结果的影响。

（3）流动资产周转率

流动资产周转率是指企业一定期间的营业收入与流动资产平均余额的比率。它是反映企业流动资产周转速度快慢的指标。其计算公式为：

流动资产周转率（周转次数）＝营业收入÷流动资产平均余额 （5-30）

流动资产周转期（周转天数）＝365÷（营业收入÷流动资产平均余额）

＝365÷流动资产周转率 （5-31）

流动资产周转率表明流动资产在计算期中的周转次数，或者说是每1元流动资产所创造的营业收入。流动资产周转期表明流动资产周转1次所需要的时间，也就是期末流动资产转换成现金平均所需要的时间。

业务链接 5-14

江南公司流动资产周转率和流动资产周转期的计算与分析

江南公司的财务负责人在了解了固定资产营运效率提高对总资产周转率有正向贡献后，想进一步了解流动资产营运效率的变化对总资产周转率的影响。假设江南公司2013年的流动资产期末余额为9 524万元。

根据相关资料，该公司2014年和2015年的流动资产周转率和流动资产周转期的计算见表5-14。

表5-14　　　　　　　**江南公司流动资产周转率和流动资产周转期计算表**　　　　金额单位：万元

年份 项目	2015年	2014年	2013年
营业收入	24 000	15 300	13 000
流动资产期末余额	10 812	8 876	9 524
流动资产平均余额	9 844	9 200	
流动资产周转率（次）	2.44	1.66	
流动资产周转期（天）	149.71	219.48	

计算结果表明，2015年江南公司每1元的流动资产能创造出2.44元的营业收入；或者说，该公司的流动资产每年周转2.44次，即每隔149.71天周转1次。这比2014年有了较大提高。

通常，流动资产中应收账款和存货占绝大部分，因此可以将流动资产周转率进一步分解为应收账款周转率和存货周转率指标。

（4）应收账款周转率

应收账款周转率是指企业一定期间的营业收入与应收账款平均余额的比率。它是反映应收账款周转速度及管理效率的指标。其计算公式如下：

应收账款周转率（周转次数）＝营业收入÷应收账款平均余额 （5-32）

应收账款周转期（周转天数）＝365÷（营业收入÷应收账款平均余额）

＝365÷应收账款周转率 （5-33）

应收账款周转率表明应收账款在计算期中周转的次数；应收账款周转期表明从销售开始到回收现金平均需要的天数。周转率越高，表明企业收账速度越快，资产流动性越强，短期偿债能力越强。

在计算和使用应收账款周转率时应注意以下问题：一是公式中的应收账款包括会计核

算中的"应收账款"和"应收票据"等赊销款项在内。二是财务报表上列示的应收账款是已经提取减值准备后的净额,因此提取的减值准备越多,应收账款周转率越高。但这种周转率的提高,反而说明应收账款管理欠佳。如果减值准备的数额较大,就应进行调整,使用未提取减值准备的应收账款计算周转率。同样,对存货周转率、固定资产周转率的计算,也要关注减值准备计提的影响。

业务链接5-15

江南公司应收账款周转率和应收账款周转期的计算与分析

江南公司的财务负责人认为,流动资产主要由企业的存货与应收账款等构成,流动资产周转率的提高,势必受到这两个项目的影响。他想进一步了解公司在2015年对应收账款管理的效果。假设江南公司2013年的应收账款期末余额为2 980万元。

根据相关资料,该公司2014年和2015年的应收账款周转率和应收账款周转期的计算见表5-15。

表5-15　　　　　**江南公司应收账款周转率和应收账款周转期计算表**　　　金额单位:万元

年 份 项 目	2015年	2014年	2013年
营业收入	24 000	15 300	13 000
应收账款期末余额	1 660	1 300	2 980
应收账款平均余额	1 480	2 140	
应收账款周转率(次)	16.22	7.15	
应收账款周转期(天)	22.51	51.05	

计算结果表明,江南公司2015年的应收账款周转率比2014年有很大的改善。周转次数由7.15次提高到16.22次,周转天数从51.05天缩短到22.51天,应收账款回收力度明显加强。

同步思考5-7

作为企业的财务总监,你需要了解过去一年中,公司平均需要花多长时间才向供应商支付货款。为了回答这个问题,我们需要运用营业成本来计算应付账款周转率。

理解要点: 假设本期营业成本为800万元,应付账款平均余额为200万元,则应付账款周转率为4次(800÷200);也就是说,平均每91.25天(365÷4)要向供应商付款一次。

(5)存货周转率

存货周转率是指企业一定期间的营业收入(成本)与存货平均余额的比率。它是衡量企业生产经营各环节中存货营运效率的一个综合性指标。其计算公式如下:

存货周转率(周转次数)=营业收入(成本)÷存货平均余额　　　　　　　　(5-34)

存货周转期(周转天数)=365÷(营业收入(成本)÷存货平均余额)

　　　　　　　　　　=365÷存货周转率　　　　　　　　　　　　　　　(5-35)

在计算存货周转率时，是使用"营业收入"还是"营业成本"作为周转额，要看分析的目的是什么。在短期偿债能力分析中，为了评估资产的变现能力，需要计量存货转换为现金的数量和时间，因此应使用"营业收入"计算周转率；在分析总资产周转率时，为了系统分析各项资产的周转情况并识别主要的影响因素，也应统一使用"营业收入"计算周转率；但是如果为了评估存货管理的业绩，则应当使用"营业成本"计算周转率。

存货周转速度的快慢，不仅反映了企业采购、储存、生产、销售各环节管理工作状况的好坏，而且对企业的偿债能力及盈利能力的强弱也有决定性的影响。

业务链接5-16

江南公司存货周转率和存货周转期的计算与分析

江南公司的财务负责人在了解了应收账款对流动资产周转率的影响后，想进一步了解存货对流动资产周转率的影响。假设江南公司2013年的存货期末余额为3 840万元。

根据相关资料，该公司2014年和2015年的存货周转率和存货周转期的计算见表5-16。

表5-16　　　　　　　　　**江南公司存货周转率和存货周转期计算表**　　　　　金额单位：万元

年　份 项　目	2015年	2014年	2013年
营业成本	17 500	11 500	
存货期末余额	4 000	3 600	3 840
存货平均余额	3 800	3 720	
存货周转率（次）	4.61	3.09	
存货周转期（天）	79.26	118.07	

计算结果表明，江南公司2015年的存货周转率为4.61次；也就是说，存货在售出之前，在企业内存放的平均天数为79.26天。这比2014年有了明显提高。

上述各项指标表明，江南公司2015年的资产营运能力比2014年有了明显的改善，固定资产的利用率提高，应收款项的平均收账期缩短，存货的周转速度加快。

同步思考5-8

某商场的期末存货余额为2 000万元，并且该年度的营业成本为8 000万元。请问在过去的一年中，该商场的存货在售完前，需要在货架上存放多长时间？

理解要点：根据题意，实质上就是要求我们计算该商场的存货周转率。存货周转率为4次（8 000÷2 000），存货周转期为91.25天（365÷4）；也就是说，平均每件存货在售完前需要在商场货架上存放91.25天。

5.2.5　企业盈利能力指标的计算与分析

盈利能力就是企业资金增值的能力，它通常体现为企业收益数额的大小与水平的高低。企业盈利能力可以用营业利润率、总资产报酬率、净资产收益率等指标来评价。此外，上市公司经常使用的盈利能力指标还有每股收益、每股股利、市盈率和每股净资产等。

1）营业利润率

营业利润率是指企业一定期间的营业利润与营业收入的比率。它反映每100元营业收入所产生的营业利润的大小。其计算公式为：

$$营业利润率=营业利润÷营业收入×100\% \tag{5-36}$$

营业利润率越高，表明企业市场竞争能力越强，发展潜力越大，盈利能力越强。通过对营业利润率前后各期的比较分析，可以发现企业经营状况的稳定性、面临的危险或者可能出现的转机迹象。

在实务中，也经常使用营业净利率、营业毛利率等指标来分析企业经营业务的盈利水平。其计算公式为：

$$营业净利率=净利润÷营业收入×100\% \tag{5-37}$$
$$营业毛利率=（营业收入-营业成本）÷营业收入×100\% \tag{5-38}$$

业务链接5-17

江南公司营业利润率、营业毛利率和营业净利率的计算与分析

江南公司拟根据公司每100元的营业收入对公司贡献的大小，来分析评价营业收入这一会计要素的盈利能力。

根据相关资料，该公司2014年和2015年的营业利润率、营业毛利率和营业净利率的计算见表5-17。

表5-17　　　　　**江南公司营业利润率、营业毛利率和营业净利率计算表**　　　金额单位：万元

年份 项目	2015年	2014年
营业收入	24 000	15 300
营业成本	17 500	11 500
营业毛利	6 500	3 800
营业利润	3 504	1 420
净利润	2 720	964
营业毛利率	27.08%	24.84%
营业利润率	14.60%	9.28%
营业净利率	11.33%	6.30%

　　计算结果表明，2015年江南公司每100元的营业收入创造了11.33元的净利润，与2014年相比，呈现出较大幅度的增长。

　　营业利润率越高，说明盈利水平越高。由于营业净利润是一个综合指标，因此我们需要对导致营业净利润发生变化的原因进行深入分析。很显然，它的变化是由利润表中各个项目的金额变动引起的。例如，企业的投资收益、营业收支净额会影响企业净利润的大小，但这些利润并不是营业收入所创造的，因此还需要分析营业净利润的结构来关注企业盈利能力的稳定性与持续性。

　　2）总资产报酬率

　　总资产报酬率是指企业一定期间的息税前利润总额与总资产平均余额的比率。它用来衡量每100元的资产给企业带来贡献的大小。其计算公式为：

　　总资产报酬率＝息税前利润总额÷总资产平均余额×100%　　　　　　　　　　　(5-39)

　　息税前利润总额＝净利润＋所得税费用＋利息费用　　　　　　　　　　　　　　(5-40)

　　一般情况下，企业可将总资产报酬率与资金成本率进行比较。如果总资产报酬率大于资金成本率，则表明企业可以进行举债经营，充分发挥财务杠杆的作用，获取尽可能多的收益。

业务链接5-18

江南公司总资产报酬率的计算与分析

　　江南公司的财务负责人对营业收入这一会计要素的盈利能力进行分析评价后，还想进一步分析资产给公司带来贡献的大小。

　　我们可以用总资产报酬率来衡量资产的盈利能力。假设江南公司2013年的总资产期末余额为19 580万元，企业的利息费用全部为财务费用。根据相关资料，该公司2014年和2015年的总资产报酬率的计算见表5-18。

表5-18　　　　　　　　　　**江南公司总资产报酬率计算表**　　　　　　　金额单位：万元

项　目＼年　份	2015年	2014年	2013年
净利润	2 720	964	
所得税费用	800	400	
利息费用	873	740	
息税前利润总额	4 393	2 104	
总资产期末余额	21 864	19 664	19 580
总资产平均余额	20 764	19 622	
总资产报酬率	21.16%	10.72%	

　　计算结果表明，2015年江南公司每100元的资产能给公司带来21.16元的息税前利润，资产创造效益的能力与2014年相比有了明显提高。

　　作为公司的股东，你可能更关心的是总资产净利率，因为净利润才属于股东。总资产净利率的公式为：

　　总资产净利率＝净利润÷总资产平均余额×100%　　　　　　　　　　　　　　　(5-41)

（业务链接5-19）

江南公司总资产净利率的计算与分析

江南公司的财务负责人在分析了总资产报酬率后，认为资产所带来的报酬中有一部分以利息的形式支付给了债权人，另一部分以所得税的形式上缴给了国家，他想知道资产给所有者带来的净利润究竟有多少。

我们可以用总资产净利率来衡量资产给所有者带来的净利润。假设江南公司2013年的总资产期末余额为19 580万元。根据相关资料，该公司2014年和2015年的总资产净利率的计算见表5-19。

表5-19　　　　　　　　　　　　江南公司总资产净利率计算表　　　　　　　　金额单位：万元

项目　　　　年份	2015年	2014年	2013年
净利润	2 720	964	
总资产期末余额	21 864	19 664	19 580
总资产平均余额	20 764	19 622	
总资产净利率	13.10%	4.91%	

计算结果表明，2015年江南公司每100元的资产能创造出13.10元的净利润，比2014年增加了8.19元，盈利能力明显提高。

引起总资产净利率变化的原因：一是总资产周转率的变化；二是产品营业净利率的变化。我们可以通过以下公式分析总资产净利率发生变化的原因。

$$总资产净利率=净利润÷总资产平均余额×100\%$$
$$=总资产周转率×营业净利×100\%$$
$$=（营业收入÷总资产平均余额）×（净利润÷营业收入）×100\% \tag{5-42}$$

我们可以通过因素分析法来测算每个影响因素对总资产净利率的影响程度。

3）净资产收益率

净资产收益率是指企业一定时期的净利润与平均净资产的比率。它可以反映投资者投入企业的自有资本获取净收益的能力，是评价企业自有资本及其积累获取报酬水平的最具有综合性与代表性的指标。其计算公式为：

$$净资产收益率=净利润÷平均净资产×100\% \tag{5-43}$$

一般认为，企业净资产收益率越高，企业自有资本获取收益的能力越强，营运效益越好，对企业投资人、债权人的保障程度越高。通过对该指标的综合对比分析可以看出，企业盈利能力在同行业中所处的地位，以及与同类企业的差异水平。

（业务链接5-20）

江南公司净资产收益率的计算与分析

江南公司的财务负责人在分析了总资产报酬率后，认为资产有一部分来自于债权人，不能反映自有资金的盈利水平，他想进一步衡量公司自有资金的盈利水平。

净资产收益率可以反映公司所有者投入资本的盈利水平。假设江南公司2013年的净资产期末余额为 6 768 万元。根据相关资料，该公司 2014 年和 2015 年的净资产收益率的计算见表 5-20。

表 5-20   **江南公司净资产收益率计算表**   金额单位：万元

项 目 \ 年 份	2015 年	2014 年	2013 年
净利润	2 720	964	
净资产期末余额（所有者权益）	10 516	7 716	6 768
平均净资产	9 116	7 242	
净资产收益率	29.84%	13.31%	

计算结果表明，2015 年江南公司每 100 元的所有者权益能创造出 29.84 元的净利润，比 2014 年提高了 16.53 元。上述各项指标表明，江南公司 2015 年的盈利能力相比 2014 年有了显著提高。

教学互动 5-2

互动问题：是不是市净率较低的股票，投资价值就比市净率较高的股票要高？

要求：（1）学生独立思考，课堂讨论，自由发表见解。

（2）教师组织讨论，对学生典型见解进行点评。

5.2.6 企业发展能力指标的计算与分析

发展能力是指企业发展、壮大的潜在能力。我们一般用增长率来衡量企业的发展能力，主要包括营业收入增长率、营业利润增长率、总资产增长率、资本积累率等指标。

1）营业收入增长率

营业收入增长率是指企业本年营业收入增长额同上年营业收入总额的比率。它是评价企业成长状况和发展能力的重要指标。其计算公式为：

营业收入增长率=本年营业收入增长额÷上年营业收入总额×100%   (5-44)

其中：本年营业收入增长额=本年营业收入总额－上年营业收入总额

不断增长的营业收入，是企业生存和发展的基础。若营业收入增长率大于 0，表示企业本期的营业收入有所增长，指标值越高，表明增长速度越快，企业的市场前景越好；若营业收入增长率小于 0，则说明企业的产品或服务没有适销对路，收入增长速度减缓，市场份额正在萎缩。

在分析时，应结合企业历年的营业水平、企业市场占有情况、行业未来发展及其他影响企业发展的潜在因素进行前瞻性预测，或者结合企业前三年的营业收入增长率做出趋势性分析判断。

业务链接 5-21

江南公司营业收入增长率的计算与分析

江南公司的财务负责人想对该公司产品的适销程度进行分析判断，以进一步了解公司资金的来源，同时还打算对公司下一年度的资金需求量做出预测。

我们可以利用营业收入增长率指标对江南公司产品的适销程度进行分析判断，该指标也可以作为企业未来筹资分析的依据。假设江南公司2013年的营业收入为13 000万元。根据相关资料，该公司2014年和2015年的营业收入增长率的计算见表5-21。

表5-21　　　　　　　　　　江南公司营业收入增长率计算表　　　　　　金额单位：万元

年份　项目	2015年	2014年	2013年
营业收入	24 000	15 300	13 000
营业收入增长额	8 700	2 300	
营业收入增长率	56.86%	17.69%	

计算结果表明，2015年江南公司的营业收入出现了跨越式增长的势头，增长速度迅猛。公司若要在下一年度维持一定的营业收入增长率，则需要充分考虑未来销售增长带来的资金需求。

2）营业利润增长率

营业利润增长率是企业本年营业利润增长额与上年营业利润总额的比率。它反映企业营业利润的增减变动情况。其计算公式为：

营业利润增长率=本年营业利润增长额÷上年营业利润总额×100%　　　　　　　　　　（5-45）

其中：本年营业利润增长额=本年营业利润总额-上年营业利润总额。

业务链接5-22

江南公司营业利润增长率的计算与分析

营业收入是企业利润的主要来源，也是企业资产持续增长的源泉。江南公司的财务负责人在分析了营业收入增长率后，拟进一步了解营业收入对利润的贡献大小。

营业收入与利润存在密切的关系，但由于营业收入并非是影响利润的唯一因素，因此利润与营业收入不一定能同步增长。假设江南公司2013年的营业利润为664万元。根据相关资料，该公司2014年和2015年的营业利润增长率的计算见表5-22。

表5-22　　　　　　　　　　江南公司营业利润增长率计算表　　　　　　金额单位：万元

年份　项目	2015年	2014年	2013年
营业利润	3 504	1 420	664
营业利润增长额	2 084	756	
营业利润增长率	146.76%	113.86%	

计算结果表明，2015年江南公司的营业利润呈现出了强劲的增长势头，而且大大超过营业收入的增长势头，因此需要进一步对营业利润增长的原因进行深入分析。

同步思考 5-9

数据显示，2015年江南公司的营业利润与2014年相比，增长了146.76%，大大超过了营业收入的增长幅度。那么，是什么原因导致江南公司的营业利润率快速增长呢？

理解要点： 营业利润＝主营业务利润＋其他业务利润－期间费用－资产减值损失＋投资收益（或减去投资损失）＋公允价值变动收益（或减去公允价值变动损失），因此我们可以从营业利润的构成来分析营业利润快速增长的原因。

3）总资产增长率

总资产增长率是企业本年总资产增长额同年初资产总额的比率。它用以衡量企业本期资产规模的增长情况，评价企业经营规模总量的扩张程度。其计算公式为：

总资产增长率＝本年总资产增长额÷年初资产总额×100%　　　　　　　　　　(5-46)

其中：本年总资产增长额＝年末资产总额－年初资产总额

该指标越高，表明企业一个经营周期内资产经营规模扩张的速度越快。它是从企业资产总量扩张方面衡量企业的发展能力，表明企业规模增长水平对企业发展后劲的影响。资产的增长主要有三种途径：一是举债；二是投资者投入；三是收益的积累。因此，我们在分析时，应注意资产规模扩张的原因，以及规模扩张质与量的关系，从而确保企业可持续发展，避免资产盲目扩张。

业务链接 5-23

江南公司总资产增长率的计算与分析

江南公司的营业收入与营业利润的高速增长，对公司资产规模的扩张会产生何种影响呢？该公司的财务负责人想进一步了解公司资产的增长情况。

总资产增长率可以衡量企业资产规模扩张的情况。假设江南公司2013年的资产总额为19 580万元。根据相关资料，该公司2014年和2015年的总资产增长率的计算见表5-23。

表5-23　　　　　　　　　　**江南公司总资产增长率计算表**　　　　　　　金额单位：万元

项目 ＼ 年份	2015年	2014年	2013年
资产总额	21 864	19 664	19 580
总资产增长额	2 200	84	
总资产增长率	11.19%	0.43%	

计算结果表明，2015年江南公司的总资产比2014年增长了11.19%，结合前面的分析可知，资产的增长在很大程度上受益于利润的增长。至于资产增长的更为具体的原因，则需要对资产负债表的结构变动进行深入分析。

4）资本积累率

资本积累率是指企业本年所有者权益增长额同年初所有者权益的比率。它可以反映企业当年资本的积累能力，是评价企业发展潜力的重要指标。其计算公式为：

资本积累率=本年所有者权益增长额÷年初所有者权益×100%　　　　　　　　(5-47)

其中：本年所有者权益增长额=年末所有者权益-年初所有者权益

该指标反映了企业的所有者权益在当年的变动水平，体现了企业资本的积累情况，是企业发展是否强盛的标志，也是企业扩大再生产的源泉，展示了企业的发展潜力。若资本积累率大于0，则该指标值越高，表明企业当期资本积累越多，持续发展的能力越强；若资本积累率为负值，表明企业资本受到侵蚀。

业务链接5-24

江南公司资本积累率的计算与分析

在有盈利的年份，有的企业会采用超额分配的分红方案，不仅将当年利润分配完毕，而且还将企业以前年度未分配的利润也在当期予以分配。因此，江南公司财务负责人还想了解公司当年资本的积累能力。

资本积累率指标可以反映企业当年资本的积累能力。假设江南公司2013年的所有者权益总额为6 768万元。根据相关资料，该公司2014年和2015年的资本积累率的计算见表5-24。

表5-24　　　　　　　　　　**江南公司资本积累率计算表**　　　　　　　　金额单位：万元

年份\项目	2015年	2014年	2013年
所有者权益总额	10 516	7 716	6 768
所有者权益增长额	2 800	948	
资本积累率	36.29%	14.01%	

计算结果表明，2015年江南公司的所有者权益比2014年增长了36.29%，这是公司资产增长的主要原因之一，同时也揭示了企业的抗风险能力显著增强。

5）三年营业收入平均增长率

三年营业收入平均增长率表明企业营业收入连续三年的平均增长情况，体现企业的持续发展态势和市场扩张能力。其计算公式为：

三年营业收入平均增长率=（$\sqrt[3]{\text{当年营业收入总额}÷\text{三年前营业收入总额}}$ -1）×100%　　　(5-48)

三年前营业收入总额指企业三年前的营业收入总额数。假如评价企业2016年的效绩状况，则三年前营业收入总额是指企业2013年的营业收入总额。

营业收入是企业积累和发展的基础，三年营业收入平均增长率能够反映企业的收入增长趋势和稳定程度，体现企业的连续发展状况和发展能力，避免因少数年份业务波动而造成对企业发展潜力的错误判断。三年营业收入平均增长率越高，表明企业的可持续发展能力越强，发展的潜力越大。

业务链接5-25

江南公司三年营业收入平均增长率的计算与分析

江南公司的管理当局在分析2015年度营业收入增长率时，认为仅用前后两期数据计算的增长幅度容易受到一些非正常因素的影响，因此要求财务部门根据历史资料提供一个更为谨慎的数据。

三年营业收入平均增长率能反映出企业营业收入连续三年的平均增长情况，可以避免因少数年份业务波动而造成对企业发展潜力的错误判断。因此，该指标比营业收入增长率更为谨慎。根据相关资料，该公司 2014 年和 2015 年的三年营业收入平均增长率的计算见表 5-25。

表 5-25　　　　　　　　　　**江南公司三年营业收入平均增长率计算表**　　　　　　金额单位：万元

项　目　　　　　　　　年　份	2015 年	2014 年	2013 年	2012 年	2011 年
营业收入	24 000	15 300	13 000	10 100	9 000
三年营业收入平均增长率	33.44%	19.35%			

根据三年营业收入平均增长率计算公式，则：

以 2015 年为基础计算的三年营业收入平均增长率 ＝（$\sqrt[3]{24\,000 \div 10\,100}$ －1）×100% ＝33.44%

计算结果表明，江南公司近三年的营业收入平均增长率为 33.44%。

6）三年资本平均增长率

三年资本平均增长率表示企业资本连续三年的平均积累情况，体现企业的发展水平和发展趋势。其计算公式为：

三年资本平均增长率 ＝（$\sqrt[3]{\text{当年所有者权益总额} \div \text{三年前所有者权益总额}}$ －1）×100%　　　　（5-49）

一般增长率指标在分析时仅反映当期增长情况；而利用三年资本平均增长率指标，能够反映企业资本保值增值的历史发展状况，以及企业稳步发展的趋势。三年资本平均增长率越高，表明企业所有者权益得到的保障程度越高，企业可以长期使用的资金越充足，抗风险和保持连续发展的能力越强。

业务链接 5-26

江南公司三年资本平均增长率的计算与分析

江南公司的管理当局在分析 2015 年的资本积累率时，认为仅用前后两期数据计算的增长幅度不能代表公司近年来资本积累的情况，因此要求财务部门根据历史资料提供一个能反映近三年来公司资本平均增长情况的数据。

三年资本平均增长率指标能够反映企业近三年来资本保值增值的历史发展状况以及未来的发展趋势。根据相关资料，该公司 2014 年和 2015 年的三年资本平均增长率的计算见表 5-26。

表 5-26　　　　　　　　　　**江南公司三年资本平均增长率计算表**　　　　　　金额单位：万元

项　目　　　　　　　　年　份	2015 年	2014 年	2013 年	2012 年	2011 年
所有者权益总额	10 516	7 716	6 768	6 600	6 400
三年资本平均增长率	16.80%	6.43%			

根据三年资本平均增长率计算公式，则：

以2015年为基础计算的三年资本平均增长率=（$\sqrt[3]{10\,516 \div 6\,600}$ -1）×100%=16.80%

计算结果表明，江南公司近三年的资本平均增长率为16.80%，江南公司近年来呈现出良好的发展势头。

5.2.7 企业财务综合分析方法

单独分析任何一项指标或是某一类指标，都难以全面评价企业的财务状况和经营成果，若想要对企业的财务状况和经营成果有一个总的评价，就必须进行相互关联的分析，采用适当的标准进行综合性的评价。

综合分析就是将营运能力、偿债能力、盈利能力和发展能力指标等诸方面纳入一个有机的整体之中，对企业的财务状况、经营成果进行全面的揭示与披露，从而对企业经济效益的优劣做出准确评价与判断。综合分析的方法有很多，其中应用较为广泛的有杜邦财务分析体系和沃尔比重评分法。

教学互动5-3

互动问题： 作为一名财务人员，除了要做好会计核算的工作外，还要做好什么？

要求：（1）学生独立思考，课堂讨论，自由发表见解。

（2）教师组织讨论，对学生典型见解进行点评。

1）杜邦财务分析体系

杜邦财务分析体系是由美国杜邦公司创立并成功运用而得名。该体系以净资产收益率为核心，将该指标分解为若干财务指标，通过分析各分解指标的变动对净资产收益率的影响来揭示企业盈利能力的变化及其变动原因。

（1）杜邦财务分析体系核心指标

杜邦财务分析体系各主要指标之间的关系如下：

净资产收益率=总资产净利率×权益乘数

=营业净利率×总资产周转率×权益乘数　　　　　　（5-50）

根据公式，我们可以看出：

①净资产收益率是一个综合性最强的财务分析指标，是杜邦财务分析体系的核心。决定净资产收益率高低的因素有三个方面：营业净利率、总资产周转率和权益乘数。这三个比率分别反映了盈利能力、资产管理能力和企业的负债状况。

②营业净利率反映了企业净利润与营业收入的关系。要想提高营业净利率：一是要扩大营业收入；二是要降低成本费用。我们可以对影响营业收入、成本费用的原因进行深入分析，从而为提高营业净利率提供依据。

③总资产净利率的综合性也较强，它是营业净利率和总资产周转率的乘积。它的高低受企业盈利能力和资产管理效率的影响。

④权益乘数主要受资产负债率的影响。资产负债率越高，权益乘数越大，说明企业的负债程度越高，能给企业带来较多的杠杆利益，但同时也给企业带来了较多风险。

需要说明的是，由于净资产收益率、总资产净利率、营业净利率和总资产周转率都是时期指标，而权益乘数和资产负债率是时点指标，因此为了使这些指标具有可比性，权益乘数和资产负债率中涉及的资产和负债均采用平均值计算。

（2）杜邦财务分析体系的基本框架

杜邦财务分析体系是一个多层次的财务比率分解体系，如图5-1所示。我们可以将该体系中的各项财务指标，在每个层次上与本企业历史或同业的财务指标相比较，比较之后再向下一级分解。通过逐级向下分解，逐步覆盖企业经营活动的每一个环节，从而实现系统、全面评价企业的财务状况和经营成果的目的。

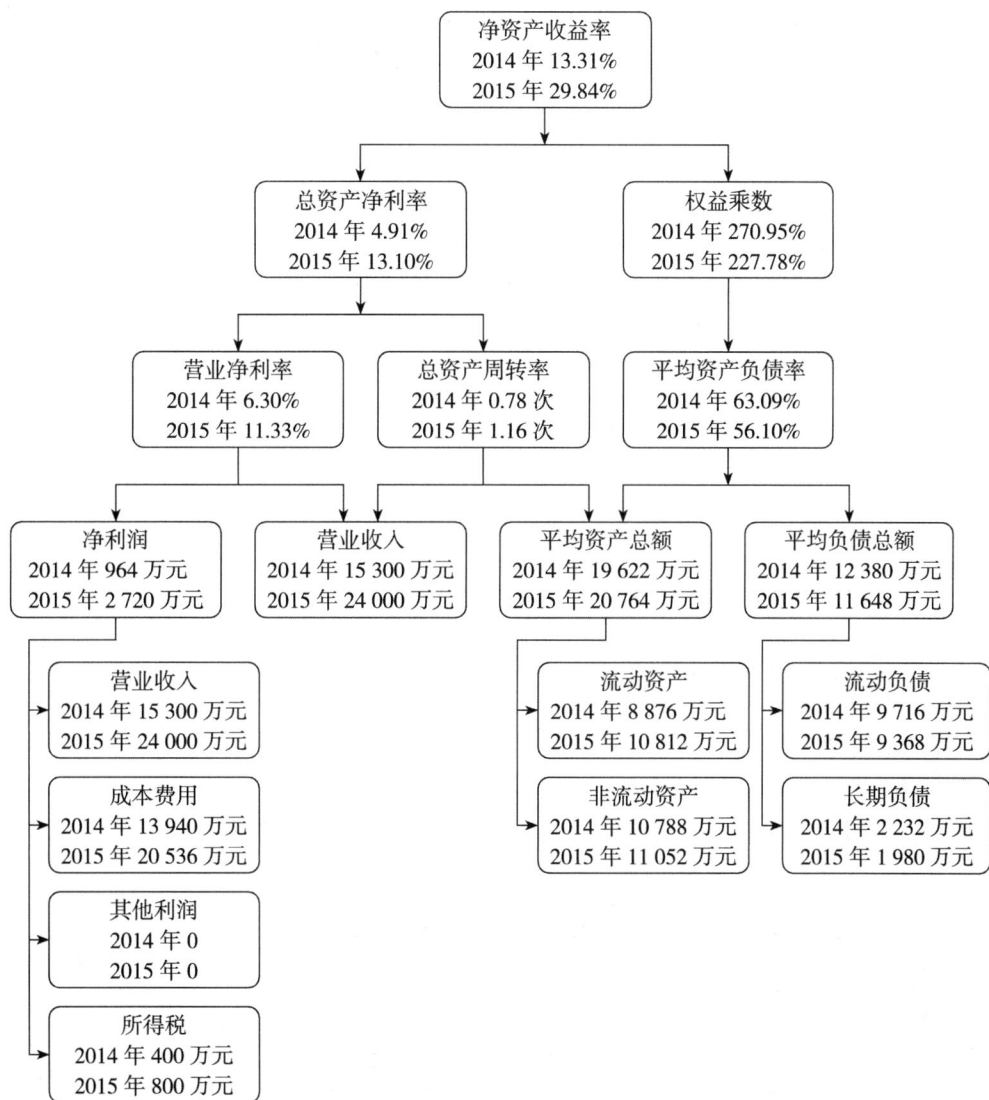

图5-1 杜邦财务分析体系的基本框架

（3）杜邦财务分析体系的应用

业务链接5-27

江南公司净资产收益率变动影响因素分析

江南公司的管理当局比较2014年和2015年的净资产收益率指标发现，两者的变化超出了他们的预期。作为管理当局，他们很想知道是什么原因导致 2015 年的净资产收益率高达 29.84%；他们也在思考，有什么措施能使 2016 年仍保持较高的净资产收益率。

我们可以采用杜邦财务分析体系对影响净资产收益率指标变动的因素进行分析，并通过因素分析法确定各因素对净资产收益率指标的影响程度。根据相关资料，该公司 2014 年和 2015 年的杜邦财务分析体系中的各项指标如图 5-1 所示。

首先，对江南公司的净资产收益率进行分解，见表 5-27。

表 5-27　　　　　　　　　　江南公司净资产收益率影响因素分析表

年　　度	净资产收益率	总资产净利率	权益乘数
2014	13.31%	4.91%	270.95%
2015	29.84%	13.10%	227.78%

可以看出，净资产收益率提高的主要原因是总资产净利率的大幅提高，而非资本结构变化造成。总资产净利率的提高是由于资产利用率提高还是产品盈利能力提高，需要通过分解总资产净利率来揭示。

其次，对总资产净利率进一步分解，见表 5-28。

表 5-28　　　　　　　　　　江南公司总资产净利率影响因素分析表

年　　度	净资产收益率	营业净利率	总资产周转率	权益乘数
2014	13.31%	6.30%	0.7797次	270.95%
2015	29.84%	11.33%	1.1558次	227.78%

通过分解可以看出，营业净利率和总资产周转率的共同提高带来的收益，抵补了由于资产负债率下降而使财务杠杆利益减少带来的不利影响，最终使得江南公司 2015 年的净资产收益率明显提高。

对该层次分解之后还可以进入下一层次的分析，分别考察营业净利率、总资产周转率和财务杠杆的变动原因。

那么，各因素对净资产收益率的影响程度到底有多大呢？利用因素分析法可以定量分析这些因素对净资产收益率变动的影响程度，见表 5-29。

表 5-29　　　　　　　　　江南公司净资产收益率影响因素连环替代分析表

项　　目	营业净利率	总资产周转率	权益乘数	净资产收益率	影响程度
2014年	6.30%	0.7797次	270.95%	13.31%	
第一次替代	11.33%	0.7797次	270.95%	23.94%	10.63%
第二次替代	11.33%	1.1558次	270.95%	35.48%	11.55%
第三次替代	11.33%	1.1558次	227.78%	29.83%	−5.65%
合　　计				16.53%	

①营业净利率变动的影响：

按本年营业净利率计算的上年净资产收益率=11.33%×0.7797×270.95%=23.94%

营业净利率变动对净资产收益率的影响=23.94%-13.31%=10.63%

②总资产周转率变动的影响：

按本年营业净利率和总资产周转率计算的上年净资产收益率=11.33%×1.1558×270.95%=35.48%

总资产周转率变动对净资产收益率的影响=35.48%-23.94%=11.54%

③财务杠杆变动的影响：

按本年营业净利率、总资产周转率和权益乘数计算的净资产收益率=11.33%×1.1558×227.78%=29.83%

财务杠杆变动对净资产收益率的影响=29.83%-35.48%=-5.65%

通过分析可知，不利因素是资产负债率降低，使净资产收益率减少了 5.65%；有利因素是营业净利率提高，使净资产收益率增加了 10.63%；总资产周转率提高，使净资产收益率增加了 11.54%。有利因素超过不利因素，所以净资产收益率增加了 16.53%。

净资产收益率的比较对象可以是本企业的历史数据，用以解释指标的变动原因和变动趋势；也可以是其他企业的同期数据，用于比较企业间的经营战略与财务政策差异。

同步思考 5-10

江南公司预测下一年度资产负债率有继续下降的趋势，营业净利率将达到公司历史的最高水平，难以再提高。江南公司管理当局期望保持当前的净资产收益率水平，请问你有何应对策略？

理解要点：根据杜邦财务分析体系，在当前主要产品不变的情况下，江南公司可以从提高总资产周转率来入手，提出应对措施。

同步案例 5-11

"高周转、高盈利"为何难以做到

背景与情境：在实证研究中，我们会发现一些企业的营业净利率较高，而总资产周转率较低；另一些企业则与之相反，总资产周转率较高，而营业净利率较低。营业净利率和总资产周转率经常呈反方向变化。

问题："高周转、高盈利"为何难以做到？

分析提示：这种现象不是偶然的。提高营业净利率就是要增加产品的附加值，因此企业往往需要采用增加投资、引进先进设备等措施，从而导致企业总资产周转率下降；与此相反，提高总资产周转率就是要降低产品的销售价格，从而导致企业营业净利率下降。所以，营业净利率较高的制造业，其总资产周转率都较低；总资产周转率很高的零售业，其营业净利率都很低。企业往往会选择"低盈利、高周转"或是"高盈利、低周转"的经营策略。

2）沃尔比重评分法

（1）沃尔比重评分法的概念与作用

1928 年，亚历山大·沃尔（Alexander Wole）出版的《信用晴雨表研究》和《财务报表比率分析》中提出了信用能力指数的概念。他选择了七个财务比率，即流动比率、产权比率、固定资产比率、存货周转率、应收账款周转率、固定资产周转率和自有资金周转率，并分别给定各指标的比重，然后确定标准比率（以行业平均数为基础），将实际比率与标准比率相比，得出相对比率，再将此相对比率与各指标比重相乘，确定各项指标的得

分及总体指标的累计得分，从而对企业的信用水平做出评价。它可以评价公司在市场竞争中所处的地位。

（2）沃尔比重评分法的应用

现代社会与沃尔所处的时代相比，已经发生了很大的变化。沃尔最初提出的七项指标已经难以完全适用于当前企业评价的需要。我们通常认为，评价指标的选取应包括偿债能力、营运能力、盈利能力和发展能力等方面；除此之外，还应当选取一些非财务指标作为参考。沃尔比重评分法的基本步骤包括：

①选择评价指标并分配指标权重。对于评价指标的选择与权重的分配，具体见表5-30。

表5-30 　　　　　　　　　　　　　　江南公司沃尔比重评分表

评价内容	权数	基本指标	评价步骤				
			权数	标准值	实际值	关系比率	实际得分
			（1）	（2）	（3）	（4）=（3）÷（2）	（5）=（4）×（1）
一、财务效益状况	38分	净资产收益率	25分	14.20%	29.84%	2.10	52.50分
		总资产报酬率	13分	13.10%	21.16%	1.62	21.06分
二、资产营运状况	18分	总资产周转率	9分	1.50次	1.16次	0.77	6.93分
		流动资产周转率	9分	4.50次	2.44次	0.54	4.86分
三、偿债能力状况	20分	资产负债率	12分	43.50%	51.90%	1.19	14.28分
		利息保障倍数	8分	7.20	5.03	0.70	5.60分
四、发展能力状况	24分	营业收入增长率	12分	26.70%	56.86%	2.13	25.56分
		资本积累率	12分	23.10%	36.29%	1.57	18.84分
合计	100分		100分				149.63分

②确定各项评价指标的标准值。财务指标的标准值一般可以行业平均数、企业历史先进数、国家有关标准或者国际公认数为基准来加以确定。表5-30中的标准值是根据国务院国资委财务监督与考核评价局编制的《企业绩效评价标准值（2009）》大型工业企业优秀值填列的。

③计算企业在一定时期各项比率指标的实际值。表5-30中的实际值是根据江南公司基本财务数据计算结果取得的。

④对各项评价指标计分并计算综合分数。其计算公式为：

各项评价指标的得分=指标的实际值÷指标的标准值×各项指标的权重 　　　　　　（5-51）

综合分数=$\sum$各项评价指标的得分 　　　　　　（5-52）

⑤形成评价结果。在最终评价时，如果综合得分大于100，则说明企业的财务状况优于同行业平均水平或者本企业历史先进水平；反之，则说明企业的财务状况欠佳。

业务链接5-28

江南公司财务状况是"优"还是"劣"

江南公司的管理当局认为财务部门提交的偿债能力、盈利能力、营运能力、发展能力等各项分析指标的数据众多，缺少一个整体评价，希望财务部门根据已计算的各项指标对公司的财务状况做出一个综合的评价。

沃尔比重评分法根据评价标准及其相应的权数，对不同指标的实际值确定不同的分值，最后得出一个综合的分数，从而对企业的财务状况做出一个整体的评价。根据江南公司2015年的相关数据，其评分过程见表5-30。

通过分析可知，江南公司的综合得分为149.63分，大于100分，这说明其财务状况的整体水平优于评价标准。

（3）沃尔比重评分法的局限性

在使用沃尔比重评分法进行综合分析时，我们应注意到方法本身的局限性对评价结果的影响。首先，异向性评价指标的存在，使得各指标的实际得分存在相互抵减的现象；其次，当某一个指标值出现严重异常时，会对总评分产生不合逻辑的重大影响。

业务链接5-29

对江南公司的财务状况进行重新评估

江南公司的管理当局在阅读财务部门采用沃尔比重评分法编制的表5-31时，认为净资产收益率、总资产报酬率、营业收入增长率、资本积累率指标对总评分产生了不合逻辑的重大影响，评价结论不够客观，要求予以调整。

我们可以设定各指标得分值的上限或下限，上限可定为正常评分值的1.5倍，下限可定为正常评分值的0.5倍，以此来克服异常值不符合逻辑的影响。江南公司的综合评分标准见表5-31。

表5-31　　　　　　　　　　**江南公司综合评分标准表**

基本指标	权数	标准值	行业最高值	最高得分	最低得分	每分比率
	(1)	(2)	(3)	(4)=(1)×1.5	(5)=(1)×0.5	(6)=[(3)−(2)]÷[(4)−(1)]
净资产收益率	25分	14.20%	28.40%	37.50分	12.50分	1.14%
总资产报酬率	13分	13.10%	26.20%	19.50分	6.50分	2.02%
总资产周转率	9分	1.50次	3.00次	13.50分	4.50分	0.33
流动资产周转率	9分	4.50次	9.00次	13.50分	4.50分	1.00
资产负债率	12分	43.50%	87.00%	18.00分	6.00分	7.25%
利息保障倍数	8分	7.20	14.40	12.00分	4.00分	1.80
营业收入增长率	12分	26.70%	53.40%	18.00分	6.00分	4.45%
资本积累率	12分	23.10%	46.20%	18.00分	6.00分	3.85%
合　计	100分			150.00分	50.00分	

表 5-31 中，净资产收益率的每分比率为 1.14%，这表示净资产收益率每提高 1.14%，则多给 1 分，但该项得分最高不得超过 37.50 分。

根据这种方法，对江南公司的财务状况重新进行综合评价，见表 5-32。

表 5-32　　　　　　　　　　　　江南公司调整后的沃尔比重综合评分表

评价内容	权数	基本指标	评价步骤					
			权数	标准值	每分比率	实际值	调整分	最后得分
			(1)	(2)	(3)	(4)	(5)	(6)
一、财务效益状况	38分	净资产收益率	25分	14.20%	1.14%	29.84%	13.72分	38.72分
		总资产报酬率	13分	13.10%	2.02%	21.16%	3.99分	16.99分
二、资产营运状况	18分	总资产周转率	9分	1.50次	0.33	1.16次	-1.03分	7.97分
		流动资产周转率	9分	4.50次	1.00	2.44次	-2.06分	6.94分
三、偿债能力状况	20分	资产负债率	12分	43.50%	7.25%	51.90%	1.16分	13.16分
		利息保障倍数	8分	7.20	1.80	5.03	-1.21分	6.79分
四、发展能力状况	24分	营业收入增长率	12分	26.70%	4.45%	56.86%	6.78分	18.78分
		资本积累率	12分	23.10%	3.85%	36.29%	3.43分	15.43分
合　计	100分		100分					124.78分

调整后，江南公司的综合得分为 124.78 分，比调整前的得分低，减少了部分指标偏高的影响，说明江南公司是一个中等略偏上水平的企业。

职业道德与企业伦理 5-2

东方电子（000682）造假案始末

背景与情境： 震惊全国的东方电子（000682）财务造假案于 2003 年 1 月在山东一审终结，公司涉案的几位高层管理人员以提供虚假财务报告罪被判处有期徒刑并罚金。

东方电子上市之初就开始了业绩造假。公司形成了一个在董事长隋元柏指挥下的由证券部、财务部和经营销售部门分工合作组成的"造假小组"。

证券部负责抛售股票并提供资金。公司从 1998 年开始抛售持有的内部职工股，一直到 2001 年 8 月，每年抛售的时间大约都集中在中期报告和年度报告披露前，每次抛售的数量根据公司业绩的需要而定。隋元柏每次告诉副总经理高峰需要多少资金，并限定在一定的时间和指定的价位范围内卖出，高峰再给证券部的两名工作人员下指令，在证券公司抛售股票，并将所得收入转入公司在银行的账户。

公司经营销售部门负责伪造合同与发票。隋元柏指使经营销售部门人员采取修改客户合同、私刻客户印章、向客户索要空白合同、粘贴复印伪造合同等四种手段，从 1997 年开始，先后伪造销售合同 1 242 份，合同金额达 17.2968 亿元，虚开销售发票 2 079 张，金额达 17.0823 亿元。同时，为了应付审计，经营销售部门还伪造客户的函证。

公司财务部负责拆分资金和做假账。为了掩盖资金的真实来源，财务总监方跃等通过在烟台某银行南大街分理处设立的东方电子户头、账号，在该行工作人员配合下，中转、拆分由证券公司所得的收入，并根据伪造的客户合同、发票，伪造了1 509份银行进账单，以及相应的对账单，金额共计17.0475亿元。

为了把假相做得更真实，隋元柏还指使经营销售部门人员与个别客户串通，通过向客户汇款，再由客户汇回的方式，虚增销售收入。

……

在此基础上，公司财务部门根据调整后的主营业务收入等数据制作各年度资产负债表、利润表、现金流量表等虚假财务报表，由证券部据此编制虚拟的公司中报、年报，提供给股东和社会公众。

经查证核实，并经司法、会计审计，东方电子自1997年至2001年上半年，共计虚增主营业务收入17.0499亿元，占历年销售收入总额的47%。也就是说，东方电子一半的主营业务收入是虚假的。

问题：如何看待东方电子为了企业利润而不惜提供虚假信息这一情况？

分析提示：东方电子为了企业利润而不惜提供虚假信息，既损害了国家的利益，又损害了股东和社会公众等方面的利益。为了减少这种现象，一方面企业经营者应洁身自爱，不能不顾一切追求利益；另一方面监管部门应加强监管，加大处罚力度，增加违法者的违法成本。

第 **6** 章
财务预算

学习目标

通过本章学习，应该达到以下目标：

理论目标：学习和掌握全面预算的概念、内容与作用，各种预算的概念及其编制方法的优缺点；能用其指导"财务预算"的相关认知活动。

实务目标：学习和掌握全面预算编制的基本程序，各种预算的编制，预计财务报表的编制与分析，"业务链接"等程序性知识；能用所学实务知识规范"财务预算"的相关技能活动。

案例目标：运用"财务预算"的理论与实务知识研究相关案例，培养和提高在特定业务情境中分析问题与决策设计的能力；能结合本章教学内容，依照"职业道德与会计伦理"的行业规范或标准，分析会计行为的善恶，强化职业道德素质。

实训目标：参加"财务预算"业务胜任力的实践训练。在了解和掌握本实训所及"能力与道德领域"相关"技能点"的"规范与标准"的基础上，通过切实体验"财务预算"各实训任务的完成，系列技能操作的实施，各项目实训报告的准备、撰写、讨论与交流等有质量、有效率的活动，培养"财务预算"的专业能力，强化"信息处理"、"数字应用"、"与人交流"、"革新创新"等职业核心能力（中级），并通过"认同级"践行"职业理想"、"职业态度"、"职业作风"和"职业守则"等行为规范，促进健全职业人格的塑造。

引例 预算管理是否过时

背景与情境：一场关于预算管理是否过时的争论起因于被誉为世界第一CEO的美国GE公司前CEO杰克·韦尔奇对预算管理效果的评价。他说："预算是美国公司的祸根，它根本不应该存在。制定预算就等于追求最低业绩，你永远只能得到员工最低水平的贡献，因为每个人都在讨价还价，争取制定最低指标。"

你是否认为预算管理已过时？预算管理有什么意义？财务预算方法有哪些？财务预算如何编制？

预算管理是利用预算对企业内部各部门、各单位的各种财务及非财务资源进行分配、考核、控制，以便有效地组织和协调企业的生产经营活动，完成既定的经营目标。预算管理具有十分重要的作用。通过本章的学习，你将能轻松地回答上述问题。

6.1 财务预算方法

6.1.1 全面预算的内容、作用与编制的基本程序

预算是企业合理配置资源的一种方法，也是各部门明确目标、沟通协调、绩效评价的工具。

1）全面预算的内容

全面预算是根据企业目标所编制的经营、资本、财务等年度收支计划，即以货币及其他数量形式反映的有关企业未来一段期间内各项经营活动目标的行动计划及相应措施的数量说明。全面预算具体包括日常业务预算、特种决策预算和财务预算。

图6-1是一个简化的例子，包括一个企业预算编制的基本内容，反映了各种预算之间的主要联系。

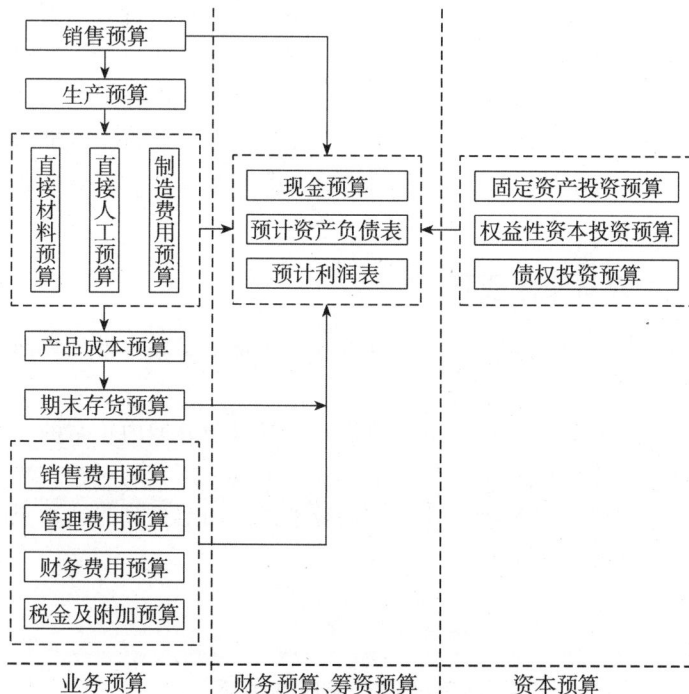

图6-1 预算编制内容及编制流程

企业编制预算应当按照先业务预算、资本预算、筹资预算，后财务预算的流程进行。销售预算是业务预算的编制起点，企业根据"以销定产"的原则确定生产预算，以及其他各项预算。财务预算一般按年度编制，业务预算、资本预算、筹资预算一般分季度、月份落实。

2）全面预算的作用

全面预算反映了企业各级各部门工作的目标，它具有规划、协调、分配和控制等作用。

3）全面预算编制的基本程序

企业编制预算，一般应按照"上下结合、分级编制、逐级汇总"的程序进行。一般需要经过以下几个步骤：

（1）下达目标。企业董事会或经理办公会根据企业发展战略和预算期经济形势的初步预测，在决策的基础上，一般于每年9月底以前提出下一年度企业财务预算的目标，包括销售或营业目标、成本费用目标、利润目标和现金流量目标，并确定财务预算编制政策，由企业财务预算委员会下达各预算执行单位。

（2）编制上报。各预算执行单位按照企业财务预算委员会下达的财务预算目标和政策，结合自身特点以及预测的执行条件，提出详细的本单位财务预算方案，于10月底前上报企业财务管理部门。

（3）审查平衡。企业财务管理部门对各预算执行单位上报的财务预算方案进行审查、汇总，提出综合平衡的建议。在审查、平衡过程中，企业财务预算委员会应当进行充分协调，对发现的问题提出初步的调整意见，并反馈给有关预算执行单位予以修正。

（4）审议批准。企业财务管理部门在有关预算执行单位修正调整的基础上，编制出企业预算方案，并报预算委员会讨论。对于不符合企业发展战略或者预算目标的事项，企业预算委员会应当责成有关预算执行单位进一步修订、调整。在讨论、调整的基础上，企业财务管理部门正式编制企业年度财务预算草案，提交董事会或经理办公会审议批准。

（5）下达执行。企业财务管理部门对董事会或经理办公会审议批准的年度总预算，一般在次年3月底以前，分解成一系列的指标体系，由企业财务预算委员会逐级下达各预算执行单位执行。

6.1.2 固定预算与弹性预算

编制预算的方法按照其业务量不同，可以分为固定预算和弹性预算两种方法。

1）固定预算

固定预算又称静态预算，是指在编制预算时，只以预算期内正常的、可实现的某一固定业务量（如生产量、销售量）水平作为唯一基础来编制预算的一种方法。

固定预算的缺点是适应性和可比性差。一般来说，固定预算只适用于业务量水平较为稳定的企业或非营利组织的预算编制。

同步案例6-1

西南公司产品成本预算

背景与情境：西南公司生产甲产品，其成本采用完全成本法计算。根据历史资料显示，其单位生产成本的构成如下：直接材料10元，直接人工2元，制造费用4元。公司预计甲产品预算期的产销量为2 000件。公司管理当局需要对甲产品进行成本预算。

问题：编制甲产品的成本预算。

分析提示：该公司甲产品的成本资料比较齐全，又有产销量的预测数据，因此可以采用固定预算方法编制产品成本预算，见表6-1。

表6-1　　　　　　　　　**西南公司甲产品成本预算表（按固定预算编制）**

预计产销量：2 000件　　　　　　　　　　　　　　　　　　　　　　　金额单位：元

成本项目	单位成本	总成本
直接材料	10	20 000
直接人工	2	4 000
制造费用	4	8 000
合　计	16	32 000

业务链接6-1

西南公司成本业绩报表

西南公司在预算期内的实际产量为1 800件，实际发生总成本见表6-2。因为实际产销量与预计产销量不同，公司管理当局难以对甲产品的成本控制水平进行评价。

表6-2　　　　　　　　　**西南公司甲产品实际成本计算表**

实际产销量：1 800件　　　　　　　　　　　　　　　　　　　　　　　金额单位：元

成本项目	单位成本	总成本
直接材料	10.3	18 540
直接人工	2.1	3 780
制造费用	4.1	7 380
合　计	16.5	29 700

由于实际产销量与预计产销量不同，不能直接根据成本预算表进行比较，而应按实际产销量进行调整后才能相对客观地予以评价。该公司根据实际成本资料和预算成本资料编制的成本业绩报表见表6-3。

表6-3　　　　　　　　　**西南公司甲产品成本业绩报表**

实际产销量：1 800件　　预计产销量：2 000件　　　　　　　　　　　金额单位：元

成本项目	实际成本	预算成本		差异	
		未按产销量调整	按产销量调整	未按产销量调整	按产销量调整
直接材料	18 540	20 000	18 000	−1 460	540
直接人工	3 780	4 000	3 600	−220	180
制造费用	7 380	8 000	7 200	−620	180
合　计	29 700	32 000	28 800	−2 300	900

从表中可以看出，实际成本与未按实际产销量调整的预算成本比较，节约了2 300元，而按实际产销量调整后，则比预算超支了900元。

同步思考6-1

根据表6-3可知，如果以预计产销量的成本作为评价企业业绩的标准，则甲产品的成本是节约的；如果将实际的产销量按预计的单位成本进行调整后再进行衡量，则甲产品的成本又是超支的。那么，固定预算方法存在什么缺点呢？

理解要点： 固定预算方法存在适应性和可比性差的缺点。

2）弹性预算

弹性预算是为克服固定预算的缺点而设计的，以业务量、成本和利润之间的依存关系为依据，以预算期可预见的各种业务量水平为基础而编制的，能够适应多种情况预算的一种方法。与固定预算相比，弹性预算具有预算范围宽和可比性强的优点。

弹性预算适用于全面预算体系中与业务量有关的，特别是受业务量变动影响较大的各种预算，如收入预算、成本费用预算、利润预算等。从理论上看，它可以用于所有与业务量相关的预算的编制；但从实务的角度来看，它主要用于编制弹性成本预算和弹性利润预算。

（1）弹性成本预算的编制

编制弹性成本预算时，首先需要选择和确定业务量的计量单位，如产销量、直接人工工时、机器工时等；其次要预测可能达到的各种业务量水平，将成本费用根据其习性划分为变动成本和固定成本；最后根据成本与业务量之间的关系，采用公式法或列表法编制成本预算。

①公式法。弹性成本预算的编制所依据的基本公式为：

$$y=a+\sum bx \qquad (6-1)$$

式中：y——预算成本总额；a——固定成本预算数；b——单位变动成本预算数；x——预计业务量。

编制弹性成本预算所依据的业务量可以是产销量、直接人工工时、机器工时、材料消耗量和直接人工工资等。

同步案例6-2

西南公司制造费用弹性预算（公式法）

背景与情境： 西南公司拟对一车间的制造费用加强预算管理，一车间的预计生产工时将在70 000~120 000小时内变动。

问题： 公司的管理当局要求财务部门在预计生产工时的范围内，计算出任一业务量的制造费用的预算总额。

分析提示： 我们可以将制造费用划分为固定成本和变动成本，依据弹性成本预算公式 $y=a+\sum bx$ 计算出特定业务量下的制造费用总额。表6-4中各项目的数据可以根据制造费用明细账统计分析得出。

表 6-4   **西南公司制造费用弹性预算表（公式法）**
直接人工工时变动范围：70 000~120 000 小时

项　目	固定费用（元）	变动费用（元/小时）
一、变动成本		
辅助工人工资		7.50
检验人员工资		1.70
二、混合成本		
维修费	500	0.50
水电费	1 500	0.20
辅助材料	1 500	0.10
三、固定成本		
管理人员工资	5 000	
保险费	1 000	
设备租金	2 500	
四、合计	12 000	10.00

根据表 6-4 可以得出，一车间的制造费用预算公式为 $y=12\ 000+10x$。

同步思考 6-2

接【同步案例 6-2】，假设西南公司预算期内一车间的生产工时为 80 000 小时，则在该生产工时下的制造费用预算总额为多少？维修费用预算为多少？

理解要点：可以直接将特定的生产工时 80 000 小时代入 $y=12\ 000+10x$，得出制造费用预算总额为 812 000 元。维修费用预算公式为 $y=500+0.5x$，因此当生产工时为 80 000 小时时，维修费用预算为 40 500 元。

这种方法的优点是在一定范围内不受业务量波动的影响，编制预算的工作量较小；缺点是在进行预算控制和考核时，不能直接查出特定业务量下的总成本预算额，而且按细目分解成本比较麻烦。

②列表法。列表法也称多水平法，是指通过列表的方式在一定范围内每隔一定业务量计算相关数值预算，以此来编制弹性成本预算的方法。

采用列表法编制弹性成本预算，可以根据实际需要确定业务量水平的间距，从而使得实际业务量均可以在弹性预算表中找到与其相应或相似的预算数。如果实际业务量与弹性预算表中的预计业务量不相符，则可以采用插值法计算其数额。

业务链接 6-2

西南公司制造费用弹性预算（列表法）

西南公司的管理当局在阅读表 6-4 时，认为采用公式法编制的一车间制造费用弹性预算不能直接查出特定业务量下的成本总额，重新计算的工作量大，因此要求采用列表法列示不同业务量下的制造费用预算额，以便查阅分析。

首先以100 000小时为标准的生产工时，然后每间隔10%编制预算，这样能够满足管理当局查阅不同业务量下的制造费用预算额的需求，见表6-5。

表6-5　　　　　　　　　　西南公司制造费用弹性预算表（列表法）　　　　　　　金额单位：元

项　目	弹性预算					
直接人工（小时）	70 000	80 000	90 000	100 000	110 000	120 000
生产能力利用	70%	80%	90%	100%	110%	120%
一、变动成本						
辅助工人工资	525 000	600 000	675 000	750 000	825 000	900 000
检验人员工资	119 000	136 000	153 000	170 000	187 000	204 000
二、混合成本						
维修费	35 500	40 500	45 500	50 500	55 500	60 500
水电费	15 500	17 500	19 500	21 500	23 500	25 500
辅助材料	8 500	9 500	10 500	11 500	12 500	13 500
三、固定成本						
管理人员工资	5 000	5 000	5 000	5 000	5 000	5 000
保险费	1 000	1 000	1 000	1 000	1 000	1 000
设备租金	2 500	2 500	2 500	2 500	2 500	2 500
四、合计	712 000	812 000	912 000	1 012 000	1 112 000	1 212 000

列表法的主要优点是可以直接从表中查得各种业务量下的成本预算，便于预算的控制和考核，可以在一定程度上弥补公式法的不足。但这种方法工作量较大，且不能包括所有业务量条件下的费用预算，故适用面较窄。

（2）弹性利润预算的编制

弹性利润预算是根据成本、业务量和利润之间的依存关系，为适应多种业务量变化而编制的利润预算。弹性利润预算是以弹性成本预算为基础编制的，其主要内容包括销售量、价格、单位变动成本、贡献边际和固定成本。编制弹性利润预算可以选择因素法和销售百分比法。

①因素法。因素法是根据受业务量变动影响的有关收入、成本等因素与利润的关系，列表反映在不同业务量条件下利润水平的预算方法。

同步案例6-3

西南公司单一产品的弹性利润预算编制

背景与情境：西南公司预计A产品在预算年度的销售量在8 000~12 000件之间变动，A产品销售单价为100元，单位变动成本为80元，固定成本总额为80 000元。

问题：请根据上述资料以1 000件为间隔单位编制A产品的弹性利润预算。

分析提示：我们可以根据"利润=（单价-单位变动成本）×预计销售量-固定成本"这一计算公式来编制弹性利润预算，见表6-6。

表6-6 　　　　　　　　　　西南公司A产品弹性利润预算表（因素法）　　　　　　　　金额单位：元

项　　目	行次	业务量1	业务量2	业务量3	业务量4	业务量5
销售量（件）	1	8 000	9 000	10 000	11 000	12 000
销售单价	2	100	100	100	100	100
单位变动成本	3	80	80	80	80	80
营业收入	4	800 000	900 000	1 000 000	1 100 000	1 200 000
减：变动成本	5	640 000	720 000	800 000	880 000	960 000
边际贡献	6	160 000	180 000	200 000	220 000	240 000
减：固定成本	7	80 000	80 000	80 000	80 000	80 000
营业利润	8	80 000	100 000	120 000	140 000	160 000

很显然，这种方法适于单一品种经营的企业。

②销售百分比法。销售百分比法是按不同销售收入的百分比编制弹性利润预算的方法。销售百分比法适用于多品种经营的企业，比较简单，但必须假定销售收入百分比的上下限均不突破相关范围，即固定成本在固定预算的基础上不变动，变动成本随销售收入变动而同比例变动。

在实际工作中，许多企业经营多种产品，若按品种分别编制预算是不现实的。此时，我们可以采用销售百分比法对全部经营商品或商品大类按其销售额编制弹性预算。

同步案例6-4

西南公司多种产品的弹性利润预算编制

背景与情境：西南公司生产经营的产品多达上百种，公司领导认为，若按因素法分别对每种产品编制利润预算后再得出公司总的利润预算，工作量过大。

问题：什么办法能解决经营多种产品的企业编制利润预算难的问题？

分析提示：在经营多种产品的情况下，企业若按每种产品来编制利润预算，涉的工作量将很大。此时，我们可以采用销售百分比法来编制利润预算。假设西南公司的预计销售额将达到10 000 000元，根据历史资料测算，该公司的销售变动成本率为70%，固定成本总额为200 000元。请以销售额为基础，以10%为间隔单位，为西南公司编制弹性利润预算，见表6-7。

表6-7　　　　　　　　西南公司弹性利润预算表（销售百分比法）　　　　　　　　金额单位：元

项　目	行次	业务量1	业务量2	业务量3	业务量4	业务量5
销售百分比	1	80%	90%	100%	110%	120%
销售额	2	8 000 000	9 000 000	10 000 000	11 000 000	12 000 000
销售变动成本率	3	70%	70%	70%	70%	70%
变动成本	4	5 600 000	6 300 000	7 000 000	7 700 000	8 400 000
边际贡献	5	2 400 000	2 700 000	3 000 000	3 300 000	3 600 000
减：固定成本	6	200 000	200 000	200 000	200 000	200 000
营业利润	7	2 200 000	2 500 000	2 800 000	3 100 000	3 400 000

值得注意的是，当收入超过一定额度时，会引起变动成本相应的变化，在编制预算时必须要考虑这一因素。

与固定预算相比，弹性预算的优点在于：一方面能够适应不同经营活动情况的变化，扩大了预算的适用范围，更好地发挥了预算的控制作用，避免了在实际情况发生变化时，对预算进行频繁修改；另一方面能够使预算对实际执行情况的评价与考核，建立在更加客观可比的基础上。

6.1.3　增量预算与零基预算

编制成本费用预算的方法按其出发点的特征不同，可以分为增量预算和零基预算两种方法。

1）增量预算

增量预算是指以基期实际水平为基础，结合预算期业务量水平的变动情况，通过调整相关项目数值而编制预算的一种方法。

实际上，增量预算最容易掩盖低效率和浪费。其中最普遍的问题就是，在典型的增量预算中，原有的开支项目一般很难删除，也很难压缩，尽管其中一些项目已没有设立的必要。

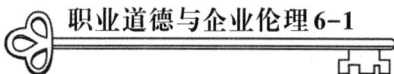

职业道德与企业伦理6-1

各部门成本费用的增量预算

背景与情境：每届预算年度开始，某公司各部门均以上年实际支出为基础，再增列一笔金额，巧妙装饰后，作为新计划提交最高领导层审批。主持预算审批的领导明知预算中有"水分"，但因不能透彻了解情况，只得不分良莠，一律砍掉30%（或更多），随后开始一个争吵过程；经过一段时间后，预算编制完成。几乎所有的申请部门都意见纷纷，大家都感到这套办法必须改革，但年复一年，仍不见有多少起色。这种不分青红皂白砍一刀的做法，使"有经验"的预算编制人员有意把预算造得大大超过实际需要，以便"砍一刀"

后还能满足需要；而对那些实事求是编制预算的人员来说则叫苦不迭。

问题： 该公司编制成本费用预算采用什么方法，该方法有何缺点？

分析提示： 该公司编制成本费用预算采用的是增量预算的方法。该方法由于在原有的开支基础上进行，对原有的开支项目一般难以压缩；而且从部门局部利益出发，编制者往往会从高编制预算。事实上，这些行为违背了职业道德与会计伦理的要求。

2）零基预算

零基预算的全称为"以零为基础编制计划和预算的方法"，它是指在编制成本费用预算时，不考虑以往会计期间所发生的费用项目或费用数额，而是将所有的预算支出均以零为出发点，一切从实际需要与可能出发，逐项审议预算期内各项费用的内容及开支标准是否合理，在综合平衡的基础上编制费用预算的一种方法。

零基预算最大的优点是不受已有费用项目和开支水平的限制，能够调动各方面降低费用的积极性；其缺点是工作量大，重点不突出，编制时间较长，而且容易引发部门之间的矛盾。

此法适用于产出较难辨认的服务性部门费用预算的编制，如财务科、办公室等部门的费用预算编制。

业务链接 6-3

采用零基预算编制西南公司管理费用预算

西南公司对管理费用预算的编制采用零基预算的编制方法。经多次讨论，预算编制人员确定的预算年度开支水平见表 6-8。

表 6-8　　　　　　　　**西南公司管理费用项目及预算金额明细表**　　　　　　单位：万元

费用项目	预算金额
业务招待费	150
广告费	190
办公费	100
保险费	60
职工福利费	60
合　计	560

假定该公司预算年度对上述费用可动用的资金只有 500 万元，经过充分论证，认为上述费用中的办公费、保险费和职工福利费必须得到全额保证，业务招待费、广告费可以适当压缩。西南公司将如何安排预算资金？

首先计算扣除需要全额保证预算资金后的可供分配资金，然后将可供分配的资金按成本与效益的关系予以分配。根据历史资料得出的业务招待费、广告费的成本效益关系见表 6-9。

表6-9 西南公司业务招待费和广告费的成本效益关系表 金额单位：万元

费用项目	成本金额	收益金额	分配比例
业务招待费	1	2	40%
广告费	1	3	60%
合　计		5	100%

需要全额保证的预算资金=100+60+60=220（万元）

可分配的预算资金=500-220=280（万元）

按成本与效益的权重将可分配的资金在业务招待费与广告费之间进行分配，则：

业务招待费可分配资金=280×40%=112（万元）

广告费可分配资金=280×60%=168（万元）

在实际工作中，某些成本项目的成本效益关系不容易确定，因此采用零基预算的方法编制预算时，不能机械地平均分配资金，而应根据企业的实际情况，有重点、有选择地确保重点项目的资金需要。

6.1.4　定期预算与滚动预算

编制预算的方法按照预算期的时间特征不同，可分为定期预算和滚动预算两种方法。

1）定期预算

定期预算是指在编制预算时以不变的会计期间（如公历年度）作为预算期的一种预算编制方法。

定期预算一般是以会计年度为单位定期编制的，其最大的缺点是预算的连续性差，即使中期需要修订，也只是针对预算期的剩余月份进行，对下一年度一般不予考虑，从而造成各级管理者只关注预算期剩余期间的生产经营活动，缺乏长远规划。

2）滚动预算

滚动预算是指在编制预算时，按照"近细远粗"的原则，将预算期与会计年度脱离，随着预算的执行不断延伸补充下期预算，逐期向后滚动，使预算期永远保持为一个固定期间的一种预算编制方法。

滚动预算按其预算编制和滚动的时间单位的不同，可分为逐月滚动、逐季滚动和混合滚动三种方式。

由于人们对未来的了解程度具有对近期把握较大，而对远期把握较小的特征，因此在编制预算过程中，可以近细远粗，即对近期编制较详细的预算，对远期可以编制较粗略的预算。

混合滚动预算在具体操作时，可先按年度分季，并将其中第一季度按月划分，编制各月的详细预算，其他三个季度的预算可以粗略一些，只列各季度预算总数；到第一季度结束前，再将第二季度的预算总数按月细分，第三季度、第四季度及下年第一季度只列各季度预算总数；依此类推，使预算不断地滚动下去，见图6-2。

2015 年度预算					
第一季度			第二季度	第三季度	第四季度
1月	2月	3月	预算总数	预算总数	预算总数

预算执行与调整

2015 年度预算					2016 年度预算
第二季度			第三季度	第四季度	第一季度
4月	5月	6月	预算总数	预算总数	预算总数

预算执行与调整

2015 年度预算				2016 年度预算	
第三季度			第四季度	第一季度	第二季度
7月	8月	9月	预算总数	预算总数	预算总数

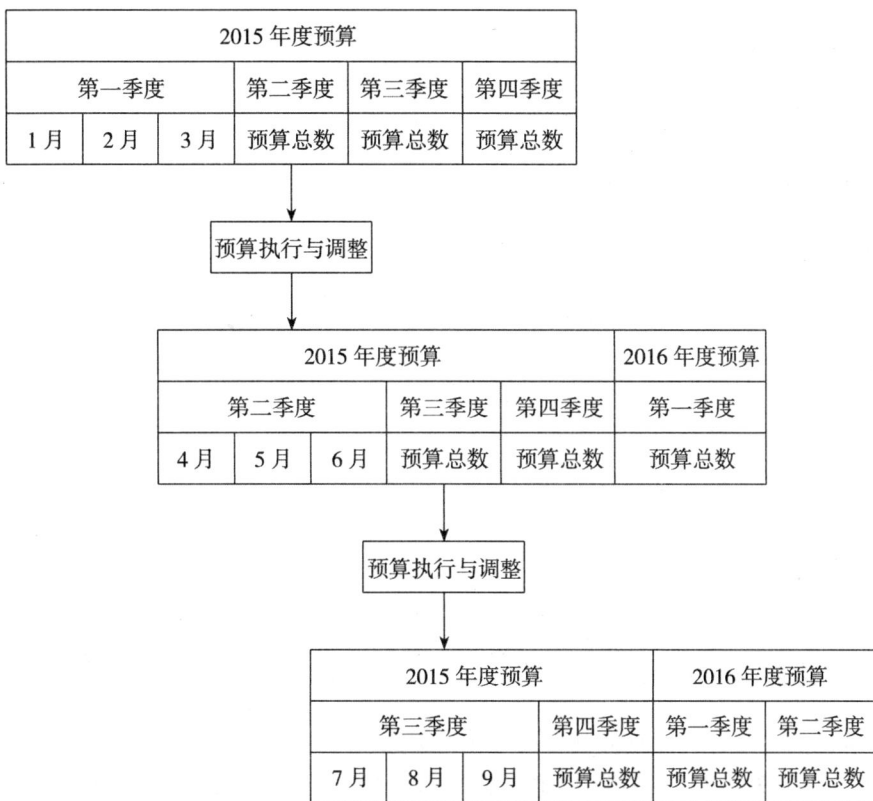

图6-2　混合滚动预算示意图

　　与传统的定期预算方法相比，滚动预算的优点有：可以保持预算的完整性和继起性，从动态预算中把握企业的未来；能使各级管理者始终了解企业未来一定时期的生产经营活动，并做出周详的考虑和全盘规划；由于预算随时间不断进行调整和修订，能使预算与实际情况更相适应，有利于充分发挥预算的指导和控制作用。滚动预算的缺点是工作量较大。

教学互动6-1

　　互动问题：美国通用汽车公司的预算有两种：一种是有关基本政策的，另一种是有关日常管理的。

　　对于有关基本政策的预算，首先规定一个较长时期的平均投资利润率和平均正常运转率（即所谓"标准量"），然后再据以制定产品的标准价格。有了标准量和标准价格之后，就可根据有关资料对下年度的销售、资金、成本、利润、投资等做出估计，从而构成年度预算。

　　对于有关日常管理的预算，先根据过去三年的统计资料，并考虑未来年度的经济增长、经济循环变化、季节变化及保持均衡生产的需要、竞争形势等因素，确定"指标产量"（以相当于年度生产能力的一个百分数表示），再据以制定"指标价格"，然后根据各种定额做出下年度的销售、生产、存货、采购、资金、成本、利润等全面预算。

　　美国通用汽车公司的预算对我们有何启示？

　　要求：（1）学生独立思考，课堂讨论，自由发表见解。

　　（2）教师组织讨论，对学生典型见解进行点评。

6.2 财务预算编制

财务预算是指一系列专门反映企业未来一定预算期内预计财务状况、经营成果，以及现金收支等价值指标的各种预算的总称，也称总预算。财务预算具体包括现金预算、预计利润表、预计资产负债表等内容。

同步案例6-5

编制海北公司2016年度的财务预算

背景与情境： 海北公司为了能够充分发挥现有资源的作用，明确各部门的奋斗目标，制定各部门的考核标准，全面掌握企业未来一年的财务状况、经营成果以及现金流转情况，拟编制公司财务预算。

问题： 海北公司应如何开展下一年度财务预算的编制工作？

分析提示： 财务预算具体包括现金预算、预计利润表、预计资产负债表等内容。而现金预算必须要以日常业务预算和特种决策预算为基础编制，因此必须先组织好日常业务预算和特种决策预算以后，才能完成现金预算，才能为预计利润表、预计资产负债表提供数据。

6.2.1 编制现金预算

现金预算是以日常业务预算和特种决策预算为基础编制的反映企业预算期间现金收支情况的预算。现金预算主要反映现金收支差额、现金筹措使用情况以及期初期末现金余额，包括现金收入、现金支出、现金多余或不足、资金筹措和使用等内容。值得说明的是，这里所讲的现金并非仅指库存现金，还包括银行存款。

现金预算取决于其他预算的现金收入与现金支出的安排。当然，其他预算也要根据现金预算的可能支付条件安排自身的费用支出。从结果上看，现金预算表现为其他预算有关现金收支部分的汇总以及收支差额平衡措施的具体计划。因此，现金预算的编制要以其他预算为基础，以其他预算所提供的现金流量作为数字依据。

下面分别介绍几种预算的编制以及如何为现金预算的编制提供数据准备。

1）日常业务预算

日常业务预算是指与企业日常经营活动直接相关的经营业务的各种预算。它主要包括销售预算、生产预算、直接材料消耗及采购预算、应交税金及附加预算、直接人工预算、制造费用预算、产品成本预算、期末存货预算、销售费用预算、管理费用预算、财务费用预算等内容。企业可根据实际情况具体编制。

（1）编制销售预算

销售预算是指反映企业预算期内（通常为一年）各种商品或劳务的销售单价、销售数量和销售收入的预算。它是整个预算编制的起点，其他预算的编制大多以销售预算的数据为基础。

销售预算的编制，一般包括两个部分：一是预计企业各种产品的销售量、销售单价及销售收入，即进行销售预算；二是预计销售现金回笼情况，其目的是为编制现金预算提供必要的资料。

业务链接6-4

编制海北公司销售预算

海北公司经营A、B两种产品，公司的销售部门拟编制预算期A、B两种产品的销售预算。请为海北公司编制2016年的销售预算及其经营现金收入预算（平均单位计算结果保留两位小数，其他计算结果保留整数）。

编制销售预算需要确定销售收入和销售额回笼情况，因此需要整理各种产品的预计销售量、销售单价，以及销售资金的回收率。海北公司的销售部门预计2016年各季度销售预算的相关资料见表6-10。

表6-10　　　　海北公司2016年预计销售量、销售单价及其他资料明细表　　　　金额单位：元

项　目		季　度				全　年
		第一季度	第二季度	第三季度	第四季度	
A产品	销售单价	180.00	180.00	180.00	180.00	180.00
	预计销售量（件）	1 000	1 300	1 500	2 000	5 800
B产品	销售单价	90.00	90.00	90.00	90.00	90.00
	预计销售量（件）	800	1 000	800	1 600	4 200
年初应收账款						29 000
增值税税率		17%				
收现率	首期	60%				
	二期	40%				

根据上述资料，编制海北公司2016年的销售预算及其经营现金收入预算，见表6-11。

表6-11　　　　海北公司2016年的销售预算及其经营现金收入预算表　　　　金额单位：元

项　目		季　度				本年合计
		第一季度	第二季度	第三季度	第四季度	
A产品	预计销售量（件）	1 000	1 300	1 500	2 000	5 800
	金额	180 000	234 000	270 000	360 000	1 044 000
B产品	预计销售量（件）	800	1 000	800	1 600	4 200
	金额	72 000	90 000	72 000	144 000	378 000
预计销售收入（不含税）		252 000	324 000	342 000	504 000	1 422 000
增值税销项税额（税率17%）		42 840	55 080	58 140	85 680	241 740
含税销售收入合计		294 840	379 080	400 140	589 680	1 663 740
当季现销收入（60%）		176 904	227 448	240 084	353 808	998 244
回收前期应收货款（40%）		29 000	117 936	151 632	160 056	458 624
现金收入合计		205 904	345 384	391 716	513 864	1 456 868
年末应收账款					235 872	

第一季度回收前期应收货款是根据上期资产负债表的期末数填列。同时，由于本期销

售收入有40%部分在下季度收讫，因此第四季度的销售收入中有235 872元（589 680×40%）为应收账款的期末数，这是编制预计资产负债表应收账款数据的依据。

（2）编制生产预算

生产预算是为规划一定预算期内预计生产量水平而编制的一种日常业务预算。它是日常业务预算中唯一只使用实物量计量的预算，可以为进一步编制有关成本费用预算提供实物量数据。

编制生产预算时，需要预计企业生产产品的品种、期末及期初各种产品的数量。预计生产量的计算公式为：

预计生产量=预计销售量+预计期末存货量-预计期初存货量　　　　　　　　（6-2）

生产预算需要根据预计销售量按品种分别编制。由于企业的生产和销售不能做到"同步同量"，必须设置一定的存货，以保证均衡生产，因此预算期间除必须备有充足的产品以供销售外，还应考虑预计期初存货量和预计期末存货量等因素。

在实践中，期末存货量通常按下期销售量的一定百分比确定，期初存货量可以根据期初实际存货量或编制预算时预计。

业务链接6-5

编制海北公司生产预算

海北公司的生产部门正在思考预算年度内各产品的生产产量多少的问题。请为海北公司编制2016年各种产品的生产预算。

一个企业的产品生产多少，不仅与销售量有关，而且与期初存货量和期末存货量相关，因此必须准备海北公司2016年期初实际存货量和预计期末存货量等资料，见表6-12。

表6-12　　　　　　　　　海北公司2016年存货量及成本明细表

品　种	期初产成品数量（件）	期末产成品数量（件）	期初在产品数量（件）	期末在产品数量（件）	期初产成品成本（元）	
					单位额	总额
A产品	150	120	0	0	120	18 000
B产品	100	90	0	0	80	8 000

预计期末产成品占下期销售量的10%，假设该公司没有期初在产品和期末在产品。编制海北公司2016年的生产预算，见表6-13。

表6-13　　　　　　　　　海北公司2016年的生产预算表　　　　　　　单位：件

品　种	项　目	季　度				全　年
		第一季度	第二季度	第三季度	第四季度	
A产品	预计销售量	1 000	1 300	1 500	2 000	5 800
	加：预计期末存货量	130	150	200	120	120
	减：预计期初存货量	150	130	150	200	150
	预计生产量	980	1 320	1 550	1 920	5 770
B产品	预计销售量	800	1 000	800	1 600	4 200
	加：预计期末存货量	100	80	160	90	90
	减：预计期初存货量	100	100	80	160	100
	预计生产量	800	980	880	1 530	4 190

（3）编制直接材料消耗及采购预算

直接材料消耗及采购预算是指反映企业预算期内各种直接材料消耗数量及采购金额的预算。它是以生产预算为基础编制的，包括材料需要量预算和采购预算两个部分。

编制直接材料消耗及采购预算的主要依据是预计生产量、预计材料存货量、单位产品材料消耗量和材料采购单价等资料。其基本计算公式为：

$$预计采购量=预计生产需要量+预计期末存货量-预计期初存货量 \tag{6-3}$$

$$预计生产需要量=预计生产量×单位产品材料消耗量 \tag{6-4}$$

其中，预计生产量数据来自生产预算，单位产品材料消耗量数据来自标准成本资料或直接材料消耗定额资料，年初和年末存货量数据一般根据企业当前情况和生产预测估计得出，各季度预计期末存货量根据下季度生产量的一定百分比确定，各季度预计期初存货量即是上季度的期末存货量。

为了便于编制现金预算，通常还要预计各季度材料采购的现金支出。各季度材料采购的现金支出包括两部分：一是偿还上期应付账款；二是支付本期采购货款。

业务链接6-6

编制海北公司直接材料消耗及采购预算

在确定了预算年度内各产品的预计生产量后，接下来的问题是，需要准备哪些材料、多少材料才能满足生产的需要。请为海北公司编制预算期的直接材料消耗及采购预算和材料采购现金支出预算。

生产产品所需的材料消耗量与预计生产量和单位产品消耗定额有关，采购量的多少与材料的期初存货量和期末存货量有关。同时，为了编制采购的现金支出预算，还需要预测材料的采购单价。因此，海北公司采购部门会同生产技术部门，根据历史资料整理了A产品和B产品2016年需用的各种材料消耗定额及其采购单价资料，见表6-14。

表6-14　　　　　　**海北公司2016年材料消耗定额及采购单价明细表**

项　目	品　种	季　度			
		第一季度	第二季度	第三季度	第四季度
A产品消耗定额（千克/件）	甲材料	4	4	4	4
	乙材料	2	2	2	2
B产品消耗定额（千克/件）	甲材料	1	1	1	1
	乙材料	3	3	3	3
材料采购单价（元/千克）	甲材料	8	8	8	8
	乙材料	4	4	4	4
	丙材料				4

各种材料年初和年末的存货量，以及有关账户余额等资料见表6-15。

表 6-15　　　　　　　　　　　海北公司2016年材料存货量及其他资料明细表

材料名称	年初存货量	年初单位成本	年初成本总额	年末存货量
甲材料（千克）	280			300
乙材料（千克）	300			250
丙材料（千克）				2 500
年初应付款余额（元）		24 200		
预计期末存货量占下期需用量的百分比		20%		

根据上述资料编制海北公司2016年直接材料消耗及采购预算和材料采购现金支出预算，见表6-16。其中，丙材料根据项目投资预算编制。

表 6-16　　　海北公司2016年直接材料消耗及采购预算和材料采购现金支出预算表　　　金额单位：元

项　目		季　度				全年合计
		第一季度	第二季度	第三季度	第四季度	
甲材料	A产品耗用量（千克）	3 920	5 280	6 200	7 680	23 080
	B产品耗用量（千克）	800	980	880	1 530	4 190
	甲材料需用量（千克）	4 720	6 260	7 080	9 210	27 270
	加：期末材料存量（千克）	1 252	1 416	1 842	300	300
	减：期初材料存量（千克）	280	1 252	1 416	1 842	280
	本期采购量（千克）	5 692	6 424	7 506	7 668	27 290
	材料采购成本（不含税）	45 536	51 392	60 048	61 344	218 320
乙材料	A产品耗用量（千克）	1 960	2 640	3 100	3 840	11 540
	B产品耗用量（千克）	2 400	2 940	2 640	4 590	12 570
	甲材料需用量（千克）	4 360	5 580	5 740	8 430	24 110
	加：期末材料存量（千克）	1 116	1 148	1 686	250	250
	减：期初材料存量（千克）	300	1 116	1 148	1 686	300
	本期采购量（千克）	5 176	5 612	6 278	6 994	24 060
	材料采购成本（不含税）	20 704	22 448	25 112	27 976	96 240
丙材料	存货成本				10 000	10 000
各种材料采购成本总额（不含税）		66 240	73 840	85 160	99 320	324 560
增值税进项税额（税率17%）		11 261	12 553	14 477	16 884	55 175
预计采购金额合计（含税）		77 501	86 393	99 637	116 204	379 735
当期现购材料款（60%）		46 501	51 836	59 782	69 722	227 841
偿付前期所欠材料款（40%）		24 200	31 000	34 557	39 855	129 612
当期现金支出小计		70 701	82 836	94 339	109 577	357 453
期末应付账款金额					46 482	

（4）编制应交税金及附加预算

应交税金及附加预算是指为规划预算期内预计发生的应交增值税、营业税、消费税、资源税、城市维护建设税和教育费附加金额而编制的一种经营预算。本预算中不包括预交的所得税和直接计入管理费用的印花税。

编制该预算时，需要确定本单位应纳税费的种类及其相应的税率、征收率和各项预计的征收基数。由于税金需要及时清偿，为了简化预算工作，假定预算期发生的各项应交税金及附加均在当期以现金形式支付。

业务链接 6-7

编制海北公司应交税金及附加预算

编制应交税金及附加预算时，首先需要确定企业的应纳税种、计税依据以及各税种的税率。假设海北公司为增值税的一般纳税人，增值税税率为17%，城市维护建设税税率为7%，教育费附加税率为3%。海北公司2016年应交税金及附加预算见表6-17。

表6-17　　　　　　　　　　　　**海北公司2016年应交税金及附加预算表**　　　　　　　　　单位：元

项　目	季　度				全年合计
	第一季度	第二季度	第三季度	第四季度	
增值税销项税额	42 840	55 080	58 140	85 680	241 740
增值税进项税额	11 261	12 553	14 477	16 884	55 175
应交增值税	31 579	42 527	43 663	68 796	186 565
应交税金及附加（10%）	3 158	4 253	4 366	6 880	18 657
现金支出合计	34 737	46 780	48 029	75 676	205 222

（5）编制直接人工预算

直接人工预算是指为规划预算期内人工工时的消耗水平和人工成本水平而编制的一种日常业务预算。

直接人工预算也是以生产预算为基础编制的。编制直接人工预算的主要依据是单位工时工资率和单位产品工时定额，因此编制时需要先根据单位实际情况收集整理人工消耗定额等数据。其计算公式为：

$$预计直接人工成本=预计生产量×单位产品工时定额×单位工时工资率 \qquad (6-5)$$

由于各期直接人工成本中的直接工资一般均由现金开支，因此一般不需要另外编制现金支出预算。但是，若相关费用没有形成实际的现金支出，如已计提而以后支付的福利费等，则应当进行适当调整。

业务链接 6-8

编制海北公司直接人工预算

为了给产品成本的预算编制提供数据资料，同时也掌握预算期内产品成本中人工成本的构成水平，公司财务部门拟编制直接人工预算。请为海北公司编制预算期的直接人工预算（单位工时工资率和单位工时直接人工成本保留两位小数，其他结果保留整数）。

为了编制直接人工预算，需要公司人事部门提供单位工时工资率，需要公司生产部门提供单位产品工时定额，相关资料见表6-18。

表6-18　　　海北公司2016年的单位工时工资率和单位产品工时定额明细表

项　目		季　度			
		第一季度	第二季度	第三季度	第四季度
单位产品工时定额（小时/件）	A产品	6.00	6.00	6.00	6.00
	B产品	4.00	4.00	4.00	4.00
单位工时工资率（元/小时）		10.00	10.00	10.00	10.00
其他直接费用计提标准		14%			
预计应付福利费支用率		50%	50%	50%	80%

根据相关资料，海北公司2016年直接人工预算见表6-19。

表6-19　　　　　　　　　海北公司2016年直接人工预算表

项　目		季　度				全年合计
		第一季度	第二季度	第三季度	第四季度	
A产品	预计生产量（件）	980	1320	1 550	1 920	5 770
	单位产品工时定额（小时/件）	6.00	6.00	6.00	6.00	6.00
	直接人工工时总数（小时）	5 880	7 920	9 300	11 520	34 620
	预计直接工资（元）	58 800	79 200	93 000	115 200	346 200
	预计其他直接费用（元）	8 232	11 088	13 020	16 128	48 468
	直接人工成本合计（元）	67 032	90 288	106 020	131 328	394 668
	单位工时直接人工成本（元）	11.40	11.40	11.40	11.40	11.40
B产品	预计生产量（件）	800	980	880	1 530	4 190
	单位产品工时定额（小时/件）	4.00	4.00	4.00	4.00	4.00
	直接人工工时总数（小时）	3 200	3 920	3 520	6 120	16 760
	预计直接工资（元）	32 000	39 200	35 200	61 200	167 600
	预计其他直接费用（元）	4 480	5 488	4 928	8 568	23 464
	直接人工成本合计（元）	36 480	44 688	40 128	69 768	191 064
	单位工时直接人工成本（元）	11.40	11.40	11.40	11.40	11.40
合计	直接人工工时合计（小时）	9 080	11 840	12 820	17 640	51 380
	直接工资总额（元）	90 800	118 400	128 200	176 400	513 800
	其他直接费用（元）	12 712	16 576	17 948	24 696	71 932
	直接人工成本合计（元）	103 512	134 976	146 148	201 096	585 732
预计福利费现金支出（元）		6 356	8 288	8 974	19 757	43 375
直接人工成本现金支出（元）		97 156	126 688	137 174	181 339	542 357

（6）编制制造费用预算

制造费用预算是指反映预算期内为生产产品和提供劳务而发生的各项间接费用的一种日常业务预算，通常分为变动制造费用预算和固定制造费用预算两部分。变动制造费用预算以生产预算为基础编制。如果有完善的标准成本资料，则用单位产品的标准成本与计划产量相乘，即可得到相应的预算金额；如果没有标准成本资料，就需要逐项预计计划产量需要的各项制造费用。固定制造费用预算通常与本期产量无关，需要逐项进行预计。制造费用预算也应包括预算现金支出，除固定资产折旧费外都需要支付现金。

业务链接6-9

编制海北公司制造费用预算

为了给产品成本预算的编制提供数据资料，加强生产部门的间接费用的管理，公司财务部门与生产部门拟对车间的制造费用编制预算。请为海北公司编制制造费用预算及其现金支出预算（制造费用分配率计算结果保留两位小数，其他计算结果保留整数）。

制造费用分为变动制造费用和固定制造费用两大类。变动制造费用总额与产品的产量存在正相关关系，而固定制造费用在一定范围内与产品的产量是无关的，我们可以根据制造费用的历史资料和预计生产量分析得出。

制造费用除折旧费以外均以现金支付。其中，租赁费 5 000元是根据年初做出的专门决策确定的。根据相关资料，海北公司2016年制造费用预算及其现金支出预算见表6-20。

表6-20　　　　　海北公司2016年制造费用预算及其现金支出预算表　　　金额单位：元

项 目		金 额	季 度				全年合计
			第一季度	第二季度	第三季度	第四季度	
变动制造费用	间接人工	4 0000					
	间接材料	5 0000					
	修理费	8 000					
	水电费	10 000					
	小计	108 000	19 086	2 4888	26 948	37 078	108 000
	变动制造费用分配率（元/小时）	2.1020					
固定制造费用	折旧费	20 000					
	管理人员工资	12 000					
	保险费	8 000					
	租赁费	5 000					
	小计	45 000	7 952	10 369	11 228	15 451	45 000
	固定制造费用分配率（元/小时）	0.88					
合计		153 000	27 038	35 257	38 176	52 529	153 000
减：折旧费		20 000	5 000	5 000	5 000	5 000	20 000
付现的制造费用		133 000	22 038	30 257	33 176	47 529	133 000

在表6-20中，制造费用分配率是假设按产品标准工时对制造费用进行分配。

变动制造费用分配率=108 000÷51 380=2.10（元/小时）

固定制造费用分配率=45 000÷51 380=0.88（元/小时）

为了便于以后编制现金预算，需要预计现金支出。在制造费用中，除折旧费外都需要支付现金，所以根据每个季度制造费用数额扣除折旧费等非付现支出后，即可得出"付现的制造费用"。

（7）编制产品成本预算

产品成本预算是指反映预算期内各种产品生产成本水平的一种日常业务预算，通常分为变动成本和固定成本两部分。产品成本预算是以生产预算、直接材料消耗及采购预算、直接人工预算、制造费用预算为基础编制的。通过编制产品成本预算，可以得出企业产品的单位成本和总成本，也能为编制预计利润表和预计资产负债表提供数据。

此外，由于产品的生产成本中包括变动成本和固定成本，而单位产品中的固定成本会受到产品产量的影响，因此产品成本预算应按年编制，不分季度编制。同时，由于存货发出的计价方式不同，会对预算结果产生不同的影响，这是在编制时需要注意的。

业务链接6-10

编制海北公司产品成本预算

面对激烈的市场竞争，海北公司需要对其生产经营产品的成本进行估算，以便正确制定预算期内相应产品的价格政策。请按完全成本法为海北公司编制A、B产品2016年的产品成本预算。

在完全成本法下，产品的成本主要由直接材料、直接人工、制造费用构成。假设A产品计划产量为5 770件，B产品计划产量为4 190件。根据相关资料，A、B产品2016年产品成本预算见表6-21和表6-22。

表6-21　　　　　　　　　**A产品2016年产品成本预算表**　　　　　金额单位：元

项　　目	单　　价	单位用量	单位成本	总成本
直接材料				
甲材料	8.00	4.00千克	32.00	184 640
乙材料	4.00	2.00千克	8.00	46 160
小计			40.00	230 800
直接人工	11.40	6.00小时	68.40	394 668
变动制造费用	2.10	6.00小时	12.60	72 702
变动成本合计			121.00	698 170
固定制造费用	0.88	6.00小时	5.28	30 466
生产成本合计			126.28	728 636
加：在产品及自制半成品的期初余额				
减：在产品及自制半成品的期末余额				
预计产品生产成本			126.28	728 636
加：产成品期初余额			120.00	18 000
减：产成品期末余额			126.16	15 154
预计产品销售成本			126.12	731 482

表6-22　　　　　　　　　　　**B产品2016年产品成本预算表**　　　　　　　　　金额单位：元

项　　目	单　价	单位用量	单位成本	总成本
直接材料				
甲材料	8.00	1.00千克	8.00	33 520
乙材料	4.00	3.00千克	12.00	50 280
小计			20.00	83 800
直接人工	11.40	4.00小时	45.60	191 064
变动制造费用	2.10	4.00小时	8.40	35 196
变动成本合计			74.00	310 060
固定制造费用	0.88	4.00小时	3.52	14 749
生产成本合计			77.52	324 809
加：在产品及自制半成品的期初余额				
减：在产品及自制半成品的期末余额				
预计产品生产成本			77.52	324 809
加：产成品期初余额			80.00	8 000
减：产成品期末余额			79.94	6 977
预计产品销售成本			77.58	325 832

（8）编制期末存货预算

期末存货预算是指为规划预算期期末的在产品、产成品和原材料预计成本水平而编制的一种日常业务预算。它可以为预计资产负债表中的存货项目提供相关数据。通常该预算只编制期末预算，不编制季度预算。

业务链接6-11

编制海北公司期末存货预算

为了掌握预算期期末的存货水平，同时为编制预计资产负债表中的存货项目提供数据，海北公司拟编制期末存货预算。请为海北公司编制期末存货预算。

存货包括在产品、产成品和原材料三种形式。因此，期末存货预算通常按存货项目分别编制预算，由于"期末存货成本=期初存货成本+本期增加的存货成本－本期减少的存货成本"。因此，在编制期末存货预算时，还需要查找相应的数据。根据相关资料，海北公司2016年期末存货预算见表6-23。

表6-23　　　　　　　　　　　海北公司2016年期末存货预算表　　　　　　　　　金额单位：元

项　目		A产品	B产品	甲材料	乙材料	丙材料	合　计
年　初 存货成本	数量	150件	100件	280千克	300千克		
	单位成本	120.00	80.00	8.00	4.00		
	成本总额	18 000	8 000	2240	1 200		29 440
本年增加 存货成本	数量	5 770件	4 190件	27 290千克	24 060千克	2 500千克	
	单位成本	126.267	77.511	8.00	4.00	4.00	
	成本总额	728 561	324 771	218 320	96 240	10 000	1 377 892
本年减少 存货成本	数量	5 800件	4 200件	27 270千克	24 110千克		
	单位成本	126.105	77.5702	8.00	4.00		
	成本总额	731 409	325 795	218 160	96 440		1 371 804
期　末 存货成本	数量	120件	90件	300千克	250千克	2 500千克	
	单位成本	126.267	77.511	8.00	4.00	4.00	
	成本总额	15 152	6 976	2 400	1 000	10 000	35 528

（9）编制销售费用预算

销售费用预算是指为规划预算期内企业在销售产品时预计发生的各项费用水平而编制的一种日常业务预算。

销售费用预算的编制，既要对过去的销售费用进行分析，考察过去销售费用支出的必要性和效果，又要结合销售预算分析销售收入、销售利润和销售费用的关系，力求实现资金的最有效使用。此外，销售费用也可以划分为变动销售费用和固定销售费用两部分，在编制销售费用预算时，可以对这两部分分别进行编制。

在编制销售费用预算时，还需要分季度编制现金支出预算，因此需要将折旧费、无形资产摊销等非现金支出在费用总额中予以扣除。

业务链接6-12

编制海北公司销售费用预算

为了掌握公司在预算期的销售费用开支水平，同时为编制预计利润表提供数据资料，海北公司拟编制销售费用预算。请为海北公司编制销售费用预算。

销售费用可以划分为变动销售费用与固定销售费用两大类。一般而言，销售费用与销售收入存在一定的比例关系，我们可以根据销售费用明细账取得历史数据。假设根据历史数据，该公司的销售佣金、销售运杂费及其他费用占销售收入的1.10%，与销售收入呈现同比例变化。根据相关资料，海北公司2016年销售费用预算见表6-24。

表6-24 　　　　　　　　　　　海北公司2016年销售费用预算表 　　　　　　　　单位：元

项　目		金额	季　度				全年合计
			第一季度	第二季度	第三季度	第四季度	
变动销售费用	销售佣金（0.80%）	11 376	2 016	2 592	2 736	4 032	11 376
	销售运杂费（0.20%）	2 844	504	648	684	1 008	2 844
	其他费用（0.10%）	1 422	252	324	342	504	1 422
	小计（1.10%）	15 642	2 772	3 564	3 762	5 544	15 642
固定销售费用	折旧费	15 000					
	管理人员工资	14 000					
	保险费	5 000					
	宣传广告费	5 000					
	小计	39 000	9 750	9 750	9 750	9 750	39 000
减：折旧费等非付现费用		15 000	3 750	3 750	3 750	3 750	15 000
付现的销售费用		39 642	8 772	9 564	9 762	11 544	39 642

（10）编制管理费用预算

管理费用预算是指为规划预算期内因管理企业预计发生的各项费用水平而编制的一种日常业务预算。

业务链接6-13

编制海北公司管理费用预算

为了掌握公司在预算期的管理费用开支水平，同时为编制预计利润表提供数据资料，海北公司拟编制管理费用预算。请为海北公司编制管理费用预算及其现金支出预算。

在编制管理费用预算时，可以采取零基预算的方法，以确保费用支出的合理化。在实务中，可以采取以下两种方法：一是按管理费用明细账中的项目专栏分析全年预计水平，这是因为管理费用大多属于固定成本，可以过去的实际开支为基础，按预算期的可预见变化来调整；二是按类似于制造费用预算或销售费用预算的编制方法，将管理费用划分为变动管理费用和固定管理费用两部分，并分别进行编制。

假设采取零基预算方法，根据相关资料，海北公司2016年管理费用预算及其现金支出预算见表6-25。

表 6-25 　　　　　　　海北公司2016年管理费用预算及其现金支出预算表 　　　　　　　　单位：元

费用项目	金　额	季　度				全年合计
		第一季度	第二季度	第三季度	第四季度	
公司经费	20 000					
工会经费	8 000					
办公费	20 000					
董事会费	10 000					
折旧费	5 000					
无形资产摊销	4 000					
职工培训费	8 000					
其他	1 000					
合计	76 000					
减：折旧费	5 000					
减：无形资产摊销	4 000					
现金支出	67 000	16 750	16 750	16 750	16 750	67 000

（11）编制财务费用预算

财务费用预算是指反映预算期内因筹措使用资金而发生财务费用的一种预算。由于该预算必须根据现金预算中的资金筹措及运用的相关数据来编制，因此本书将之纳入现金预算的范围中予以举例。

2）特种决策预算

特种决策预算是指企业为不经常发生的、需要根据特定决策临时编制的一次性预算。特种决策预算主要包括经营决策预算和投资决策预算两种类型，如固定资产投资预算、债券投资预算和权益性资本投资预算等。

（1）编制经营决策预算

经营决策预算是指与短期经营决策密切相关的特种决策预算。该类预算的主要目标是通过制定最优生产经营决策，合理地利用或调配企业经营活动所需要的各种资源。

经营决策预算通常是在短期经营决策确定的最优方案的基础上编制的，因而需要直接纳入日常业务预算体系，同时也将影响企业的财务预算。例如，企业所需某种材料的取得方式一旦确定，就要相应地计入直接材料消耗及采购预算或生产预算、产品成本预算。

同步思考6-3

海北公司为了降低材料采购成本，计划增设一台机床，用自己生产的产品代替外购产品。经调查，该机床的取得有两种方式：

方案一：用30 000元从市场上购置，预计可用5年。

方案二：采用经营租赁的方式，以每年5 000元的租金租入使用。

问题：你将用何种方法进行经营决策？

　　理解要点：海北公司自己生产所需的材料在生产过程中的消耗，对于两种方案来说是没有什么区别的。两种方案唯一的不同是使用设备的成本。因此，我们可以采用已知现值求年金的方法求出方案一的年均使用成本，再与方案二的租金进行比较。假设公司的最低资产报酬率为 10%，则方案一的年均使用成本约为 7 914 元，大于 5 000 元。因此，公司拟采用第二个方案，于是该决策预算纳入当期的制造费用预算（见表 6-20）。

　　（2）编制投资决策预算

　　投资决策预算，又称资本支出预算，通常是指与项目投资决策密切相关的特种决策预算。由于这类预算涉及项目固定资产、流动资产的投资，以及相应资金的筹措，因此一般需要单独编制，作为投资决策的参考依据。但是，预算引起的资产的增加、现金的筹措以及相关的费用，需要在现金预算表、预计资产负债表、预计利润表中反映。

业务链接 6-14

编制海北公司投资决策预算

　　为了形成 C 产品的生产能力，海北公司决定在 2016 年度新建一条生产线，预算期第三季度安装调试，年末交付使用，预计固定资产投资 88 000 元。该固定资产投资明细及其现金分次支付的时间见表 6-26。生产 C 产品需要丙材料，第四季度预计采购 10 000 元。海北公司为该项目向银行专门借款 30 000 元，借款利率为 10%，该款项于第三季度初已到账。请为海北公司编制投资决策预算。

　　投资决策预算的编制，首先需要分清项目投资的现金流及其现金收支的时点；其次，对于借款还需考虑资本化利息与费用化利息的区别，因为它将会影响固定资产的价值或财务费用的金额，从而影响预计资产负债表和预计利润表的金额。

　　丙材料的采购见表 6-16 海北公司 2016 年直接材料消耗及采购预算，根据相关资料，海北公司 2016 年投资决策预算见表 6-26。

表 6-26　　　　　　　　　　　**海北公司 2016 年投资决策预算**　　　　　　　　　　单位：元

项　目	季　度				全年合计
	第一季度	第二季度	第三季度	第四季度	
固定资产投资					
设备购置			76 000	10 000	86 000
安装工程					
其他支出			1 000	1 000	2 000
固定资产投资合计			77 000	11 000	88 000
流动资产投资					
丙材料采购				10 000	10 000
项目投资资金合计			77 000	21 000	98 000
投资资金筹措					
银行专门借款			30 000		30 000
投资者追加投入					
资金筹措合计			30 000		30 000

由于该项目的建设期为6个月，2016年银行专门借款利息为1 500元（30 000×10%×6÷12），该利息应予以资本化，计入固定资产原值，则本年度预计新增固定资产的价值为89 500元（88 000+1 500）。

3）现金预算

现金预算需要根据销售预算、直接材料消耗及采购预算、应交税金及附加预算、直接人工预算、制造费用预算、销售费用预算、管理费用预算等中的现金收支相关数据进行编制。

业务链接6-15

编制海北公司现金预算

在各部门完成本部门的预算后，财务部门需要根据各部门的预算资金收支情况进行现金预算的编制，以便事先进行资金的安排。请为海北公司编制2016年现金预算。

由于企业一般都需要考虑各个期间的最低现金库存量，现金不足时，需要向银行借款；现金多余时，可将多余现金用于偿还债务或进行有价证券投资。因此，现金预算的编制需要遵循时间的先后次序进行，即先编制第一季度再编制第二季度，以此类推。

假设该公司各季度的现金余额不得低于5 000元。银行借款利率为10%，按1 000元的倍数进行借款，按"每期期初借入，每期期末归还"来预计利息支出。全年所得税预计为20 000元，分季平均预缴。海北公司2016年现金预算见表6-27。

表6-27　　　　　　　　　　　　　海北公司2016年现金预算表　　　　　　　　　　单位：元

项　目	季　度				全年合计	资料来源及计算过程
	第一季度	第二季度	第三季度	第四季度		
①期初现金余额	50 000	5 625	6 009	5 745	67 379	
②经营现金收入	205 904	345 384	391 716	513 864	1 456 868	
③可运用现金合计	255 904	351 009	397 725	519 609	1 524 247	
④经营性现金支出：	255 154	317 875	344 230	470 233	1 387 492	
直接材料采购	70 701	82 836	94 339	109 577	357 453	
直接工资及其他支出	97 156	126 688	137 174	196 157	557 175	
制造费用	22 038	30 257	33 176	47 529	133 000	
销售费用	8 772	9 564	9 762	11 544	39 642	
管理费用	16 750	16 750	16 750	16 750	67 000	
应交税金及附加	34 737	46 780	48 029	75 676	205 222	
预交所得税	5 000	5 000	5 000	5 000	20 000	估计数20 000
预分股利				8 000	8 000	估计数8 000
⑤资本性现金支出			77 000	11 000	88 000	

续表

项 目	季 度				全年合计	资料来源 及计算过程
	第一季度	第二季度	第三季度	第四季度		
⑥现金支出合计	255 154	317 875	421 230	481 233	1 475 492	
⑦现金多余（短缺）	750	33 134	−23 505	38 376	48 755	
⑧资金筹措及运用：	4 875	−27 125	29 250	−32 750	−25 750	
银行短期借款	5 000	−5 000				
银行专门借款			30 000	−30 000		专门预算
发行公司债券						
利息收入（支出）	−125	−125	−750	−750	−1 750	
出售（购买）有价证券		−22 000		−2 000	−24 000	临时调剂
投资者追加投入						专门预算
⑨期末现金余额	5 625	6 009	5 745	5 626	23 005	

其中，第一季度和第二季度每季的利息支出=5 000×10%÷4=125（元）

第三季度和第四季度每季的利息支出=30 000×10%÷4=750（元）

需要注意的是，现金预算表中的"预交所得税"项目是在利润规划时估计的，它通常不是根据预计利润和所得税税率计算出来的。因为从预算编制程序上看，如果根据预计利润和税率重新计算所得税，将会引起各季度现金余额发生改变，从而导致信贷计划修订，进而改变各季度的利息支出，最终又要修改本年利润的数据，从而陷入数据的循环修改之中。所以，"预交所得税"及"预分股利"项目均采用估计数来确定。

6.2.2 编制预计财务报表

财务预算中的预计财务报表包括预计利润表和预计资产负债表。

预计财务报表可以从总体上反映企业按照预算执行后的财务状况、经营状况及现金流量。企业的管理当局可以通过分析预计财务报表，评价预算方案的合理性以及预算执行过程中的关键控制点。

1）编制预计利润表

预计利润表与实际利润表的内容、格式相同，只不过数据是面向预算期的。它是根据销售预算、生产成本预算、应交税金及附加预算、销售费用预算、管理费用预算和财务费用预算等编制的。

业务链接6-16

编制海北公司预计利润表

海北公司的管理当局面对各部门的预算报表，急切地想了解通过各部门的努力能否实现公司的目标利润。请为海北公司编制2016年预计利润表。

预计利润表可以反映各部门努力后实现的预算利润。通过预计利润表，可以了解企业预期的盈利水平。如果预计利润与最初编制方案中的目标利润有较大的差异，就需要调整部门预算，设法达到目标，或者经企业管理当局同意后修改目标利润。

假设海北公司按净利润的10%提取盈余公积，向股东分配股利10 000元，公司所得税税率为25%。海北公司2016年预计利润表见表6-28。

表6-28　　　　　　　　　　　　**海北公司2016年预计利润表**　　　　　　　　　　单位：元

项　目	金　额	资料来源及计算过程
销售收入	1 422 000	
减：销售税金及附加	18 657	
本期销售成本	1 057 204	
销售利润	346 139	
减：管理费用	76 000	
营业费用	54 642	
财务费用	250	
利润总额	215 247	
减：应交所得税（25%）	53 812	
净利润	161 435	
减：提取盈余公积（10%）	16 144	
分配股利	10 000	
未分配利润	135 291	

2）编制预计资产负债表

预计资产负债表是总括地反映企业预算期期末财务状况的一种报表。该表中除期初数已知外，其余项目均应在前述日常业务预算、特种决策预算、现金预算、预计利润分配表等基础上填列。

业务链接6-17

编制海北公司预计资产负债表

海北公司的管理当局面对各部门的预算报表，急切地想了解各部门的努力给企业财务状况带来的影响。请为海北公司编制2016年预计资产负债表。

预计资产负债表可以反映企业财务状况的稳定性和流动性。海北公司2016年预计资产负债表见表6-29。

表 6-29　　　　　　　　　　海北公司2016年预计资产负债表　　　　　　　　　单位：元

资　产	年初数	年末数	资料来源及计算过程	负债和所有者权益	年初数	年末数	资料来源及计算过程
货币资金	50 000	5 526		短期借款			
交易性金融资产		24 000		应付账款	24 200	46 482	
应收账款	29 000	235 972		应付债券			
存货	29 440	35 528		应交税费	15 240	49 052	
流动资产合计	108 440	301 026		应付股利	8 000	10 000	
固定资产原值	168 000	257 500		应付职工薪酬	2 000	30 557	
减：累计折旧	41 500	81 500		长期借款			
固定资产净值	126 500	176 000		负债合计	49 440	136 091	
无形资产	23 800	19 800		实收资本	150 000	150 000	
长期资产合计	150 300	195 800		资本公积	10 000	10 000	
				盈余公积	8 300	24 444	
				未分配利润	41 000	176 291	
				所有者权益合计	209 300	360 735	
资产总计	258 740	496 826		负债和所有者权益总计	258 740	496 826	

注：表中年末资产与权益存在1元的差异，是由于各预算报表在编制过程中采用整数造成的，是尾数差异。

教学互动6-2

互动问题：现金预算表、预计利润表和预计资产负债表的编制依据的是日常业务预算，因此，日常业务预算编制准确与否非常关键。同时，现金预算表、预计利润表和预计资产负债表这三表之间存在一定的勾稽关系，请问你发现了什么勾稽关系？

要求：（1）学生独立思考，课堂讨论，自由发表见解。

（2）教师组织讨论，对学生典型见解进行点评。

第7章
财务控制

学习目标

通过本章学习，应该达到以下目标：

理论目标：学习和掌握财务控制的含义、特征、功能、分类、要素，财务控制方式的相关概念，责任中心的概念与特征，成本中心、利润中心和投资中心的含义、类型与特点，责任预算的含义等陈述性知识；能用其指导"财务控制"的相关认知活动。

实务目标：学习和掌握财务控制各种方式的方法、内容与要求，责任中心各类型的划分方法、考核指标与计算，责任预算与责任报告的编制及其反馈控制，责任中心的业绩考核要求等程序性知识；能用其规范"财务控制"的相关技能活动。

案例目标：运用"财务控制"的理论与实务知识研究相关案例，培养和提高在特定业务情境中分析问题与决策设计的能力；能结合本章教学内容，依照"职业道德与会计伦理"的行业规范或标准，分析会计行为的善恶，强化职业道德素质。

实训目标：参加"财务控制运作"业务胜任力的实践训练。在了解和掌握本实训所涉及"能力与道德领域"相关技能点的"规范与标准"的基础上，通过切实体验"财务控制运作"各实训任务的完成，系列技能操作的实施，各项目实训报告的准备、撰写、讨论与交流等有质量、有效率的活动，培养"财务控制"的专业能力，强化"自我学习"、"与人合作"和"解决问题"等职业核心能力（中级），并通过践行"职业情感"、"职业理想"、"职业良心"和"职业作风"等行为规范，促进健全职业人格的塑造。

引例 风雨爱多

背景与情境：1995年6月，农民出身的胡志标在广东创建了爱多电器公司（以下简称"爱多"）。1996年夏天，胡志标攻下上海市场，完成了第一轮全国推广活动。这时，VCD的商品概念已越来越为消费者所接受。11月，为了打响品牌，27岁的胡志标怀揣"爱多VCD，好功夫"的广告语走进中央电视台，花费8200万元争得5秒标版的广告播放权，夺得"标王"桂冠，爱多因此一跃跻身国内知名家电品牌行列。1997年，爱多的销售额从1996年的2亿元骤增至16亿元，赫然出现在中国电子50强的排行榜上。

爱多的成功在很大程度上源自胡志标的冒险和创新。胡志标相信"爱拼才会赢"，而不屑于"step by step"的经营之道。在爱多创业初期，这种高效率的独断决策机制和胡志标的创新精神是爱多能在短短几年间成功崛起的原因。例如，由经销商交保证金、预付款，供应商先供材料启动生产的融资渠道；敢在自有资金不到1000万元的情况下以8200万元投得标王；启动"阳光A计划"，在行业率先降价，将爱多的产品销售推上了另一个高峰……

1999年3月，爱多危机总爆发，发难人是与胡志标同占爱多45%股份（另外10%股份为爱多工厂所在地的东升镇益隆村所有）的陈天南。

2003年6月19日，曾经引领中国VCD市场、一心想成为中国的松下幸之助的青年才俊胡志标被判入狱服刑20年，洒泪爱多。

爱多的没落是多种综合因素的结果：

第一是战略上的失误。以2.1亿元第二次投得标王的广告策略、"阳光B计划"的降价策略、再后来的"阳光C计划"，以及意图垄断的囤积原材料策略，都充分体现了其战略思维的冒险性和投机性。

第二是采购系统上的混乱。爱多的采购行为非常随意，既不按经济批量计划，也不按物料需求计划，更不考虑电子产品极高的贬值速度。在爱多的原料仓库里，能用两三年的组装零部件竟然有十多种。在爱多危机发生以后，爱多原料仓库里囤积了价值两亿多元的零部件，但却组装不出一台VCD来。如果爱多事前能做好物料需求计划，那么这两亿元的零部件起码能组装出几十万台的VCD。那样，爱多就能向下游交货，自然就能收到货款；而有了资金，自然就能解决上游绝料之苦；再加上当时爱多的市场销售能力，爱多必然能渡过难关。此外，爱多对电子产品的贬值速度也缺乏一个正确的估计，它没有认识到，至少是没有正视"囤积得越多，资产贬值就越快"这一事实。

第三是财务控制观念差。爱多缺乏有效的财务控制，浪费、回扣等现象惊人。有钱时大手大脚胡乱花，没有钱时该花钱的地方也不花。

缺乏有效的财务控制虽然不是爱多没落的唯一原因，但很显然是一个重要的原因。一个企业如果缺乏有效的财务控制，那么它的生命必定是有限的。因此，企业要长期生存下去，必须建立并实施有效的财务控制。

7.1 财务控制基础

7.1.1 财务控制的概念、特征、功能及分类

1）财务控制的概念

财务控制是指企业在理财过程中，借助于会计及其他相关信息，对各项财务活动施加影响或调节，以实现财务预算所规定的目标。通过对财务活动的控制，可以确保财务预算的顺利完成。

2）财务控制的特征

（1）财务控制是一种价值控制

（2）财务控制是一种综合性的控制

（3）现金流量控制是财务控制的日常内容

3）财务控制的功能

（1）预防性功能

预防性功能是指财务控制可以有效地防范风险、错弊和非法行为的发生，或降低其发生的概率。对企业的财务活动进行预防性控制，可以做到防患于未然，将各种差错消灭在萌芽状态。

（2）侦查性功能

侦查性功能是指财务控制可以及时识别已经存在的风险、已经发生的错弊和非法行为，或增强对差错、风险的识别能力。这种控制功能具有探寻的性质。在缺乏完善可行的预防性控制措施的情况下，侦查性控制是一种很有效的监督工具。

（3）纠正性功能

纠正性功能是指财务控制可以对侦查中发现的问题进行纠正，从而完善管理。纠正性控制可以及时纠正错误。

（4）指导性功能

指导性功能是指财务控制可以指导企业的行动向有利的方向运行。此种控制功能与上述几种控制功能的主要区别在于：上述控制功能的主要作用是纠正不利的结果，而指导性功能是为了实现有利的结果。

（5）补偿性功能

补偿性功能是指财务控制可以针对某些环节的不足或缺陷采取补救性措施。这种控制功能是为了把企业的风险尽可能地限制在一定的范围内，以降低企业所承担的风险。

4）财务控制的分类

（1）按财务控制的内容分类

一般控制是指对企业的各项财务活动所依赖的内部环境进行的总体控制。

应用控制是对企业财务活动的直接调控，也可称为业务控制。

（2）按财务控制的时间先后分类

事前控制是指企业为防止经济资源在质和量上发生偏差，而在某财务行为发生之前所实施的控制。

事中控制是对正在进行过程中的财务活动所给予的监控。

事后控制是对财务活动的最终结果所进行的分析、评价、考核。

（3）按财务控制的主体分类

出资者财务控制是指出资人为了实现其资本保全和增值的目的，而对经营者所经营企业的财务收支活动进行的干预。

经营者财务控制是指经营者为了实现企业财务预算目标，而对企业及各责任中心的财务收支活动进行的监控。

财会部门财务控制是指财会部门为了有效地组织现金的流动，通过编制和执行现金预算，而对企业的日常财务收支所进行的控制。

（4）按财务控制的依据分类

预算控制是指以财务预算为依据，对企业的财务活动进行监督、调节的一种控制形式。

制度控制是指通过制定企业内部规章制度，来制约企业和各责任中心财务活动的一种控制形式。

（5）按财务控制的对象分类

收支控制是对企业和各责任中心的财务收支活动所进行的控制。

货币资金控制是对企业和各责任中心的现金流入和现金流出所进行的控制。

（6）按财务控制的手段分类

定额控制是对企业和各责任中心运用绝对指标进行控制。

定率控制是对企业和各责任中心运用相对指标进行控制。

7.1.2 财务控制的要素

财务控制是企业内部控制和风险管理的一个重要方面。依据内部控制和风险管理的基本原理，财务控制的基本要素可划分为控制环境、目标设定、事件识别、风险评估、风险应对、控制活动、信息与沟通、监控八个部分。

1）控制环境

控制环境是对企业财务控制的建立和实施有重大影响的各种环境因素的统称。它包括企业风险管理观念与文化、诚信与价值观、员工的胜任能力、董事会或审计委员会的组成、管理哲学和经营方式、企业组织结构、企业授予权利和责任的方式，以及人力资源政策和实务等。控制环境是决定财务控制目标能否实现的重要因素。

2）目标设定

每个企业都面临着各种财务风险，企业进行有效的事项识别、风险评估及风险应对的一个前提是确定与不同水平和内部环境保持一致的财务目标。管理者在识别风险并采取必要的措施管理风险之前，必须首先确定目标。财务控制的目标主要有四个方面：一是合理配置和使用财务资源，提高财务资源的使用效率，实现企业价值最大化；二是保护资产的安全与完整；三是保证财务信息的可靠性；四是遵循有关财务会计法规和企业业已制定的财务会计政策。

3）事件识别

事件是指可以影响企业财务战略执行或目标实现的事项。例如，银行信贷、利率、汇率等政策的调整，新的竞争对手的出现，市场价格水平的变化，企业组织结构和高层管理人员的变化等。事项可能形成积极的影响，也可能形成消极的影响，或者同时具有两种影响。

4）风险评估

风险评估是指管理层分析、评价和估计对企业目标有影响的内部或外部风险的过程。管理者应当从可能性和影响程度这两个角度，采用定性与定量相结合的方法来评估事项，并对企业的整个事项以个别或分类的形式进行分析，指出潜在事项的有利影响和不利影响，同时对潜在事项的不利影响以固有风险和剩余风险的形式进行评估。

5）风险应对

风险应对包括规避风险、减少风险、转移风险和接受风险。管理者在考虑如何进行风险应对的过程中，应重点考虑成本和效益，并在期望的风险容忍度内选择风险应对方案。

6）控制活动

控制活动是指确保管理阶层的指令得以执行的政策及程序。例如，核准、授权、验证、调节、复核营业绩效、保障资产安全及职务分工等。

7）信息与沟通

信息主要是指会计系统所提供的内部与外部信息，它是公司为汇总、分析、分类、记录、报告业务处理的各种方法和记录，包括文件预先编号、业务复核、定期调节等。一个有效的会计信息系统应当做到以下几个方面：一是确认和记录所有有效交易；二是及时、详细地描述交易，以便在报告中对交易进行正确分类；三是以某种方式计量交易的价值，以便在报告中以适当的货币价值记录交易；四是确定交易发生的期间，以便将交易记录在恰当的期间；五是在财务报表中适当地表达交易事项和披露相关事项。

沟通是指企业的信息系统提供有效信息给适当的人员。通过沟通，员工能够知悉其在财务控制中的责任。

8）监控

监控是由适当的人员在适当的时机来评估控制的设计和运作情况的过程。它包括持续的监督活动（如例行的管理和监督活动，以及其他员工为履行其职务所采取的行动）；个别评估（评估的范围和频率视风险的大小及控制的重要性而定）；报告缺陷。控制的缺失应由下往上报告，某些缺失还应报告给高层管理者及董事会。

7.1.3 财务控制的方式

财务控制的方式是指对企业财务活动进行制约、调节的基本形式。

1）授权控制

授权控制是指在某项财务活动发生之前，按照既定的程序对其正确性、合理性、合法性加以审核，并确定是否让其发生所进行的控制。授权控制是一种事前控制。

授权控制的方法是通过授权通知书来明确授权事项和使用资金的限额。在公司制企业，一般由股东会授权给董事会，然后再由董事会授权给公司的总经理和有关管理人员。公司每一层的管理人员既是上级管理人员的授权客体，又是对下级管理人员授权的主体。

授权的方式通常有一般授权和特别授权两种。**一般授权**是指对办理常规业务时的权力、条件和责任的规定，这些规定在管理部门中采用文件形式或在经济业务中规定一般性交易办理的条件、范围和对该项交易的责任关系。在日常业务处理中，管理人员可以按照规定的权限范围和有关职责自行办理。一般授权的时效性较长。**特别授权**是指对办理例外业务时的权力、条件和责任的规定，通常是对非经常的经济行为进行专门研究做出的授权。特别授权一般没有既定的预算、计划等标准作为依据，它需要根据具体情况进行具体分析和研究。特别授权也可用于超过一般授权限制的常规业务。

无论采用哪一种授权方式，企业都必须建立授权控制体系，并且在企业内部财务制度中加以明确。授权控制体系包括授权范围、授权层次、授权责任和授权程序。

授权控制体系要求做到：企业所有人员不经合法授权，不能行使相应权力；有权授权的人应在规定的权限范围内行事，不得超越授权；企业的所有业务不经授权不能执行；财务权限一经授予必须执行。

2）职务分离控制

职务分离控制是指将处理某种经济业务所涉及的职责分派给不同的人员，使每个人的工作都是对其他有关人员的工作的一种自动检查。

职务分离控制要求做到：任何业务尤其是货币资金收支业务的全过程，不能由某一个岗位或某一个人包办；经济业务的责任转移环节不能由某一个岗位单独办理；某一岗位履行职责的情况绝不能由其自己说了算；财务权力的行使必须接受定期独立审查。

常见的不相容职务包括：业务授权与执行职务相分离；业务执行与记录职务相分离；财产保管与记录职务相分离；记录总账与记录明细账职务相分离；经营责任与记账责任相分离；财产保管与财产核对职务相分离。此外，对一项经济业务处理的全过程的各个步骤也要分派给不同的部门和人员来负责。

同步思考7-1

为什么不相容职务要相互分离？

理解要点：职务分离的主要目的是预防和及时发现员工在履行职责过程中产生的错误和舞弊行为。

3）全面预算控制

全面预算控制是以全面预算为手段，对企业财务收支和现金流量所进行的控制。

全面预算控制主要要有以下几个环节：建立预算体系，包括确定预算目标、标准和程序；预算的编制和审定；预算指标的下达及相关责任人或部门的落实；预算执行的授权；预算执行过程的监督；预算差异的分析与调整；预算业绩的考核。

4）财产保全控制

财产保全控制是最传统的财务控制方法。它具体包括：限制接触财产；定期盘点清查；记录保护；财产保险；财产记录监控。

5）独立检查控制

独立检查控制是指由业务执行者以外的人员对已执行的业务的正确性所进行的验证，又称内部稽核。

独立检查控制包括凭证与凭证、凭证与簿、簿与簿、簿与报表、书面记录与实物之间的核对，也包括对一些计算表、汇总表、调节表、分析表的复核。

一个有效的独立检查控制应当满足三个条件：一是检查工作由一个和原业务活动、记录、保管相独立的人员来执行；二是不管采用全部复核还是抽样复核，复核工作必须经常进行；三是错误和例外必须迅速地传达给有关人员以便更正，重复犯错或重大错误及所有不当行为必须向适当的管理层报告。

6）业绩评价

业绩评价是指通过将实际业绩与其他评价标准，如前期业绩、预算和外部基准尺度等进行比较，对企业一定期间的经营业绩等进行的评价。

应当指出，财务控制的最终效率取决于企业是否有切实可行的奖罚制度，以及是否严格执行这一制度；否则，即使有符合实际的财务预算，也会因为财务控制的软化而得不到贯彻落实。

职业道德与企业伦理7-1

中国航油新加坡公司亏损分析

背景与情境：中国航油新加坡公司（以下简称"新加坡公司"）从事石油衍生品期权交易历时一年多，从最初的200万桶发展到出事时的5 200万桶，一直未向中国航油集团公司报告，中国航油集团公司也没有发现相关问题。直到保证金支付问题难以解决、经营难以为继时，新加坡公司才向中国航油集团公司紧急报告，但仍没有说明实情。

新加坡公司总裁兼中国航油集团公司副总经理陈久霖闯下如此大祸，偶然之中有必然因素：首先是中国航油集团公司控制不了"人"。据了解，今年43岁的陈久霖，在中国航油集团公司重组、与民航总局脱钩前是一名普通干部。脱钩后，上级管理部门提出要提拔陈久霖担任中国航油集团公司副总经理，中国航油集团公司领导班子绝大多数人不同意，但上级主管单位领导说："这是上级已经做出的决定。"陈久霖就这样被提拔为中国航油集团公司副总经理。

中国航油集团公司的内部监督控制机制形同虚设。新加坡公司基本上是陈久霖一人的"天下"。陈久霖不用集团公司派出的财务经理，从新加坡雇了当地人担任财务经理，只听他一个人的。党委书记在新加坡两年多，一直不知道陈久霖从事场外期货投机交易。

新加坡公司上报的2004年6月的财务统计报表，从账面上看，不但没有问题，而且经营状况"很漂亮"。但实际上，2004年6月，新加坡公司就已经在石油期货交易上面临3 580万美元的潜在亏损，仍追加了错误方向"做空"的资金。由于陈久霖在场外进行交易，集团公司通过正常的财务报表没有发现陈久霖的秘密。

中国航油集团公司和新加坡公司的风险管理制度也形同虚设。新加坡公司成立了风险委员会，制定了《风险管理手册》。《风险管理手册》中明确规定，损失超过500万美元，必须报告董事会。但陈久霖从来不报，中国航油集团公司也没有制衡的办法。

资料来源　佚名.新加坡公司违规从事石油衍生品期权交易投机失败［N］.济南日报，2004-12-10.

问题：中国航油新加坡公司为什么会出现巨额亏损？

分析提示：首先，经营者违背了职业道德和法律法规的规定，越权操作并隐瞒事实；其次，中国航油集团公司的内部监督控制机制形同虚设；最后，中国航油集团公司和新加坡公司的风险管理制度也形同虚设。

同步案例7-1

中国联通资本性支出的风险管理与财务控制

背景与情境：2006年，中国联通开始全面开展内控建设。为解决资本性支出管理基础薄弱、存在的风险点多、控制风险高的问题，中国联通不断制定和完善相关的工程财务管理规范和规章制度，确保与工程建设有关的每个财务管理环节都有严密的内控流程，从而使公司的基建财务管理逐步走上了标准化、规范化、程序化的轨道。

（1）明确资本性支出的重要风险点

①按照工程项目的实际付款进度进行工程成本的列支，而非严格按照权责发生制的要求进行计提，导致"在建工程"、"应付账款（应付工程款及设备款）"等科目不能准确反映公司的资产负债水平，无法对资本性支出进行准确记录，影响公司信息披露的真实性、准确性以及完整性。

②缺乏必要的工程进度管理，部分工程项目暂估入账、结算、决算编制工作严重滞后，造成固定资产暂估转固不及时、不准确，并直接影响了会计期间的折旧费、摊销类成本费用的金额，使公司的经营成果产生时间性差异。

③存在不签订设备采购、工程施工设计等合同即开工建设的情况，工程财务人员难以对工程建设过程进行动态监控和准确反映。

④资产和物资管理分散，管理责任不到位，面临很大的资产损失风险。

⑤存在对随合同赠送的不计价设备未进行价值分摊，以及未登记入库和入账的现象，导致资产不实。

⑥工程完工后，工程物资不按要求结转工程成本，剩余工程物资没有履行再回库移交手续，加大了工程造价，造成账实不符及资产闲置。

（2）加强资本性支出内部控制的措施

中国联通将公司的各项业务流程进行了梳理，针对资本性支出的重要风险点，公司采取了如下措施加以控制：建立健全基建财务管理岗位，明确基建财务管理职能；加强基建会计核算基础工作，完善各项规章制度；加强项目前期和项目实施过程的财务管理，降低投资风险和节约投资成本；落实部门职责，确保工程验收、竣工决算编制和批复工作的及时性；规范工程物资实物管理，确保公司资产的安全、完整；强化建设资金管理，加强工程价款的结算和监督；规范公司资产减值准备的财务核销行为，加强资产损失认定工作的管理；加强基建财务的检查监督职能，确保会计信息的真实、完整；通过内控评审发挥监督作用，保证制度有效执行。

为及时发现内控建设中存在的问题，推动内控制度有效执行，2006年中国联通先后组织开展了7次内控评审和现场督导，运用科学严格的工作程序和工作方法，对各级分公司内控制度设计及实际执行情况进行全面验证和评价，就发现的问题及时提出整改建议，并迅速督促落实。各级分公司认真对待整改意见，积极研究整改措施和办法，注重提高整改质量和效率，为保证制度的有效执行起到了重要作用。

问题：中国联通如何强化建设资金管理，加强工程价款的结算和监督？

分析提示：中国联通推行财务收支两条线管理，基本建设资金实现专户管理，专款专用，基建工程账户与经营账户分离。各级分公司在申请支付基建项目资金时必须遵循以下原则：基建资金只能用于批准的建设项目，不得在未取得合同的情况下先行对外办理资金结算；上级公司在对计划内建设项目保证资金供给的同时，严格控制合同外建设项目或未经计划部门审批的基建项目的资金支付；对于已经签订合同的项目，必须严格执行《通信建设工程价款结算暂行办法》，执行工程资金审批程序；由工程部门严格按合同规定条款办理资金申请，财务部门负责审核结算凭证的合法性、真实性，审批程序合规后办理付款，不得对符合付款条件的合同延迟或拖后办理付款申请及资金结算。

教学互动7-1

互动问题： 1997年英国银行监管当局鉴于1995年2月巴林银行倒闭的教训，提出了强化内部控制、风险管理、内部审计功能的建议。1999年，Turnbull委员会将伦敦证券交易所指定的卡德伯利、格林伯利以及哈姆佩尔委员会有关的公司治理的报告要求合并在一起，形成了一系列原则性的要求，即"特恩布尔报告"（Turnbull Report）——《内部控制：董事会执行法案指南》。请问："特恩布尔报告"的主要内容是什么？

要求：（1）学生独立思考，课堂讨论，自由发表见解。

（2）教师组织讨论，对学生典型见解进行点评。

7.2 财务控制实施

7.2.1 责任中心考核指标的计算

责任中心是指具有一定的管理权限、承担一定的经济责任、享有一定的权力和利益的企业内部单位。

一般来讲，责任中心的特征主要有：责任中心是企业内部一个责、权、利相结合的相对独立的实体；责任中心应当具有承担经济责任的条件；责任中心所承担的责任和行使的权力都是可控的；在责任中心内部，应具有相对独立的经济业务和财务收支活动；在责任中心内部，应能够进行责任核算或单独的会计核算。

根据企业内部责任中心的权责范围及其业务特点，责任中心可以划分为：成本中心、利润中心和投资中心三大类。

1）成本中心及其考核指标

（1）成本中心的含义

成本中心是指对企业的成本或费用承担责任的责任中心。成本中心是一种最基本的责任中心，凡是有成本费用发生，对成本费用负责，并能单独进行成本核算的部门都可以成为一个成本中心，它可以大到工厂，小到车间、班组，乃至一个人。成本中心的规模不同，对其考评的形式也有所区别。

（2）成本中心的类型

成本中心可分为技术性成本中心和酌量性成本中心。

技术性成本是指发生的数额通过技术分析，可以相对可靠地估算出来的成本。

酌量性成本是指与管理人员的财务决策有关的成本。

（3）成本中心的特点

首先，成本中心只考核成本费用，不考核收入、利润、投资。

其次，成本中心仅对可控成本承担责任。成本按其是否可以控制可分为可控成本和不可控成本。若成本中心通过系列措施能够控制成本的发生额，这样的成本称为可控成本；若成本中心对成本的发生额无法控制，这样的成本便称为不可控成本。可控成本应当同时具备以下条件：责任中心可通过一定的方式方法预知成本的发生；责任中心能够对成本的发生额进行可靠计量；责任中心能够对成本进行调节控制；责任中心可以将成本分解，并且落实到更具体的责任者。对于不能同时满足上述条件的成本，划入不可控成本之列。

（4）成本中心的考核指标

成本中心的考核指标主要有绝对指标和相对指标。绝对指标采用成本（费用）变动额考核，相对指标采用成本（费用）变动率考核。

成本（费用）变动额=实际责任成本（费用）-预算责任成本（费用）　　　　　　　　　　（7-1）

$$成本（费用）变动率=\frac{成本（费用）变动额}{预算责任成本（费用）}×100\% \tag{7-2}$$

在计算成本（费用）变动额时，如果实际产量与预算产量不一致，应按实际产量计算。

业务链接7-1

成本（费用）变动额和成本（费用）变动率

某公司内部设有一个成本中心，生产甲产品，预算产量5 400件，单位成本120元/件，实际产量6 200件，单位成本108元/件。请计算成本（费用）变动额和成本（费用）变动率。

成本（费用）变动额=108×6 200-120×6 200=-74 400（元）

$$成本（费用）变动率=\frac{-74\,400}{120×6\,200}×100\%=-10\%$$

同步思考7-2

对确立的成本中心运用成本（费用）变动额和成本（费用）变动率指标进行考核。该考核的目的是什么？

理解要点：对成本中心确定控制指标。

2）利润中心及其考核指标

（1）利润中心的含义

利润中心是指企业内部既能控制收入，又能控制成本，并且对利润承担责任的责任中心。由于利润中心一般都具有独立的收入来源，因此利润中心是比成本中心高一层次的责任中心，其责、权、利相对于成本中心要大一些。例如，一个分厂、一个商店等都可以成为一个利润中心。

（2）利润中心的类型

利润中心可分为自然利润中心和人为利润中心。

自然利润中心是指能够直接对外销售产品或提供劳务，取得收入并给企业带来收益的利润中心。其特点是：具有产品销售权、价格制定权、材料采购权和生产决策权；具有很强的独立性。

人为利润中心是指不能直接对外销售产品或提供劳务，只能在企业内部各责任中心之间按照内部转移价格，互相提供产品或劳务的利润中心。其特点是：可以向其他责任中心提供产品或劳务；能为该中心的产品确定一个合理的内部转移价格；能进行公平交易、等价交换。

（3）利润中心的成本计算

由于利润中心要对利润承担责任，因此利润中心既要计算收入，也要核算成本。收入的计算比较容易，不再赘述，在此只介绍成本的计算。

利润中心成本的计算方法有两种：不负担共同成本法和负担共同成本法。

不负担共同成本法只计算可控成本，而不负担不可控成本（共同成本）。

同步思考7-3

不负担共同成本法的适用范围是什么？

理解要点：在共同成本难以分摊或无需分摊的情况下，计算的利润并非是真正意义上的利润，而是"边际贡献总额"。企业各利润中心的"边际贡献总额"之和减去共同成本，经过调整后才是企业的利润总额。从这个意义上讲，这种利润中心也许称为"边际贡献中心"更恰当些。由上述分析可以看出，人为利润中心通常采用不负担共同成本法。

负担共同成本法既要计算可控成本，也要计算不可控成本（共同成本）。其适用条件为共同成本易于分摊，或必须对共同成本进行分摊。在这种情况下，各利润中心的税前利润可按如下公式直接计算：

$$\text{利润中心税前利润} = \text{该利润中心收入} - \text{该利润中心可控成本} - \text{该利润中心负担的不可控成本（共同成本）} \tag{7-3}$$

$$\text{企业利润总额} = \sum \text{各利润中心税前利润} \tag{7-4}$$

由上述分析可以看出，自然利润中心通常采用负担共同成本法。

（4）利润中心的考核指标

由于各利润中心计算成本的方法不同，因此其考核指标的计算也存在差异：

①当利润中心不计算不可控成本（共同成本）时，考核指标为该利润中心边际贡献总额。其计算公式为：

$$\text{利润中心边际贡献总额} = \text{该利润中心销售收入总额} - \text{该利润中心可控成本总额} \tag{7-5}$$

②当利润中心计算不可控成本（共同成本）时，考核指标包括利润中心边际贡献总额、利润中心负责人可控利润总额、利润中心可控利润总额。

为考核利润中心负责人的经营业绩，需要计算利润中心负责人可控利润总额，并将利润中心的固定成本分为可控固定成本和不可控固定成本。其计算公式为：

$$\text{利润中心负责人可控利润总额} = \text{该利润中心边际贡献总额} - \text{该利润中心负责人可控固定成本} \tag{7-6}$$

$$\text{利润中心可控利润总额} = \text{该利润中心负责人可控利润总额} - \text{该利润中心负责人不可控固定成本} \tag{7-7}$$

$$\text{企业利润总额} = \text{各利润中心可控利润总额之和} - \text{企业不可分摊的各种管理费用、财务费用等} \tag{7-8}$$

将某利润中心的实际考核指标与预算考核指标相比较，便可确认该利润中心是否履行了相应的利润责任。

业务链接 7-2

利润中心考核指标

某公司第一生产车间是一个人为利润中心，本期实现内部销售收入 120 万元，销售变动成本为 76 万元，该利润中心负责人可控固定成本为 8 万元，该利润中心负责人不可控但应由本中心负担的固定成本为 15 万元。请计算该利润中心的考核指标。

利润中心边际贡献总额=120-76=44（万元）

利润中心负责人可控利润总额=44-8=36（万元）

利润中心可控利润总额=36-15=21（万元）

3）投资中心及其考核指标

（1）投资中心的含义

投资中心是指既要对收入、成本、利润负责，又要对投资效果负责的责任中心。投资中心也属于利润中心，二者的主要区别表现在：

①权力不同。利润中心没有投资决策权，仅具有产品生产和销售上的自主权；而投资中心不但具有生产和销售上的决策权，而且有权进行投资决策，有权运用所掌握的资金购置设备，扩大或缩减生产规模。

②考核办法不同。考核利润中心业绩时，只考核利润的完成情况，不考核投资和资金占用状况，不进行投入产出的比较；而考核投资中心业绩时，既要考核投资利润的实现程度，又要考核资金的使用状况，需要进行投入产出的比较。

③投资中心是最高层次的责任中心，它具有最大的决策权，也承担最大的经济责任，一般属于独立的法人；而利润中心可以是独立的法人，也可以不是独立的法人。

（2）投资中心的考核指标

为正确核算各投资中心的经济效益，需注意以下几点：一是对各投资中心共同使用的资产应划清界限；二是对共同成本应按合适的标准在各投资中心之间进行分配；三是投资中心之间货币资金、存货、固定资产等的相互调剂使用，应采取有偿方式，加计利息。投资中心的考核指标主要有投资利润率和剩余收益。

①投资利润率。**投资利润率**是投资中心所获利润与投资额之间的比值。其计算公式为：

$$投资利润率=\frac{利润}{投资额}\times100\% \tag{7-9}$$

投资利润率反映的是平均每百元投资所获取的净利润。该指标值越大，说明投资中心的经济效果越好。投资利润率的优点是：可促使投资中心尽可能降低费用，减少资金占用或投资，有利于合理使用资金，从而达到增加利润的目的。但投资利润率也存在一些缺陷：一是投资利润率并没有摆脱利润最大化带来的负面影响，特别是在会计信息失真、通货膨胀的前提下，投资利润率很难反映投资中心的实际经营效果；二是投资利润率往往会使投资中心只顾本身的经济利益，而放弃了对整个企业有利的投资机会；三是投资利润率的计算与资本支出预算所用的现金流量不一致，不便于投资项目建成后，其投资效果与原定目标的比较；四是投资中心分摊到的一些共同费用，并不能为投资中心所控制，因此投资利润率的高低，并不完全取决于投资中心本身。为了克服投资利润率的上述缺陷，企业可采用剩余收益作为考核指标。

②剩余收益。**剩余收益**是指投资中心获得的利润扣除最低投资收益后的余额。其计算公式为：

剩余收益=利润-最低投资收益额 　　　　　　　　　　　　　　　　　　　　　　　　（7-10）

最低投资收益额=投资额×预期最低投资报酬率 　　　　　　　　　　　　　　　　　　（7-11）

公式（7-10）中的利润，可以是净利润，也可以是利润总额或息税前利润，但无论采用哪个利润指标，都必须保持一致性。

当预期指标采用总资产息税前利润率时，可按下列公式计算：

剩余收益=息税前利润-总资产平均占用额×预期总资产息税前利润率 　　　　　　　　（7-12）

总资产平均占用额=（期初总资产余额+期末总资产余额）÷2 　　　　　　　　　　　　（7-13）

上述公式中的预期最低投资报酬率和预期总资产息税前利润率，是指维持企业正常生产经营所必须达到的最低报酬水平。

利用剩余收益作为投资中心的考核指标，当剩余收益大于零时，投资中心的经营业绩较好，此时，投资利润率大于预期最低投资报酬率，或实际总资产息税前利润率大于预期总资产息税前利润率，说明投资中心较好地履行了所赋予的投资责任；若剩余收益小于零，表明投资中心的投资效果差，没有达到预期目标。

剩余收益指标有两个特点。一是体现了投入与产出的关系。剩余收益的本质是，投资中心获得的收益除了满足最低收益的要求之外，还有多少剩余。剩余收益大，说明投资中心以较少的投资获取了较大的收益。剩余收益也可以全面考核投资中心的业绩。二是避免了本位主义。用剩余收益作为考核指标，可以在一定程度上减少投资中心为片面追求利润而放弃一些对企业有利的投资机会。

同步案例7-2

华山公司投资中心考核

背景与情境：华山公司有两个投资中心，本年有关数据见表7-1。

表7-1　　　　　　　　　　华山公司甲、乙投资中心有关数据信息表　　　　　　　　　单位：万元

项　目	预算数	实际数	
		甲投资中心	乙投资中心
销售收入	2 400	2 000	2 100
净利润	220	190	200
投资额	1 200	1 000	1 200

公司资产负债率为40%，其中银行借款1 000万元，年利率6%，借款每年付息，到期还本。根据公司历年来的资料，确认风险价值系数为1.2，标准离差率为8%，政府债券年收益率为4%，公司适用的所得税税率为25%，公司要求最低投资报酬率不得低于公司的综合资金成本。

问题： 华山公司哪个投资中心的业绩好？

分析提示：

甲投资中心投资利润率 $= \dfrac{190}{1\,000} \times 100\% = 19\%$

乙投资中心投资利润率 $= \dfrac{200}{1\,200} \times 100\% = 16.67\%$

权益资金成本率 $= 4\% + 1.2 \times 8\% = 13.6\%$

借入资金成本率 $= 6\% \times (1 - 25\%) = 4.5\%$

最低投资报酬率 $=$ 综合资金成本率 $= 13.6\% \times 60\% + 4.5\% \times 40\% = 9.96\%$

甲投资中心剩余收益 $= 190 - 1\,000 \times 9.96\% = 90.40$（万元）

乙投资中心剩余收益 $= 200 - 1\,200 \times 9.96\% = 80.48$（万元）

由于甲、乙两个投资中心的投资利润率均大于公司要求的最低投资报酬率，且剩余收益均大于零，表明甲、乙两个投资中心都完成了所承担的投资责任。由于甲投资中心的投资利润率和剩余收益都高于乙投资中心，因此甲投资中心的业绩要好于乙投资中心。

7.2.2 责任预算的含义及编制

1）责任预算的含义

责任预算是以责任中心为主体，以其可控成本、收入、利润和投资等为对象编制的预算。通过编制责任预算可以明确各责任中心的责任，并通过与企业总预算的一致性，以确保其实现。编制责任预算也为控制和考核责任中心经营管理活动提供了依据，责任预算是企业总预算的补充和具体化。

责任预算由各种责任指标组成。这些指标分为主要责任指标和其他责任指标。在上述责任中心中所提及的各责任中心的考核指标都是主要责任指标，也是必须保证实现的指标。这些指标反映了各种不同类型的责任中心之间的责任和相应的权利区别。其他责任指标是根据企业其他总奋斗目标分解而得到的，或为保证主要责任指标完成而确定的责任指标，这些指标有劳动生产率、设备完好率、出勤率、材料消耗率和职工培训等等。

2）责任预算的编制

（1）责任预算的编制程序

首先，以责任中心为主体，将企业总预算在各责任中心之间层层分解而形成各责任中心的预算。它实质是自上而下实现企业总预算目标。这种自上而下、层层分解指标的方式是一种常用的预算编制程序。其优点是使整个企业浑然一体，便于统一指挥和调度。其不足之处是可能会遏制责任中心的积极性和创造性。

其次，各责任中心自行列示各自的预算指标，自下而上并层层汇总，最后由企业专门机构或人员进行汇总和调整，确定企业总预算。这是一种自下而上、层层汇总、协调的预算编制程序。其优点是有利于发挥各责任中心的积极性。其缺点是各责任中心只注意本中心的具体情况或多从自身利益角度考虑，容易造成彼此协调困难或相互支持少，以致冲击企业的总体目标；而且层层汇总工作量大，协调难度大，会影响预算质量和编制时效。

（2）责任预算的编制程序与企业组织结构的关系

①集权组织结构形式下责任预算的编制程序。在集权组织结构形式下，公司总经理大权独揽，对企业的所有成本、收入、利润和投资负责，他既是利润中心，也是投资中心。而公司下属各部门、各工厂、各车间、各工段、各地区都是成本中心，它们只对其权责范围内控制的成本负责。因此，在集权组织结构形式下，首先要按照责任中心的层次，自上而下把公司总预算（或全面预算）逐层向下分解，形成各责任中心的责任预算；然后建立责任预算执行情况的跟踪系统，记录预算的实际执行情况，并定期由下至上把责任预算的实际执行数据逐层汇总，直到最高层的利润中心或投资中心。

②分权组织结构形式责任预算的编制程序。在分权组织结构形式下，经营管理权分散在各责任中心，公司下属各部门、各工厂、各地区等与公司自身一样，都可以是利润中心、投资中心，它们既要控制成本、收入、利润，也要对所占用的全部资产负责。而在它们之下还有许多成本中心，只对它们所控制的成本负责。因此，在分权组织结构形式下，首先也应按照责任中心的层次，将公司总预算（或全面预算）从最高层向最底层逐级分解，形成各责任中心的责任预算；然后建立责任预算执行情况的跟踪系统，记录预算的实际执行情况，并定期从最基层责任中心把责任成本的实际数，以及销售收入的实际数，通过编制业绩报告逐层向上汇总，一直达到最高层的投资中心。

某公司的组织结构如图7-1所示。

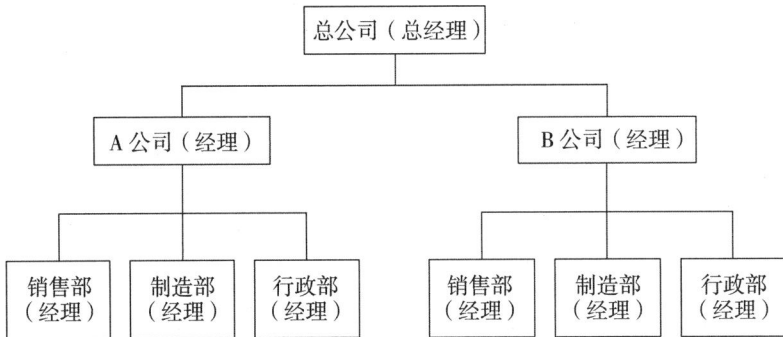

图7-1 某公司的组织结构图

业务链接7-3

责任预算的编制

假设江东公司采取分权组织结构形式，各成本中心发生的成本费用均为可控成本，则该公司责任预算的简化形式见表7-2至表7-6。

表7-2

江东公司责任预算简表

2016年

金额单位：万元

分公司	责任中心类型	项　目	责任预算	责任人
A公司	利润中心	A公司营业利润	3 000	A公司经理
B公司	利润中心	B公司营业利润	2 000	B公司经理
合　计			5 000	公司总经理

表7-3
A公司责任预算表

2016年　　　　　　　　　　　　　　　　金额单位：万元

部门	责任中心类型	项　目	责任预算	责任人
销售部	收入中心	销售部收入	5 600	销售部经理
制造部		制造部可控成本	2 000	制造部经理
行政管理部	成本中心	行政管理部可控成本	200	行政管理部经理
销售部		销售部可控成本	400	销售部经理
合　　计			2 600	A公司经理
利润中心		营业利润	3 000	A公司经理

表7-4
A公司销售部责任预算表

2016年　　　　　　　　　　　　　　　　金额单位：万元

责任中心类型	项　目	责任预算	责任人
收入中心	东北地区收入	1 200	责任人A
收入中心	中南地区收入	1 000	责任人B
收入中心	西北地区收入	600	责任人C
收入中心	东南地区收入	1 500	责任人D
收入中心	西南地区收入	700	责任人E
收入中心	出口销售收入	600	责任人F
收入中心	收入合计	5 600	销售部经理

表7-5
A公司制造部责任预算表

2016年　　　　　　　　　　　　　　　　金额单位：万元

成本中心	项　目	责任预算	责任人
一车间	变动成本		一车间负责人
	直接材料	500	
	直接人工	300	
	变动制造费用	100	
	小　计	900	
	固定成本		
	固定制造费用	150	
	成本合计	1 050	
二车间	变动成本		二车间负责人
	直接材料	450	
	直接人工	250	
	变动制造费用	100	
	小　计	800	
	固定成本		
	固定制造费用	100	
	成本合计	900	
制造部	制造部其他费用	50	制造部经理
	成本费用总计	2 000	

表 7-6
A公司行政管理部和销售部责任预算表

2016年　　　　　　　　　　　　　　　　　　　金额单位：万元

部　门	项　目	责任预算	责任人
行政管理部	工资费用	110	行政管理部经理
	折旧费	50	
	办公费	20	
	保险费	20	
	费用合计	200	
销售部	工资费用	200	销售部经理
	办公费	50	
	广告费	120	
	其他	30	
	费用合计	400	

不难看出，上述各表的预算数据之间存在着内在的勾稽关系。随着预算数据的逐级分解，预算的责任中心的层次越来越低，预算项目越来越具体。

7.2.3　责任报告的编制

责任会计以责任预算为基础，系统地反映责任预算的执行情况；将实际完成情况同预算目标进行对比，可以评价和考核各个责任中心的工作成果。责任中心的业绩评价和考核应通过编制责任报告来完成。**责任报告**是根据责任会计记录编制的，反映责任预算的实际执行情况，揭示责任预算与实际执行差异的内部会计报告。

责任报告的形式主要有报表、数据分析和文字说明等。将责任预算、实际执行结果及其差异用报表予以列示是责任报告的基本形式。在揭示差异时，还必须对重大差异予以定量分析和定性分析。定量分析旨在确定差异的发生程度；定性分析旨在分析差异产生的原因，并根据这些原因提出改进建议。

在企业的不同管理层次上，责任报告的侧重点应有所不同。最低层次的责任中心的责任报告应当最详细，随着层次的升高，责任报告的内容应以更为概括的形式来呈现。这一点与责任预算自上而下的分解过程不同，责任预算是由总括到具体，而责任报告是由具体到总括。责任报告应能突出产生差异的重要影响因素。为此，责任报告应遵循"例外管理"的原则，突出重点，使报告的使用者能把注意力集中到少数严重脱离预算的因素或项目上来。

责任报告是对各个责任中心执行责任预算情况的系统概括和总结。根据责任报告，企业可进一步对责任预算执行差异的原因和责任进行具体分析，以充分发挥反馈作用，使上层责任中心和本责任中心对有关生产经营活动实行有效控制和调节，促使各个责任中心根据自身特点，卓有成效地开展有关活动，从而实现责任预算。我们可以把责任报告与责任预算进行比较，二者的反馈控制过程如图 7-2 所示。

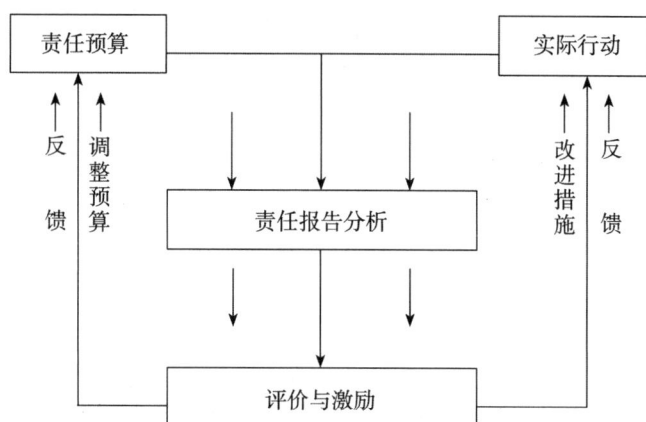

图7-2 责任报告与责任预算的反馈控制过程图

责任中心是逐级设置的，责任报告也应自下而上逐级编制，现以前述江东公司为例，将其责任报告的简略形式列表，见表7-7至表7-9。

表7-7　　　　　　　　　　　　　　　成本中心责任报告

2016年　　　　　　　　　　　　　　　　　　　　　单位：万元

项　目	实　际	预　算	差　异
A公司第一车间可控成本			
变动成本			
直接材料	540	500	40
直接人工	260	300	(40)
变动制造费用	130	100	30
变动成本合计	930	900	30
固定成本			
固定制造费用	130	150	(20)
合　计	1 060	1 050	10
A公司制造部可控成本			
第一车间			
变动成本	930	900	30
固定成本	130	150	(20)
小　计	1 060	1 050	10
第二车间			
变动成本	820	800	20
固定成本	95	100	(5)
小　计	915	900	15
制造部其他费用	70	50	20
合　计	2 045	2 000	45
A公司可控成本			
制造部	2 045	2 000	45
行政管理部	180	200	(20)
销售部	450	400	(50)
总　计	2 675	2 600	75

表 7-8

利润中心责任报告

2016 年

单位：万元

项　目	实　际	预　算	差　异
A 公司销售收入			
东北地区	1 100	1 200	（100）
中南地区	1 200	1 000	200
西北地区	590	600	（10）
东南地区	1 400	1 500	（100）
西南地区	750	700	50
出口销售	800	600	200
小　计	5 840	5 600	240
A 公司变动成本			
第一车间	930	900	30
第二车间	820	800	20
小　计	1 750	1 700	50
A 公司边际贡献总额	4 090	3 900	190
A 公司固定成本			
制造部			
第一车间	130	150	（20）
第二车间	95	100	（5）
制造部其他费用	70	50	20
小　计	295	300	（5）
行政管理部	180	200	（20）
销售部	450	400	50
小　计	925	900	25
A 公司利润	3 165	3 000	165
总公司利润			
A 公司利润	3 165	3 000	165
B 公司利润	2 200	2 000	200
合　计	5 365	5 000	365

表7-9   **投资中心责任报告**

2016年   单位：万元

项　目	实　际	预　算	差　异
A公司利润	3 165	3 000	165
B公司利润	2 200	2 000	200
小　计	5 365	5 000	365
总公司所得税（按30%）	1 609.5	1 500	109.5
合　计	3 755.5	3 500	255.5
净资产平均占用额①	15 022	17 500	（2 478）
投资利润率	25%	20%	5%
行业平均最低报酬率②	18%	15%	3%
剩余收益	1 051.54	875	176.54

注：①净资产平均占用额是根据预计资产负债表和实际资产负债表所有者权益年初年末平均后求得。
②计算剩余收益时，其最低报酬率可按行业或类似相关企业平均报酬率计算求得。

为了编制各责任中心的责任报告，必须进行责任会计核算，也就是要以责任中心为对象组织会计核算工作，具体做法有两种。一是各责任中心指定专人把各中心日常发生的成本、收入以及各中心相互间的结算和转账业务记入单独设置的责任会计的编号账户内；然后根据管理需要，定期计算盈亏。由于其与财务会计分开核算，因此称为"双轨制"。二是简化日常核算，不另设专门的责任会计账户，而是在传统财务会计的各明细账户内，为各责任中心分别设立账户进行登记、核算，这称为"单轨制"。

同步思考7-4

责任报告是对各责任中心执行责任预算情况的系统概括和总结。责任报告应由哪个部门撰写？谁负责考核评价以及由谁实施激励？

理解要点： 责任报告由各个责任中心撰写，由财务部门考核评价，由公司董事会实施激励。

7.2.4 业绩考核

业绩考核是以责任报告为依据，分析、评价各责任中心责任预算的实际执行情况，找出差距，查明原因，借以考核各责任中心的工作成果，实施奖罚，促使各责任中心积极纠正行为偏差，完成责任预算的过程。

责任中心的业绩考核有狭义和广义之分。狭义的业绩考核仅指对各责任中心的价值指标，如成本、收入、利润以及资产占用等责任指标的完成情况进行考核。广义的业绩考核除了包括上述价值指标外，还包括对各责任中心的非价值责任指标的完成情况进行考核。责任中心的业绩考核还可以分为年终考核与日常考核。年终考核通常是按一个年度终了（或预算期终了）对责任预算执行结果的考核，旨在进行奖罚和为下一年度（或下一个预算期）的预算提供依据。日常考核通常是指在年度内（或预算期内）对责任预算执行过程的考核，旨在通过信息反馈，控制和调节责任预算的执行偏差，确保责任预算的最终实现。业绩考核可根据不同责任中心的特点进行。

1）成本中心业绩考核

成本中心没有收入来源，只对成本负责，因而也只考核其责任成本。由于不同层次成本费用控制的范围不同，计算和考核的成本费用指标也不尽相同。越往上一层次，计算和考核的指标越多，考核的内容也越多。

成本中心业绩考核是以责任报告为依据，将实际成本与预算成本或责任成本进行比较，确定二者差异的性质、数额以及形成原因，并根据差异分析的结果，对各成本中心进行奖罚，以督促成本中心努力降低成本。

2）利润中心业绩考核

利润中心既对成本负责，又对收入和利润负责，因此在进行考核时，应以销售收入、边际贡献和息税前利润为重点进行分析、评价，特别应将一定期间的实际利润与预算利润进行比较，分析二者的差异及其形成原因，明确责任，借以对责任中心的经营得失和有关人员的功过做出正确评价，做到奖罚分明。

在考核利润中心业绩时，也只是计算和考核本利润中心权责范围内的收入和成本。凡不属于本利润中心权责范围内的收入和成本，尽管已由本利润中心实际收进或支付，仍应予以剔除，不能作为本利润中心的考核依据。

3）投资中心业绩考核

投资中心不仅要对成本、收入和利润负责，还要对投资效果负责。因此，投资中心业绩考核，除了收入、成本和利润等指标外，考核重点应放在投资利润率和剩余收益两项指标上。

从管理层次看，投资中心是最高一级的责任中心，业绩考核的内容或指标涉及各个方面，是一种较为全面的考核。考核时通过将实际数与预算数进行比较，找出差异，进行差异分析，查明差异的成因和性质，并据以进行奖罚。由于投资中心层次高，涉及的管理控制范围广，内容复杂，考核时应做到原因分析深入、依据确凿、责任落实具体，这样才能达到考核的效果。

无论哪种责任中心的业绩考核，都必须重事实、重原因、重奖罚，不能走过场。

同步思考7-5

财务控制的核心是对各责任中心进行业绩考核，业绩考核的依据是责任预算和各责任中心上报的责任报告。那么对成本中心、利润中心、投资中心业绩考核的重点指标分别是什么？

理解要点： 成本（费用）变动率、利润完成率和投资利润率。

教学互动7-2

互动问题：企业财务控制的重点在于成本中心、利润中心和投资中心，而投资中心是企业财务控制的重中之重。你认为对吗？

要求：（1）学生独立思考，课堂讨论，自由发表见解。

（2）教师组织讨论，对学生典型见解进行点评。

附录 终值和现值系数表

附表 1　　　　　　　　　　　复利终值系数表

期数	1%	2%	3%	4%	5%	6%	7%	8%	9%	10%	11%
1	1.010	1.020	1.030	1.040	1.050	1.060	1.070	1.080	1.090	1.100	1.110
2	1.020	1.040	1.061	1.082	1.103	1.124	1.145	1.166	1.188	1.210	1.232
3	1.030	1.061	1.093	1.125	1.158	1.191	1.225	1.260	1.295	1.331	1.368
4	1.041	1.082	1.126	1.170	1.216	1.262	1.311	1.360	1.412	1.464	1.518
5	1.051	1.104	1.159	1.217	1.276	1.338	1.403	1.469	1.539	1.611	1.685
6	1.062	1.126	1.194	1.265	1.340	1.419	1.501	1.587	1.677	1.772	1.870
7	1.072	1.149	1.230	1.316	1.407	1.504	1.606	1.714	1.828	1.949	2.076
8	1.083	1.172	1.267	1.369	1.477	1.594	1.718	1.851	1.993	2.144	2.305
9	1.094	1.195	1.305	1.423	1.551	1.689	1.838	1.999	2.172	2.358	2.558
10	1.105	1.219	1.344	1.480	1.629	1.791	1.967	2.159	2.367	2.594	2.839
11	1.116	1.243	1.384	1.539	1.710	1.898	2.105	2.332	2.580	2.853	3.152
12	1.127	1.268	1.426	1.601	1.796	2.012	2.252	2.518	2.813	3.138	3.498
13	1.138	1.294	1.469	1.665	1.886	2.133	2.410	2.720	3.066	3.452	3.883
14	1.149	1.319	1.513	1.732	1.980	2.261	2.579	2.937	3.342	3.797	4.310
15	1.161	1.346	1.558	1.801	2.079	2.397	2.759	3.172	3.642	4.177	4.785
16	1.173	1.373	1.605	1.873	2.183	2.540	2.952	3.426	3.970	4.595	5.311
17	1.184	1.400	1.653	1.948	2.292	2.693	3.159	3.700	4.328	5.504	5.895
18	1.196	1.428	1.702	2.206	2.407	2.854	3.380	3.996	4.717	5.560	6.544
19	1.208	1.457	1.754	2.107	2.527	3.026	3.617	4.316	5.142	6.116	7.263
20	1.220	1.486	1.806	2.191	2.653	3.207	3.870	4.661	5.604	6.727	8.062
25	1.282	1.641	2.094	2.666	3.386	4.292	5.427	6.848	8.623	10.835	13.585
30	1.348	1.811	2.427	3.243	4.322	5.743	7.612	10.063	13.268	17.449	22.892
40	1.489	2.208	3.262	4.801	7.040	10.286	14.974	21.725	31.409	45.259	65.001
50	1.645	2.692	4.384	7.107	11.467	18.420	29.457	46.902	74.358	117.39	184.57

期数	12%	13%	14%	15%	16%	17%	18%	19%	20%	25%	30%
1	1.120	1.130	1.140	1.150	1.160	1.170	1.180	1.190	1.200	1.250	1.300
2	1.254	1.277	1.300	1.323	1.346	1.369	1.392	1.416	1.440	1.563	1.690
3	1.405	1.443	1.482	1.521	1.561	1.602	1.643	1.685	1.728	1.953	2.197
4	1.574	1.630	1.689	1.749	1.811	1.874	1.939	2.005	2.074	2.441	2.856
5	1.762	1.842	1.925	2.011	2.100	2.192	2.288	2.386	2.488	3.052	3.713
6	1.974	2.082	2.195	2.313	2.436	2.565	2.700	2.840	2.986	3.815	4.827
7	2.211	2.353	2.502	2.660	2.826	3.001	3.185	3.379	3.585	4.768	6.276
8	2.476	2.658	2.853	3.059	3.278	3.511	3.759	4.021	4.300	5.960	8.157
9	2.773	3.004	3.252	3.518	3.803	4.108	4.435	4.785	5.160	7.451	10.604
10	3.106	3.395	3.707	4.046	4.411	4.807	5.234	5.696	6.192	9.313	13.786
11	3.479	3.836	4.226	4.652	5.117	5.624	6.176	6.777	7.430	11.642	17.922
12	3.896	4.335	4.818	5.350	5.936	6.580	7.288	8.064	8.916	14.552	23.298
13	4.363	4.898	5.492	6.153	6.886	7.699	8.599	9.596	10.699	18.190	30.288
14	4.887	5.535	6.261	7.076	7.988	9.007	10.147	11.420	12.839	22.737	39.374
15	5.747	6.254	7.138	8.137	9.266	10.539	11.974	13.590	15.407	28.422	51.186
16	6.130	7.067	8.137	9.358	10.748	12.330	14.129	16.172	18.488	35.527	66.542
17	6.866	7.986	9.276	10.761	12.468	14.426	16.672	19.244	22.186	44.409	86.504
18	7.690	9.024	10.575	12.375	14.463	16.879	19.673	22.091	26.623	55.511	112.46
19	8.613	10.197	12.056	14.232	16.777	19.748	23.214	27.252	31.948	69.389	146.19
20	9.646	11.523	13.743	16.367	19.461	23.106	27.393	32.429	38.338	86.736	190.05
25	17.000	21.231	26.462	32.919	40.874	50.658	62.669	77.388	95.396	264.70	705.64
30	29.960	39.116	50.950	66.212	85.850	111.07	143.37	184.68	237.38	807.79	2 620
40	93.051	132.78	188.88	267.86	378.72	533.87	750.38	1 051.7	1 469.8	7 523.2	36 119
50	289.00	450.74	700.23	1 083.7	1 670.7	2 566.2	3 927.4	5 988.9	9 100.4	70 065	497 929

附表2 复利现值系数表

期数	1%	2%	3%	4%	5%	6%	7%	8%	9%	10%	11%	12%
1	0.990	0.980	0.971	0.962	0.952	0.943	0.935	0.926	0.917	0.909	0.901	0.893
2	0.980	0.961	0.943	0.925	0.907	0.890	0.873	0.857	0.842	0.826	0.812	0.797
3	0.971	0.942	0.915	0.889	0.864	0.840	0.816	0.794	0.772	0.751	0.731	0.712
4	0.961	0.924	0.888	0.855	0.823	0.792	0.763	0.735	0.708	0.683	0.659	0.636
5	0.951	0.906	0.863	0.822	0.784	0.747	0.713	0.681	0.650	0.621	0.593	0.567
6	0.942	0.888	0.837	0.790	0.746	0.705	0.666	0.630	0.590	0.564	0.535	0.507
7	0.933	0.871	0.813	0.760	0.711	0.665	0.623	0.583	0.547	0.513	0.482	0.452
8	0.923	0.853	0.789	0.731	0.677	0.627	0.582	0.540	0.502	0.467	0.434	0.404
9	0.914	0.837	0.766	0.703	0.645	0.592	0.544	0.500	0.460	0.424	0.391	0.361
10	0.905	0.820	0.744	0.676	0.614	0.558	0.508	0.463	0.422	0.386	0.352	0.322
11	0.896	0.804	0.722	0.650	0.585	0.527	0.475	0.429	0.388	0.350	0.317	0.287
12	0.887	0.788	0.701	0.625	0.557	0.497	0.444	0.397	0.356	0.319	0.286	0.257
13	0.879	0.773	0.681	0.601	0.530	0.469	0.415	0.368	0.326	0.290	0.258	0.229
14	0.870	0.758	0.661	0.577	0.505	0.442	0.388	0.340	0.299	0.263	0.232	0.205
15	0.861	0.743	0.642	0.555	0.481	0.417	0.362	0.315	0.275	0.239	0.209	0.183
16	0.853	0.728	0.623	0.534	0.458	0.394	0.339	0.292	0.252	0.218	0.188	0.163
17	0.844	0.714	0.605	0.513	0.436	0.371	0.317	0.270	0.231	0.198	0.170	0.146
18	0.836	0.700	0.587	0.494	0.416	0.350	0.296	0.250	0.212	0.180	0.153	0.130
19	0.828	0.686	0.570	0.475	0.396	0.331	0.277	0.232	0.194	0.164	0.138	0.116
20	0.820	0.673	0.554	0.456	0.377	0.312	0.258	0.215	0.178	0.149	0.124	0.104
25	0.780	0.610	0.478	0.375	0.295	0.223	0.184	0.146	0.116	0.092	0.074	0.059
30	0.742	0.552	0.412	0.308	0.231	0.174	0.131	0.099	0.175	0.057	0.044	0.033
40	0.672	0.453	0.307	0.208	0.142	0.097	0.067	0.046	0.032	0.022	0.015	0.011
50	0.608	0.372	0.228	0.141	0.087	0.054	0.034	0.021	0.013	0.009	0.005	0.003

续表

期数	13%	14%	15%	16%	17%	18%	19%	20%	25%	30%	35%
1	0.885	0.877	0.870	0.862	0.855	0.847	0.840	0.833	0.800	0.769	0.741
2	0.783	0.769	0.756	0.743	0.731	0.718	0.706	0.694	0.640	0.592	0.549
3	0.693	0.675	0.658	0.641	0.624	0.609	0.593	0.579	0.512	0.455	0.406
4	0.613	0.592	0.572	0.552	0.534	0.516	0.499	0.482	0.410	0.350	0.301
5	0.543	0.519	0.497	0.476	0.456	0.437	0.419	0.402	0.320	0.269	0.223
6	0.480	0.456	0.432	0.410	0.390	0.370	0.352	0.335	0.262	0.207	0.165
7	0.425	0.401	0.376	0.354	0.333	0.314	0.296	0.279	0.210	0.159	0.122
8	0.376	0.351	0.327	0.305	0.285	0.266	0.249	0.233	0.168	0.123	0.091
9	0.333	0.300	0.284	0.263	0.243	0.225	0.209	0.194	0.134	0.094	0.067
10	0.295	0.270	0.247	0.227	0.208	0.191	0.176	0.162	0.107	0.073	0.050
11	0.261	0.237	0.215	0.195	0.178	0.162	0.148	0.135	0.086	0.056	0.037
12	0.231	0.208	0.187	0.168	0.152	0.137	0.124	0.112	0.069	0.043	0.027
13	0.204	0.182	0.163	0.145	0.130	0.116	0.104	0.093	0.055	0.033	0.020
14	0.181	0.160	0.141	0.125	0.111	0.099	0.088	0.078	0.044	0.025	0.015
15	0.106	0.140	0.123	0.108	0.095	0.084	0.074	0.065	0.035	0.020	0.011
16	0.141	0.123	0.107	0.093	0.081	0.071	0.062	0.054	0.028	0.015	0.008
17	0.125	0.108	0.093	0.080	0.069	0.060	0.052	0.045	0.023	0.012	0.006
18	0.111	0.095	0.081	0.069	0.059	0.051	0.044	0.038	0.018	0.019	0.005
19	0.098	0.083	0.070	0.060	0.051	0.043	0.037	0.031	0.014	0.007	0.003
20	0.087	0.073	0.061	0.051	0.043	0.037	0.031	0.026	0.012	0.005	0.002
25	0.047	0.038	0.030	0.024	0.020	0.016	0.013	0.010	0.004	0.001	0.001
30	0.026	0.020	0.015	0.012	0.009	0.007	0.005	0.004	0.001	0	0
40	0.008	0.005	0.004	0.003	0.002	0.001	0.001	0.001	0	0	0
50	0.002	0.001	0.001	0.001	0.000	0	0	0	0	0	0

附表3 　　　　　　　　　　　　年金终值系数表

期数	1%	2%	3%	4%	5%	6%	7%	8%	9%	10%	11%
1	1.000	1.000	1.000	1.000	1.000	1.000	1.000	1.000	1.000	1.000	1.000
2	2.010	2.020	2.030	2.040	2.050	2.060	2.070	2.080	2.090	2.100	2.110
3	3.030	3.060	3.091	3.122	3.153	3.184	3.215	3.246	3.278	3.310	3.342
4	4.060	4.122	4.184	4.246	4.310	4.375	4.440	4.506	4.573	4.641	4.710
5	5.101	5.204	5.309	5.416	5.526	5.637	5.751	5.867	5.985	6.105	6.228
6	6.152	6.308	6.468	6.633	6.802	6.975	7.153	7.336	7.523	7.716	7.913
7	7.214	7.434	7.662	7.898	8.142	8.394	8.654	8.923	9.200	9.487	9.783
8	8.286	8.583	8.892	9.214	9.549	9.897	10.260	10.637	11.028	11.436	11.859
9	9.369	9.755	10.159	10.583	11.027	11.491	11.978	12.488	13.021	13.579	14.164
10	10.462	10.950	11.464	12.006	12.578	13.181	13.816	14.487	15.193	15.937	16.722
11	11.567	12.169	12.808	13.486	14.207	14.972	15.784	16.645	17.560	18.531	19.561
12	12.683	13.412	14.192	15.026	15.917	16.870	17.888	18.977	20.141	21.384	22.713
13	13.809	14.680	15.618	16.627	17.713	18.882	20.141	21.495	22.953	24.523	26.212
14	14.947	15.974	17.086	18.292	19.599	21.015	22.550	24.215	26.019	27.975	30.095
15	16.097	17.293	18.599	20.024	21.579	23.276	25.129	27.152	29.361	31.772	34.405
16	17.258	18.639	20.157	21.825	23.657	25.673	27.888	30.324	33.003	35.950	39.190
17	18.430	20.012	21.762	23.698	25.840	28.213	30.840	33.750	36.974	40.545	44.501
18	19.615	21.412	23.414	25.645	28.132	30.906	33.999	37.450	41.301	45.599	50.396
19	20.811	22.841	25.117	27.671	30.539	33.760	37.379	41.446	46.018	51.159	56.939
20	22.019	24.297	26.870	29.778	33.066	36.786	40.995	45.762	51.160	52.275	64.203
25	28.243	32.030	36.459	41.646	47.727	54.865	63.249	73.106	84.701	98.347	114.41
30	34.785	40.588	47.575	56.085	66.439	79.058	94.461	113.28	136.31	164.40	199.02
40	48.886	60.402	75.401	95.026	120.80	154.76	199.64	259.06	337.89	442.59	581.83
50	64.463	84.579	112.80	152.67	209.35	290.34	406.53	573.77	815.08	1 163.9	1 668.8

期数	12%	13%	14%	15%	16%	17%	18%	19%	20%	25%	30%
1	1.000	1.000	1.000	1.000	1.000	1.000	1.000	1.000	1.000	1.000	1.000
2	2.120	2.130	2.140	2.150	2.160	2.170	2.180	2.190	2.200	2.250	2.300
3	3.374	3.407	3.440	3.473	3.506	3.539	3.572	3.606	3.640	3.813	3.990
4	4.779	4.850	4.921	4.993	5.066	5.141	5.215	5.291	5.368	5.776	6.187
5	6.353	6.480	6.610	6.742	6.887	7.041	7.154	7.927	7.442	8.207	9.043
6	8.115	8.323	8.536	8.754	8.977	9.207	9.442	9.683	9.930	11.259	12.756
7	10.089	10.405	10.730	11.067	11.414	11.772	12.142	12.523	12.916	15.073	17.583
8	12.300	12.757	13.233	13.727	14.240	17.773	15.327	15.902	16.499	19.842	13.858
9	14.776	15.416	16.085	16.786	17.519	18.285	19.086	19.923	20.799	25.802	32.015
10	17.549	18.420	19.337	20.304	21.321	22.393	23.521	24.701	25.959	33.253	42.619
11	20.655	21.814	23.045	24.349	25.733	27.200	28.755	30.404	32.150	42.566	56.405
12	24.133	25.650	27.271	29.002	30.850	32.824	34.931	37.180	39.581	54.208	74.327
13	28.029	29.985	32.089	34.352	36.786	39.404	42.219	45.244	48.497	68.760	97.625
14	32.393	34.883	37.581	40.505	43.672	47.103	50.818	54.841	59.196	86.949	127.91
15	37.280	40.417	43.842	47.580	51.660	56.110	60.965	66.261	72.035	109.69	167.29
16	42.753	46.672	50.980	55.717	60.925	66.649	72.939	79.850	87.442	138.11	218.47
17	48.884	53.739	59.118	65.075	71.673	78.979	87.068	96.022	105.93	173.64	285.01
18	55.750	61.725	68.394	75.836	84.141	93.406	103.74	115.27	128.12	218.05	371.52
19	63.440	70.749	78.969	88.212	98.603	110.29	123.41	138.17	154.74	273.56	483.97
20	72.052	80.947	91.025	102.44	115.38	130.03	146.63	165.42	186.69	342.95	630.17
25	133.33	155.62	181.87	212.79	249.21	292.11	342.60	402.04	471.98	1 054.8	2 348.8
30	241.33	293.2	356.79	434.75	530.31	647.44	790.95	966.7	1 181.9	3 227.2	8 730.0
40	767.09	1 013.7	1 342.0	1 779.1	2 360.8	3 134.5	4 163.21	5 519.8	7 343.9	30 089	120 393
50	2 400	3 459.5	4 994.5	7 127.1	10 436	15 090	21 813	31 515	45 497	280 256	165 976

附表4　　　　　　　　　　　　　　**年金现值系数表**

期数	1%	2%	3%	4%	5%	6%	7%	8%	9%	10%	11%	12%
1	0.990	0.980	0.971	0.962	0.952	0.943	0.935	0.926	0.917	0.909	0.901	0.893
2	1.970	1.942	1.913	1.886	1.859	1.833	1.808	1.783	1.759	1.736	1.173	1.690
3	2.941	2.884	2.829	2.775	2.723	2.673	2.624	2.577	2.531	2.487	2.444	2.402
4	3.902	3.808	3.717	3.630	3.546	3.462	3.387	3.312	3.240	3.170	3.102	3.037
5	4.853	4.713	4.580	4.452	4.329	4.212	4.100	3.993	3.890	3.791	3.696	3.605
6	5.795	5.601	5.417	5.242	5.076	4.917	4.767	4.623	4.486	4.355	4.231	4.111
7	6.728	6.472	6.230	6.002	5.786	5.582	5.389	5.206	5.033	4.868	4.712	4.564
8	7.652	7.325	7.020	6.733	6.463	6.210	5.971	5.747	5.535	5.335	5.146	4.968
9	8.566	8.162	7.786	7.435	7.108	6.802	6.515	6.247	5.995	5.759	5.537	5.328
10	9.471	8.983	8.530	8.111	7.722	7.360	7.024	6.710	6.418	6.145	5.889	5.650
11	10.368	9.787	9.253	8.760	8.306	7.887	7.499	7.139	6.805	6.495	6.207	5.938
12	11.255	10.575	9.954	9.385	8.864	8.384	7.943	7.536	7.161	6.814	6.492	6.194
13	12.134	11.384	10.635	9.986	9.394	8.853	8.358	7.904	7.487	7.103	6.750	6.424
14	13.004	12.106	11.296	10.563	9.899	9.295	8.745	8.244	7.786	7.367	6.982	6.628
15	13.865	12.849	11.938	11.118	10.380	9.712	9.108	8.559	8.061	7.606	7.191	6.811
16	14.718	13.578	12.561	11.652	10.838	10.106	9.447	8.851	8.313	7.824	7.379	6.974
17	15.562	14.292	13.166	12.166	11.274	10.477	9.763	9.122	8.544	8.022	7.549	7.102
18	16.398	14.992	13.754	12.659	11.690	10.828	10.059	9.372	8.756	8.201	7.702	7.250
19	17.226	15.678	14.324	13.134	12.085	11.158	10.336	9.604	8.950	8.365	7.839	7.366
20	18.046	16.351	14.877	13.590	12.462	11.470	10.594	9.818	9.129	8.514	7.963	7.469
25	22.023	19.523	17.413	15.622	14.094	12.783	11.654	10.675	9.823	9.077	8.422	7.843
30	25.808	22.396	19.600	17.292	15.372	13.765	12.409	11.258	10.274	9.427	8.694	8.055
40	32.835	27.355	13.115	19.793	17.159	15.406	13.332	11.925	10.757	9.779	8.951	8.244
50	39.196	31.424	25.730	21.482	18.256	15.762	13.801	12.233	10.962	9.915	9.042	8.304

期数	13%	14%	15%	16%	17%	18%	19%	20%	25%	30%	35%	40%
1	0.885	0.877	0.870	0.862	0.855	0.847	0.840	0.833	0.800	0.769	0.741	0.714
2	1.668	1.647	1.626	1.605	1.58	1.566	1.547	1.528	1.440	1.361	1.289	1.224
3	2.369	2.322	2.283	2.246	2.210	2.174	2.140	2.106	4.952	1.816	1.696	1.589
4	2.974	2.914	2.855	2.798	2.743	2.690	2.639	2.589	2.362	2.166	1.997	1.849
5	3.517	3.433	3.352	3.274	3.199	3.127	3.058	2.991	2.689	2.436	2.220	2.035
6	3.998	3.889	3.784	3.685	3.589	3.498	3.410	3.326	2.951	2.643	2.238	2.168
7	4.423	4.288	4.160	4.039	3.922	3.812	3.706	3.605	3.161	2.802	2.508	2.263
8	4.799	4.639	4.487	4.344	4.207	4.078	3.954	3.837	6.329	2.925	2.598	2.331
9	5.132	4.949	4.492	4.607	4.451	4.303	4.163	4.031	3.463	3.019	2.665	2.379
10	5.426	5.216	5.019	4.833	4.659	4.494	4.339	4.192	3.571	3.092	2.715	2.414
11	5.687	5.453	5.234	5.023	4.836	4.656	4.486	4.327	3.656	3.147	2.752	2.438
12	5.918	5.660	5.421	5.197	4.988	4.793	4.611	4.439	3.725	3.190	2.779	2.456
13	6.122	5.842	5.583	5.343	5.118	4.910	4.715	4.533	3.780	3.223	2.799	2.469
14	6.302	6.002	5.724	5.468	5.229	5.008	4.802	4.611	3.824	3.249	2.814	2.478
15	6.462	6.142	5.847	5.575	5.324	5.092	4.976	4.675	3.859	3.268	2.825	2.484
16	6.604	6.265	5.954	5.668	5.405	5.162	4.938	4.730	3.887	3.283	2.834	2.489
17	6.729	6.373	6.047	5.749	5.475	5.222	4.988	4.775	3.910	3.295	2.840	2.492
18	6.840	6.467	6.128	5.818	5.534	5.273	5.033	4.812	3.928	3.304	2.848	2.494
19	6.938	6.550	6.198	5.877	5.584	5.316	5.070	4.843	3.942	3.311	2.850	2.496
20	7.025	6.623	6.259	5.929	5.628	5.353	5.101	4.870	3.954	3.316	2.856	2.497
25	7.330	6.873	6.464	6.097	5.766	5.467	5.195	4.948	3.985	3.329	2.857	2.499
30	7.496	7.003	6.566	6.177	5.829	5.517	5.235	4.979	3.995	3.332	2.857	2.500
40	7.634	7.105	6.642	6.233	5.871	5.548	5.285	4.997	3.999	3.333	2.857	2.500
50	7.675	7.133	6.661	6.246	5.880	5.554	5.262	4.999	4.000	3.333	2.857	2.500

主要参考文献

［1］凯斯特，等.财务案例［M］.冯梅，等，译.11版.北京：北京大学出版社，1999.

［2］爱默瑞，芬尼特.公司财务管理［M］.荆新，等，译.北京：中国人民大学出版社，1999.

［3］罗斯，等.公司理财［M］.吴世农，等，译.5版.北京：机械工业出版社，2000.

［4］范霍恩.财务管理与政策［M］.刘志远，译.12版.大连：东北财经大学出版社，2011.

［5］范霍恩.财务管理与政策教程［M］.宋逢明，译.北京：华夏出版社，2000.

［6］达莫德伦.公司财务——理论与实务［M］.荆霞，等，译.10版.北京：中国人民大学出版社，2001.

［7］范霍恩，瓦霍维奇.现代企业财务管理［M］.郭浩，译.11版.北京：经济科学出版社，2002.

［8］布瑞翰，休斯顿.财务管理基础［M］.胡玉明，等，译.大连：东北财经大学出版社，2004.

［9］周首华，杨济华.当代西方财务管理［M］.大连：东北财经大学出版社，1997.

［10］夏乐书，刘淑莲.公司理财学［M］.北京：中国财政经济出版社，1998.

［11］卢家仪，等.财务管理［M］.北京：清华大学出版社，2000.

［12］陈勇，等.财务管理案例教程［M］.北京：北京大学出版社，2003.

［13］刘桂英，邱丽娟.财务管理案例与实验教程［M］.北京：经济科学出版社，2005.

［14］张凤英.财务管理［M］.北京：对外经济贸易大学出版社，2005.

［15］张春敏，刘世青.财务管理实训［M］.武汉：华中科技大学出版社，2007.

［16］全国会计专业技术资格考试应试精华讲师团.财务管理［M］.北京：中国经济出版社，2007.

［17］注册会计师全国统一考试辅导用书编写组.财务成本管理［M］.北京：经济科学出版社，2008.

［18］陈玉菁.财务管理［M］.北京：中国人民大学出版社，2008.

［19］王兰会，邵芳.财务管理职位工作手册［M］.北京：人民邮电出版社，2008.

［20］赵涛.财务工作制度规范与流程设计［M］.北京：北京工业大学出版社，2009.

［21］刘方乐.财务管理理论与实务［M］.北京：清华大学出版社，2009.

［22］马元兴.财务管理［M］.北京：中国人民大学出版社，2013.

［23］马元兴.财务管理实务［M］.北京：人民邮电出版社，2013.

［24］马元兴.财务管理实务［M］.3版.北京：高等教育出版社，2014.

［25］马元兴.企业财务管理［M］.2版.北京：高等教育出版社，2014.

［26］曲晓辉.会计准则趋同研究［M］.上海：立信会计出版社，2015.